Gestalten

François Burkhardt

Gestalten

Für eine interdisziplinäre, ethische und kulturelle Politik in Design und Architektur

Die italienische Design-Avantgarde

Neue Betrachtung künstlerischer Bewegungen

Über Designer und Architekten

Einleitung

Es liegt an meinem Lebenslauf, dass sich meine in deutscher Sprache geschriebenen Texte oft mit dem Vergleich von italienischer und deutscher Kultur befassen. Meine Jugend verbrachte ich zwischen 1947 und 1951 in Italien und meine späteren, professionellen Tätigkeiten übte ich lange Zeit dort aus. Ich war in Italien viele Jahre als Historiker, Kritiker, Lehrender und Direktor von Zeitschriften aktiv: Domus, Crossing und Rassegna. In Deutschland habe ich mein Studium an der HdK Hamburg vertieft, kulturelle Institutionen wie das Kunsthaus Hamburg und das Internationale Design Zentrum in Berlin geleitet, war Professor für Design-Theorie und Design-Geschichte an der HBKsaar und Präsident des Design-Labors in Bremerhaven.

Dieser vielleicht nicht alltägliche Werdegang gab mir Gelegenheit, mich zu beiden Kulturen vergleichend zu äußern. Mein besonderes Interesse an der Avantgarde-Bewegung des italienischen Designs der Sechziger- und Siebzigerjahre und meine Veröffentlichungen haben in der Bundesrepublik Deutschland im Designbereich einiges in Bewegung gebracht. Die Texte und Ausstellungen zu den Avantgarde-Bewegungen hatten in beiden deutschen Republiken vor der Wiedervereinigung ganz unterschiedliche Wirkungen. In der BRD benötigte die Designszene Hilfe, um sich aus dem Zwang des Funktionalismus zu befreien. In der DDR klammerte man sich umso mehr an die funktionalistischen Ideen. Meine Gedanken aber zwangen zum Vergleich, machten Differenzen sichtbar, forderten Stellungnahmen heraus und sorgten in der deutschen Designszene häufiger für Aufregung. Ein Beispiel: 1981 erscheint ein Artikel in der Zeitschrift *Form* Nummer 96, in welchem ich den Einfluss der Postmoderne auf das Interieur-Design darstelle. Dieser wird im Designer-Jahreskongress der DDR, kurz danach, als Beweis dafür genommen, dass in der BRD rasche, konsumfördernde Stiländerungen stattfinden, während in der DDR gerade der Funktionalismus – mit 50-jähriger Verspätung – vom Staat offiziell legitimiert worden war.

Ich griff ein in die sogenannte *Gute-Form-Debatte*, die in den deutschsprachigen Ländern noch bis in die Siebzigerjahre das Maß aller Dinge war. Was ist denn eine gute Form? Ich versuchte die sehr eng gefassten Kriterien und Kategorien für die *gute Form* mit Beispielen aufzulösen und das Denken in Bewegung zu setzen. Weiterführende Aufgaben des Design, die über die Form hinausgehen, also ein erweiterter Designbegriff, waren mein Ziel. Das hat in jener Zeit zu großen Irritationen bei nationalen und internationalen Berufs-, Industrie- und Wirtschaftsverbänden geführt. Ich wurde bei meiner Arbeit als Institutionsleiter sehr genau beobachtet. Das wusste ich, sah es aber als meine Aufgabe an, in Design und Architektur immer wieder kritische Anstöße zu geben. Die Hoffnung auf Besseres war meine Triebfeder. Dabei war das Schreiben eine Möglichkeit, Meinungen völlig frei zu äußern, was in der Institutionspolitik nicht immer möglich war.

Meine Muttersprache ist Französisch und durch meine internationalen beruflichen Tätigkeiten wurden meine Texte in verschiedenen Ländern publiziert. Die Originaltexte sind in Französisch oder Italienisch geschrieben, von Redakteuren redigiert und auf diesem Weg übersetzt im Ausland erschienen. Die hier vorliegenden Texte sind alle zuerst in deutscher Sprache geschrieben und publiziert worden.

Neue Tendenzen in Design und Architektur, die sich unter dem Einfluss des Übergangs von der Moderne zur Postmoderne entfalteten, also vom gewollt Einheitlichen zur Vielfalt, sind meine Themen und prägten meine Überlegungen. Die wichtigsten Thesen lieferte mir 1985 die von Jean-François Lyotard kuratierte Ausstellung *Les Immatériaux*, die ich als Direktor des *Centre de Création Industriel* am Centre Georges Pompidou in Paris während der Vorbereitung ein Jahr lang begleitet habe.

In der postmodernen Debatte spielen auch Überlegungen zum Regionalismus eine Rolle, die von der Moderne verdrängt worden waren. Ein Aspekt der erweiterten Regionalismus-Debatte war in den Achtziger- und Neunzigerjahren die Diskussion über die Avantgarde im Design in den Metropolen Europas. Nur in den Städten, in denen eine Auseinandersetzung mit den Untergrund-Bewegungen stattfand, gab es auch Versuche, im Designbereich neue Wege einzuschlagen. Dabei zeigte sich, dass die jeweiligen Innovationen doch eng mit spezifischen Traditionen dieser Städte verknüpft waren.

Basis meiner Überlegungen ist der *kritische Regionalismus*, eine Bewegung, die für Vielfalt, Anpassung und Veränderung eintritt, in der die lokale Bindung von Architektur eine Rolle spielt. Der *kritische Regionalismus* ist nicht zu verwechseln mit einem starren Konservatismus, der unter dem Begriff Regionalismus oft verstanden wird. Die postmodernen Thesen setzte ich als Hilfsmittel ein, um die teilweise festgefahrenen Kriterien der Moderne in Design und Architektur durch einen *kritischen Regionalismus* infrage zu stellen.

Von Haus aus bin ich Architekt, aber die Lebensumstände haben mir verschiedene Berufe abverlangt und interessante Möglichkeiten an mich herangetragen, die ich, ständig lernend, zum Teil parallel ausgeübt habe. Als Architekt habe ich entworfen und gebaut. Als Kurator oder Organisator habe ich kulturelle Institutionen geleitet, als Professor an Hochschulen gelehrt und eine Reihe von Architekturzeitschriften verantwortlich geleitet. Das brachte viele persönliche Begegnungen mit Architekten und Designern mit sich und ermöglichte es, durch den gedanklichen Austausch, über ihr Leben und Werk zu schreiben, es historisch und kritisch zu bewerten. Meine Texte sind als notwendige Erweiterungen der professionellen Kriterien für Design und Architektur gedacht. Denn die sozialen, anthropologischen, psychologischen, ethischen und umweltschonenden Kriterien der Gestaltung wurden immer mehr und mehr durch solche ersetzt, die primär Profit suchen und über das Marketing den Sinn dieser Berufe durch ökonomische Kriterien aufwerten. Meine Schriften wenden sich primär gegen die Vermarktung, die eine überproportionale Bedeutung bekommen hat, und setzen sich für eine interdisziplinäre, ethische und kulturell geführte Politik in Design und Architektur ein. Dabei geht es nicht darum, allein der Hochkultur das Wort zu geben, sondern eine Vielfalt von dazwischenliegenden Positionen bis hin zum Kitsch ins Spiel zu bringen, die auch berücksichtigt werden sollten.

In diesem Buch finden Sie nur Texte, die für Fachzeitschriften, Ausstellungskataloge und Jahresberichte geschrieben worden sind. Verzichtet habe ich auf Beiträge aus meinen Büchern oder von mir geleiteten Zeitschriften, da diese ohnehin jederzeit greifbar sind. Eine Ausnahme macht dabei nur der letzte Text.

François Burkhardt
Berlin, Montecatini V.C., Juno 2022

→ Die Texte wurden in der jeweiligen Rechtschreibung belassen

1.

Design im nachmodernen Zeitalter

→ 1991

Zu Beginn der Neunzigerjahre wurde ich oft darum gebeten, die neuen Design-Trends zusammenfassend darzustellen. Es waren die Jahre, in denen das *Neue Design* seinen Höhepunkt erreichte und das *Radical Design* abklang. Dieser Text wurde 1991 im Rahmen der Design-Konferenz in Wien vorgetragen.

Design im nachmodernen Zeitalter

Nach jahrelanger, normativer Designpraxis haben sich in den letzten Jahren gewaltige Werteverschiebungen ereignet. Diese tendieren zu einer Vielfalt an Ausdrucksmöglichkeiten und Konzeptionen. Nach einer eher anarchisch anmutenden Anfangsphase kristallisieren sich für den aufmerksamen Beobachter bestimmte Erscheinungen heraus, die man in etwa auf geographische Zentren beziehen kann und die aus deren kulturellem und spezifischem Repertoire schöpfen.

Die europäische Geistesgeschichte unterscheidet sich weltweit durch das Konzept des Humanismus und der damit verbundenen Suche nach dem Individuum, dem Recht auf Individualität. Die Verallgemeinerung der Typisierung auch des Menschen im Mittelalter wurde aufgebrochen zu Gunsten sichtbarer individueller Unterschiede. Daraus leitet sich ab, daß wir heute jene als moderne, hochdifferenzierte Gesellschaften betrachten, die in der Lage sind, bei einem Minimum an normativen Regelungen dem Menschen ein Maximum an individueller Entfaltungsmöglichkeit zu bieten. Die Objektebene ist ein wichtiger Vermittler, mit deren Hilfe sich Personen, Gruppen, ja ganze Gesellschaften zu erkennen geben. In diesem Zusammenhang spielt das Design in seinen unterschiedlichsten Konzeptionen eine grundlegende Rolle.

In der Folge der Aufklärung nimmt sich die Industrialisierung des menschlichen Fortschritts an: Sie verspricht mehr Wissen, mehr Reichtum und Lebensqualität für alle. Dieser Hintergrund, von den Wissenschaften unterstützt, stellt die Weichen für die fortschreitende Rationalisierung und Funktionalisierung der Design-Produkte.

Walter Gropius schreibt 1925: „Ein elementarer volkswirtschaftlicher Impuls geht von dem Wunsch aus, die Bedürfnisse der Gemeinschaft durch Verbesserung der Produktionsmethoden mit geringeren Kosten und Kraftaufwand decken zu können. Dieser Trieb führt zur Maschine, zur Arbeitsteilung, zur Rationalisierung: Begriffe, die aus unserer Volkswirtschaft nicht herauszudenken sind und die für das Bauen die gleiche Bedeutung besitzen wie für alle anderen Zweige menschlicher Betätigung. Daß wir noch nicht Meister der neuen Mittel sind und das Individuum infolgedessen noch unter ihnen leiden muß, ist kein stichhaltiger Einwand gegen ihre Notwendigkeit. Aber je mehr wir aus Gründen der Vernunft dazu getrieben werden, unsere Arbeit zu mechanisieren, um so notwendiger muß das Schöpferische in jedem Individuum gepflegt und entwikkelt werden; denn alle Mechanisierung kann in ihrer letzten Auswirkung nur den einen Sinn haben, das menschliche Individuum von materieller Arbeit zur Befriedigung seiner Lebensbedürfnisse zu entlasten, damit Geist und Hand für die höhere Leistung freiwerden. Wäre die Mechanisierung Selbstzweck, so müßte das Wichtigste, die lebendige, volle Menschennatur, verkümmern, daß Individuum, das unteilbare, zu einer Teilnatur herabsinken."

Dieses Zitat spiegelt durchaus aufklärerisches Gedankengut. Aber die darauffolgende Geschichte zeigt drei schwerwiegende Probleme:

1. Die Standardisierung führt nicht zur erwarteten und gewünschten Differenzierung, weil die Voraussetzungen dafür ein erheblich breiteres Angebot an Elementen notwendig machen würden. Denken Sie zum Beispiel an die Großtafelbausysteme.
2. Es standen und stehen Profitinteressen im Wege.

3. Der Begriff *Standard* wurde von Sachverständigen in der Analyse eines Produkts als Durchschnittswert betrachtet, der von vornherein individuellen Gestaltungswünschen im Wege steht.

Mit der Haltung des internationalen Stils, so wie er seit 1932 propagiert und verbreitet wurde, glaubte man die Moderne etabliert zu haben, die zwar vor allem technologisch noch verbesserungsfähig ist, aber im übrigen den einzig sinnvollen Weg geht, der der gesellschaftlichen Gesamtheit bessere Lebensbedingungen bringen wird. Ähnlich entwikkelt sich die Ideologie der *Guten Form*, des *good design*, die einerseits das Interesse des modernen Menschen in den Mittelpunkt stellt und ihm möglichst viele gut gestaltete Objekte, die natürlich funktionsgerecht und zweckmäßig sind, zu erschwinglichen Preisen zugänglich machen will. Andererseits wurde versucht, über die *Gute Form* in anderen Industrienationen Marktanteile zu gewinnen, und dies mit demselben Angebot an funktionsgerechten, zweckmäßigen Gegenständen.

Dieses Unternehmen war so erfolgreich, daß sich international die Objekte immer ähnlicher wurden, denn diese scheinbar objektive *Gute Form* ließ sich ja auch anderswo entwickeln. Es erscheint geradezu bestürzend, zu welcher ästhetischen Nivellierung alle diese Bemühungen geführt haben, die ich hier allerdings nur andeuten kann.

Das Konzept einer umfassenden Differenzierung wird ausgelöscht, verschwindet mehr und mehr zu Gunsten einheitlicher Erscheinungsbilder. Natürlich gibt und gab es immer auch andere Konzeptionen als die der *Guten Form*, aber diese wurden entweder ignoriert oder als kitschig oder als Styling diffamiert.

Betrachtet man heute die in direktem Zusammenhang mit der internationalen Wirtschaft stehenden Design-Entwurfskonzeptionen, so sieht man, daß das Konzept der Moderne mit *Guter Form* oder *good design* und vielen davon abgeleiteten Derivaten seinen Bezugspunkt nach wie vor in den Konzepten der Moderne sucht. Sich auf die Moderne zu beziehen heißt für den Designer in erster Linie, die gesetzmäßigen Zusammenhänge zwischen Form und Funktion sichtbar zu machen. Seit einiger Zeit ist demgegenüber erwidert worden, daß zum Beispiel im Bereich der Mikroelektronik diese Zusammenhänge sich nicht mehr visualisieren lassen. Welche Aufgabe kommt denn in diesen immer umfangreicher werdenden Bereichen dem Designer zu? Darauf möchte ich später antworten.

Die Veränderungen, denen wir alle in der Gegenwart ausgesetzt sind, gehen jedoch weit über die technologischen Aspekte hinaus. Sie erreichen jedermann spürbar, und dies in ausnahmslos allen gesellschaftlichen Bereichen. Unwichtig erscheint mir, mit welchem Namen die sich rasch entwickelnde Situation benannt wird, weil vor allem die Phänomene zählen und Hinweise darauf geben können, wonach auch der Designer in Zukunft seinen Entwurf ausrichten kann.

Andrea Branzi aus Mailand nennt die sich entfaltende Gegenwart die Zweite Moderne. In der amerikanischen Literaturdebatte wird seit den Fünfzigerjahren mit dem Begriff Postmoderne gearbeitet. Vor allem französische und italienische Philosophen haben ihn vertieft, und er erscheint mir sehr brauchbar, wenn man sich darauf verständigt, was damit gemeint ist (in aller Kürze):

- Postmoderne ist kein Stil; sie umschreibt ein gesellschaftliches Phänomen, dem wir alle ausgesetzt sind.

- Nicht neue Uniformierung bahnt sich an, sondern Vielgestaltigkeit, Pluralität - auch in allen ästhetischen Fragen - kann sich entfalten.
- Nicht Beliebigkeit des Gestaltens, das sich unreflektiert der ganzen Weltgeschichte bedient, ist das Ziel, sondern das hochdifferenzierte Ausarbeiten der pluralen ästhetischen Ansätze.

Ernsthafte Postmoderne oder Zweite Moderne geht davon aus, daß die Moderne, soweit sie der Gesellschaft Einheitsmodelle aufzuzwingen versuchte, heute versagen muß, weil diese zutiefst dem gegenwärtigen, gesellschaftlichen Zustand widerspräche. Einigkeit besteht aber auch darüber, und deshalb nennt Andrea Branzi unsere veränderte Situation die Zweite Moderne, daß in der Moderne der Avantgarde des 20. Jahrhunderts eine Vielzahl von Aspekten angelegt waren, die aus verschiedenen Gründen nicht zur Entfaltung kamen und sich nun entfalten können. Postmoderne bedeutet also nicht Bruch mit der Moderne, vielmehr fußt sie auf den positiven, weittragendsten Ansätzen der Moderne.

Deshalb noch einmal: Postmoderne bedeutet für Jean-François Lyotard, den großen Philosophen der Postmoderne, einen gesellschaftlichen Zustand, der Einheitsobsessionen ablehnt und die Vielfalt der Sprachformen, Denkansätze und Lebensformen kultiviert. Die Pluralität der Wissensformen und kulturellen Orientierungen der Lebensformen auszuarbeiten, die verschiedenen Ansätze zu differenzieren und zu Höchstleistungen zu entwickeln, wird die Aufgabe der kommenden Zeit sein. Hier steckt auch für den Designer ein reiches Spektrum der ästhetischen Äußerungsmöglichkeiten.

Mit dem sich allmählich intensivierenden Übergang von einer modernen zu einer postmodernen Haltung oder gesellschaftlichen Situation waren Designer damit konfrontiert, daß sie den sich verstärkenden Bruch spürten, also sich auch in ihrer Arbeit nicht mehr ausschließlich an der Moderne orientieren konnten. Nur gab es für eine Erneuerung der Gestaltungspraktiken noch wenig Denkansätze, und diese waren kaum bekannt.

In diesem Vakuum begannen Designer früher oder später nach Wegen zu suchen - zu experimentieren. Man versuchte Tabus zu brechen, man wollte Aufmerksamkeit erregen, und man tastete sich langsam zu Positionen vor, die vorläufig gelten sollten, anhand derer man sich auch gegenseitig austauschen konnte und Differenzen sichtbar gemacht werden konnten.

Die Medien stürzten sich auf das Neue, Spaßmachende, das aber doch ihrer Meinung nach kaum mehr etwas mit maschinell gefertigten Serienprodukten zu tun hatte. Und da hatten sie natürlich sehr oft recht, denn in dieser für die Designer schwierigen Situation mußten die neuen Produkte überzeichnet sein, überspitzt das formulieren, was man thematisieren wollte. Was lag da näher, als viele der gesellschaftskritischen Ansätze, ähnlich wie dies im Kunstbereich geschieht, ohne jede Rücksicht auf irgendwelche Normen, gebräuchliche Materialien, maschinelle Herstellung, ja durch massive Mißachtung ergonomischer oder funktionaler Kriterien in ihren Objekten sichtbar zu machen. Diese Objekte, so wurde natürlich kritisiert, waren eigentlich Kunstobjekte, und als solche wurden sie auch schnell gehandelt.

Aus meiner Sicht war das ein wichtiges Durchgangsstadium, es hat viele Fragen aufgeworfen und auch erste

Wege angedeutet. Und es ist auch diesen ersten Ausstellungen und Veröffentlichungen zu verdanken, daß der Bruch mit dem vom Design in wesentlichen Positionen noch immer verteidigten Einheitsmodell doch mehr und mehr in der Öffentlichkeit diskutiert wird. Die allen sichtbare Vielfalt der Lebensformen, die verschiedenen Orientierungsmuster innerhalb der Wohlstandsgesellschaft der hochindustrialisierten Länder verändern spürbar die Bedürfnisstrukturen.

Natürlich ist die neue, sich entwickelnde Situation im Wesentlichen undurchschaubar. Der Designer geht meistens von seinem Lebensstil aus, und deshalb wirken viele Entwürfe für Produkte oder diese selbst als sehr ich-bezogen, ohne weitere gesellschaftliche Bezüge, als Spielereien, die doch nicht ernst gemeint sein können.

Der Philosoph Wolfgang Welsch hat in sehr klarer Weise die sich verändernde Ästhetik unserer Gegenwart umrissen. Im Folgenden beziehe ich mich auf ihn. Wie schon gesagt, sperrt die gesellschaftliche Realität sich heute gegen Uniformierung. Unterschiedlichste Lebensformen entwickeln sich aus verschiedenartigen Orientierungsmustern. Solcherart verschieden orientierte Gruppen entwickeln natürlich auch unterschiedliche Bedürfnisse. Wichtig und aufschlußreich für Gestalter ist die Feststellung, daß die verschiedenen Gruppen sich meist in größeren oder kleineren Teilbereichen in ihren Bedürfnisstrukturen überlagern.

Das ist eine sehr aufschlußreiche Beobachtung für den Gestalter. Außerdem erläutert Lucius Burckhardt: Wenn bei der Gestaltung Symbole eingesetzt werden, dann ist zu bedenken, daß jede Gruppe ein nahes und ein weites Umfeld hat. Deshalb müssen die zur Gestaltung eingesetzten Symbole eine vereinfachte Fernwirkung und eine informationsreichere Nahwirkung haben. Die komplizierteren

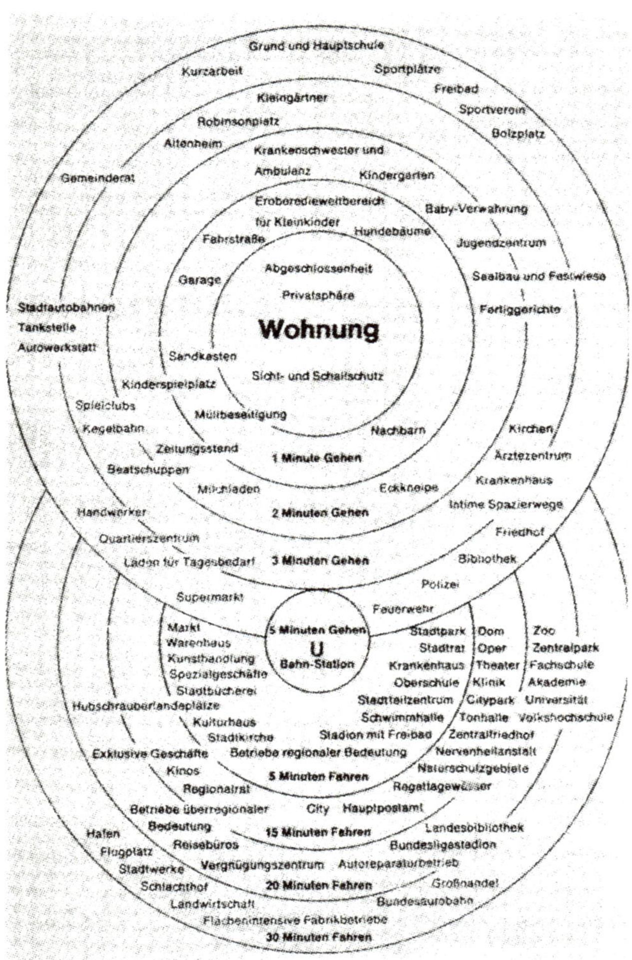

↑ Diagramm Planung des Wohnumfeldes in den 60er Jahren

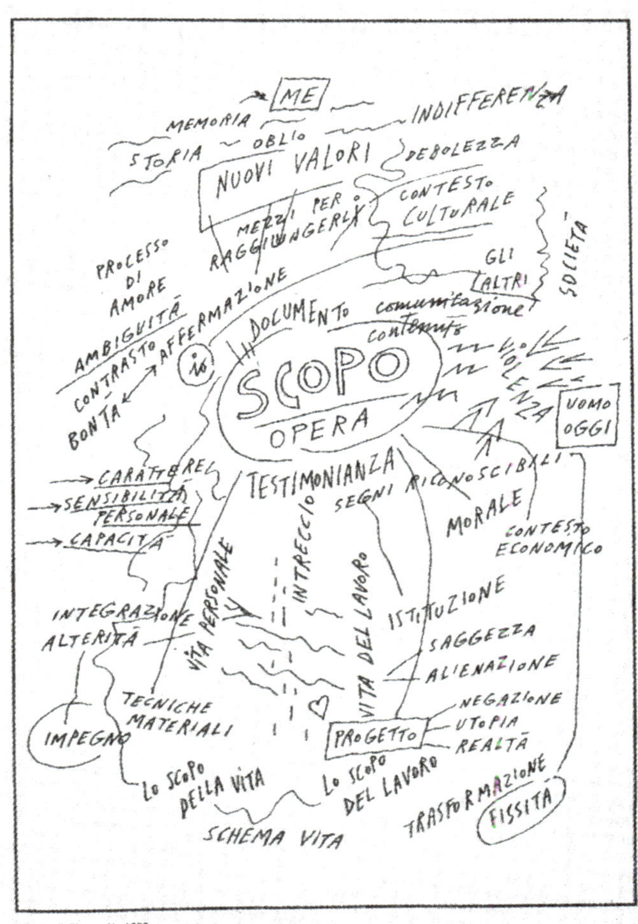

"Scopo dell'opera", 1989.
"But de l'oeuvre".

↑ Alessandro Mendini
Ziel des Werkes · 1989

Informationen der Nahwirkung dienen zur Tarnung und Verhüllung gegenüber distanzierten Beobachtern.

Die Moderne versuchte einen Schlußstrich unter die verschiedenen ästhetischen Erscheinungen der Vergangenheit zu ziehen. Die sich entwickelnde Postmoderne schaut sich interessiert überall in der Geschichte um. Der Designer knüpft an nähere oder fern liegende ästhetische Erscheinungen an und verknüpft sie mit völlig andersgearteten Ausdrucksweisen der Gegenwart. Dies hat vielen Designern – oft auch völlig zu Recht – den Vorwurf eingetragen, daß sie sich hemmungslos eklektizistisch verhalten und auf beliebige Weise sich geschichtlicher Errungenschaften oder Erscheinungen der Ästhetik bedienten. Der Verdacht einer Apotheose der Beliebigkeit des Gestaltens in der Postmoderne ist zwar berechtigt im Hinblick auf entsprechend unbegründetes, oberflächliches Verhalten bestimmter Gestalter, hat aber nichts mit den eigentlichen Möglichkeiten oder Anliegen der Postmoderne zu tun.

Plurale Ansätze in einer Gesellschaft sind nur dann interessant und ergiebig, wenn die jeweiligen Vorstellungen hochdifferenziert ausgearbeitet und sichtbar gemacht werden. Das erfordert ein intelligentes Differenzieren und Vertiefen der gegebenen Thematik von Seiten des Designers. Deshalb spricht Welsch davon, daß der Designer, der mit verschiedenen ästhetischen Sprachen arbeiten möchte, diese so gut beherrschen muß, daß er aus ihrer Syntax oder Semantik für seine Arbeit weiterführende ästhetische Argumente ableiten kann. Ein in dieser Weise kultiviertes Vorgehen des Designers erhöht dann auch die Wahrscheinlichkeit, daß Entwürfe gelingen, die nicht nur überraschend sind, sondern möglicherweise auch in noch unbekannte ästhetische Bereiche vorstoßen.

Wichtiger als die rationale und mathematische Logik der Wiederholung von Systemelementen, Konsequenz und systematischem Fortschreiten werden in Zukunft ästhetisch komplexe Gestaltungen, die unter Umständen auch scheinbar Widersprüchliches in sich aufnehmen. Auch die überspitzte ästhetische Formulierung kann Bedeutung haben.

In der modernen Bedürfnisgesellschaft der hochentwikkelten Industrieländer hoffte man durch rationalistisches und funktionalistisches Gestalten mehr Lebensqualität für alle erzeugen zu können. Die Wohlstandsgesellschaft in eben diesen Ländern äußert mehr und mehr das Bedürfnis nach spielerischen und fiktionalen Werten, erwartet von Gestaltern auch Möglichkeiten zu emotionalen Bindungen, möchte sinnlich stimuliert werden und unter Umständen auch ein intellektuelles Plaisir im Umgang mit Objekten empfinden.

Nur in diesen Zusammenhängen läßt es sich erklären, daß gelegentlich heute, ganz anders als früher, die reinen Gebrauchsaspekte weit in den Hintergrund treten. Die Objekte dienen in verstärktem Maße für den einzelnen oder für Gruppen dazu, Szenarien zu erstellen, mit denen er oder die Gruppe Identitäten ausdrücken können.

Jochen Gros, Designer aus Offenbach, ist der Ansicht, daß der Funktionalismus der Moderne sich jetzt auf die ihm angemessenen Basisdienste zurückziehe, auf bestimmte Produktklassen sich beschränke und dadurch eine Art Hintergrundfunktionalismus bereitstelle, auf den wir alle nur ungern verzichten würden. Er denkt an Heizkörper, Lüftungen, Meßgeräte etc. Außerdem hat er beobachtet, daß die Marktstrategen nach *Produkten mit Aussage* fragen und daß sie über diese die gewünschte Alleinstellung am Markt erreichen wollen. Ihn beschäftigt als Designer schon lange das Problem, wie es zu schaffen ist, daß die Produkte vielfältige Teilkulturen widerspiegeln, da jetzt eine Produktsprache nicht mehr so gedacht werden kann, daß alle sich davon angesprochen fühlen. Die Lösung sieht er auch darin, daß eine Vielfalt von Produktsprachen entstehen muß und daß diese eben auch eine Vielfalt von entsprechenden Produkten voraussetzt.

Gros schaut hoffnungsvoll auf Kleinbetriebe, denn sie hätten einmal den Vorteil einer relativen Milieunähe, Teilkulturnähe, und zum anderen ist es auch diesen Kleinbetrieben durch die Technologie der computerunterstützten Produktion möglich geworden, Kleinserien rationell zu produzieren. Den Großfirmen ordnet er mehr und mehr bestimmte technisch funktionale Produkte zu und erwartet, daß die kleinen und mittleren Betriebe die Design-Ausformung in einem expressiven, produktsprachlichen Sinne übernehmen.

Anhand von einigen Beispielen möchte ich Ihnen nun zeigen, auf wie verschiedene Art Designer mit dem Entwurf umgehen, aus welchen Überlegungen heraus sie Konzeptionen entwickeln. Damit führe ich Ihnen ein Panorama postmoderner Gestaltungsansätze vor, das deutlich macht, wie unterschiedlich die Geisteshaltungen sein können. Die Arbeiten unterscheiden sich durch die Intensität, mit der Themen bearbeitet werden im Bemühen um Gestaltung einer expressiven Produktsprache und dem Eingehen auf Gebrauchswerte oder deren völlige Zurückstellung zugunsten ironischer Botschaften. Ich zeige Ihnen verschiedene Wege und möchte hier nicht werten.

Alessandro Mendini - eine der Galionsfiguren des neuen Designs - berichtet in einem Interview über seine derzeitige Arbeit.

„Zur Zeit arbeite ich an dem Versuch, Malerei und Design zu integrieren oder, besser gesagt, Malerei und angewandte Kunst zu verbinden. Ich gehe aus von malerischen Figurationen, die vorwiegend abstrakt sind, von einem ziemlich großen Formenrepertoire, welches ich verschiedenen historischen Momenten entnommen und neu aufgearbeitet habe. Wenn ich ein Bild ausgearbeitet habe, dann entnehme ich diesem die Zeichen, die mir dazu dienen, Objekte zu entwerfen. So entwerfe ich, ausgehend von diesem Bild, Vasen, Stühle, Sessel, Stoffe oder Kleider. Das Repertoire der Dekore, dessen ich mich für meine Arbeit bediene, ist bestimmt von meinem Interesse an verschiedenen visuellen Sprachen. Zu Beginn habe ich mich vor allem mit Kandinsky, dem Kubismus, dem Futurismus und den Fünfzigerjahren beschäftigt. Als ich mit Studio Alchimia gearbeitet habe, habe ich mir Gruppen von Zeichen und Symbolen erarbeitet, die mich auch heute noch beschäftigen. Ich versuche sie in einem Handbuch zusammenzufassen. Daneben erweitere ich mein Interessensgebiet auf wesentlich ältere Dekorationen, zum Beispiel Kalligraphien aus Persien, Mexiko, Ägypten, die mir für meine Arbeit die unterschiedlichsten Ansätze ermöglichen."

Aldo Rossi bleibt seinem metaphysischen Ansatz treu, welcher die Architektur so lange verkleinert, bis sie zum Objekt wird. Das Baptisterium wird Kaffeemaschine, und die ganze Stadt läßt sich in die Vitrine stellen.

Hans Hollein ist Architekt, Künstler und Designer zugleich und geht davon aus, daß alles Architektur ist. Es fällt auf, daß er sehr oft Metaphern in seinen Werken verwendet, und ich gebe deshalb einige Aspekte aus einem Gespräch mit Hans Hollein wieder, das sich darauf bezog.

„Ich verwende die Metapher im historischen Sinn, ganz physisch und materiell, so zum Beispiel in meinen Reisebüros in Wien, wo ich Elemente verwendet habe, die für Nostalgie und Wünsche stehen. Andererseits habe ich auch Metaphern von viel komplexeren Strukturen verwendet. Nehmen wir zum Beispiel den Flugzeugträger als Symbol für die Stadt, für die moderne Stadt, so wie sie sich auf der höchsten Ebene der technologischen Entwicklung darstellt. Bestimmte Ebenen der Metaphern sind dafür da, daß sie Assoziationen anregen, und ich integriere in meine Zeichnungen oft solche assoziativen Elemente, die eigentlich sonst eher im Hintergrund stehen würden. Die Arbeit ist immer eine Metamorphose. Der Gedanke der Transformation ist bei mir immer sehr gegenwärtig in den Überlegungen und sichtbar in meiner Arbeit. Die Metamorphose kann auch integraler Teil des Entwurfsprozesses sein. Manchmal habe ich sofort eine präzise Idee, der ich dann nur die entsprechende Form geben muß, aber bei anderen Projekten gibt es eine fortwährende Transformation bis hin zum Endstadium."

Achille Castiglioni hält wenig vom Design, auch wenn er es selbst mit Leidenschaft praktiziert. Er hält am meisten von der Beobachtung der Alltagsgegenstände. Er will wissen, warum sie so sind, wie sie sind. So kommt es, daß er beim sogenannten anonymen Design schöpfen kann. Seine Entdeckungen verbindet er mit seinen Überlegungen, setzt das Ganze in einen neuen Kontext und hat Objekte geschaffen, die einerseits Neuinterpretationen von Bestehendem sind, hervorragende Gebrauchsfunktionen haben und oft deutlich eine ironische Komponente zeigen. Denken Sie zum Beispiel an den aus der Landwirtschaft in den Salon katapultierten Traktorensitz Mezzadro. Er benützt tatsächlich das object trouvé, er wertet das Banale auf. Selbst spricht er von seiner „Wiedererfindung" der Objekte. Im Grunde benützt er auf hochintelligente Weise die Technik der Assemblage.

Robert Venturi glaubt natürlich überhaupt nicht daran, daß den Massen durch den sogenannten guten Geschmack, wie ihn die Moderne propagierte, der Wunschtraum von mehr Lebensqualität erfüllt würde. Stanislaus von Moos schreibt dazu: „Die Venturis legen eine, das Frivole streifende, Liberalität für den „schlechten Geschmack" an den Tag, denn sie hegen den Verdacht, daß der sogenannte „gute Geschmack" vor allem ein Mittel der tonangebenden Elite sei, den Rest der Gesellschaft ästhetisch zu disziplinieren, und sie billigen dem „schlechten Geschmack" zu ..., daß er eine legitime Form sozialer Emanzipation darstelle."

Die Venturis folgern daraus, daß man sich viel entschiedener für den Geschmack der kleinen Leute interessieren müsse, weil Architekten und Designer dieser Geschmack in der Regel von Haus aus fernliegt, denn sonst könnten sie mit diesen Geschmackskulturen ja auch nicht arbeiten. Man müsse sich um eine Qualität der Umwelt bemühen, in der ein gewisses Maß an Durcheinander, an optischem Durcheinander Platz findet.

Ettore Sottsass, der Vater des italienischen neuen Designs, sieht eines der Grundprobleme des Designers darin, mit der Geschichte in ein Gespräch zu treten und nicht zu glauben, daß es außerhalb der Geschichte Ideen oder Paradiese geben könne, die in irgendeiner Form erreicht oder wieder entworfen werden müßten. Er spricht davon, daß der Mensch zur Wahrnehmung der Welt, des Kosmos oder auch des Metaphysischen nur durch die Wahrnehmung gelangt. Er meint die Erfahrung, das Bewußtsein von der Hinfälligkeit des eigenen Körpers und des Körpers anderer.

Ich konnte Ihnen nur Teile der vielfältigen Gestaltungsansätze erläutern und möchte Ihnen noch kurz einige weitere Spielarten vorführen. An diesen wird die Suche nach der Befreiung der Gestaltung von etablierten Regeln des Gestaltens und von eingeübten Wahrnehmungsschemen sichtbar. Großer Wert wird im allgemeinen darauf gelegt, Verschiedenartiges miteinander zu verbinden. Das sehen Sie an der Verwendung von Materialien und auch an der Kombination von Elementen verschiedenster kultureller Herkunft. War hybrid für die Moderne ein eher verdächtiges Wort, so spielen hybride Gestaltungen heute eine immer größere Rolle, weil über diese breite Assoziationsfelder in Bewegung kommen können.

2.

Und warum kein absurdes Design? Zum Readymade im Design

→ 2002

Im künstlerischen Prozess des Readymade werden Alltagsgegenstände durch Verfremdung ihrer Funktionen zum Kunstwerk deklariert. Im Designbereich haben die Brüder Castiglioni Anfang der Fünfzigerjahre diesen Vorgang in ihren Entwürfen bereits in der Gestaltung angewandt.
Diesen Text habe ich auf Bitte von Volker Albus für den Katalog der Wanderausstellung *anders als immer* geschrieben, die vom Institut für Auslandsbeziehungen 2002 in Stuttgart veranstaltet wurde.

Und warum kein absurdes Design? Zum Readymade im Design

Ist es Ironie, wenn man anlässlich einer Ausstellung über deutsches Design das Design mit dem Readymade in Verbindung bringt? Vielleicht. Zum einen, weil man in der kleinen Designwelt dieses Landes wenig davon hält, sich auf die Kunst zu beziehen, zumindest auf einen nichtrationalistischen und folglich nicht-konkreten Stil; zum anderen, weil diese überraschende Assoziation eher romanischen Ursprungs ist: Sie geht auf die surrealistische Bewegung zurück, deren Zentrum in Paris lag.

Dabei handelt es sich bei der Kunst des Readymade um Objekte des täglichen Gebrauchs: Ein Fahrrad-Rad, ein Urinal, ein Bügeleisen, einen Flaschentrockner und andere Alltagsgegenstände - also um Designobjekte, die aus ihrem ursprünglichen Kontext genommen und als Kunstwerke inthronisiert wurden. Da der Surrealismus quer durch alle Kulturbereiche verläuft, betrifft er die Bildende Kunst ebenso wie die Literatur, das Theater und die Musik; warum also nicht auch das Design? Hätte die Bezeichnung *Design* damals zum gängigen Wortschatz gehört, so wäre sie sicherlich in das Vokabular der Surrealisten aufgenommen worden.

Es waren Künstler/Architekten wie Friedrich Kiesler, Carlo Mollino, Achille Castiglioni oder Oscar Tusquets, die sich dieser Sache später annahmen und zugleich den Begriff des Readymade in das Universum des Designs einführten.

Das Readymade reflektiert eine Haltung, ein Denken, ja sogar eine Methode, die sich auf den Surrealismus bezieht. Untersucht man die Arbeiten der jüngsten Designergeneration, die an dadaistische Produktionen erinnern, so stellt sich die Frage, ob diese Analogien nicht zufällig sind: Es reicht nicht, sich durch die Technik der Geste auf Kunst zu berufen, um einem Objekt Sinn zu verleihen, und sich auf einen präzisen kulturellen Kontext zu beziehen, der die Absicht des Künstlers deutlich machen könnte. Vielmehr verhilft die Spannweite der allgemeinen Kultur dem Objekt zu seinem eigentlichen kulturellen Wert.

Zum Verständnis des Readymade sei zunächst an die Grundlagen der surrealistischen Bewegung erinnert, die am Ende der ersten Dekade des vergangenen 20. Jahrhunderts entstand. Sie hatte zum Ziel, die Abkapselung der physischen Realität von der Traumwelt, die auf Visionen und Träumen gründet, abzuschaffen. Es ging darum, die Unterschiede zwischen Realität und Vision auszugleichen, und so zögerte man nicht, auch die Halluzination, ja sogar den Wahnsinn einzubeziehen; hier liegt die Grenze zum Pathologischen nahe. Tatsächlich bezog sich der Surrealismus direkt auf die wissenschaftlichen Untersuchungen des Unbewussten und auf die Entdeckungen der Psychoanalyse, die damals sehr im Schwange waren.

Im Universum des Designs, das traditionell eng mit dem Rationalismus und der technologischen und ökonomischen Realität verbunden ist, mag eine solche Orientierung vielleicht paradox erscheinen. Doch sie ist essenziell für den Surrealisten, der an eine sekundäre, von der ständigen Präsenz des Traumes gespeiste Realität glaubt und einem freien, nicht-funktionalen Denken anhängt. Wer dieses Denken besser verstehen will, muss André Bretons *Manifeste du Surréalisme* von 1924 lesen. In der heutigen pluralistischen, postmodernen Kultur sollte das Zusammentreffen von Gegensätzen, die sich wechselseitig befruchten, nicht mehr überraschen. Historisch gesehen schöpfte dieses revolutionäre Konzept Kraft aus seiner ursprünglichen Inspirationsquelle und aus der Kritik an der Bourgeoisie, was dazu führte, dass die surrealistische Bewegung sich nicht mehr um die geltenden künstlerischen Ideale scherte.

In diesem Zusammenhang ist das Urinal von Marcel Duchamp mit dem Titel *Fountain* von Bedeutung. Das Urinal wurde von seinem Urheber als Kunstobjekt präsentiert, ist aber in Wirklichkeit ein einfaches Industrieprodukt aus dem Katalog eines Sanitärinstallateurs. Selbst wenn es vom Künstler signiert ist, bleibt es ein Plagiat. Für Marcel Duchamp zählte allein die Übertragung der Idee, nicht die physische Verwandlung des Objekts in ein Kunstwerk. Das geht über eine Entfunktionalisierung hinaus: Der Gegenstand wird aus seiner normalen Umgebung herausgenommen, so dass er in einem neuen Kontext plötzlich absurd erscheint.

Duchamp schuf auch die schnurrbärtige Mona Lisa, eine Kopie von Leonardo da Vincis Bild, das im Pariser Louvre hängt. Der Künstler wollte hier die herkömmliche Kunst entmystifizieren und sie nicht allzu ernst nehmen. Wie wir sehen werden, nahmen die Brüder Achille und Piergiacomo Castiglioni dem Produktdesign gegenüber eine ähnliche Haltung ein. Ihr Werk zeigt uns, dass Ironie ein Element der Innovation sein kann, wenn der Designer mit Intelligenz vorgeht und eine gewisse Distanz gegenüber dem bewahrt, was die Profession als überliefert und seriös betrachtet. Tatsächlich werden solche spielerischen Effekte, die durch den Humor in die Welt des Design eingeführt werden, von den Konsumenten geschätzt (man denke an die Arbeiten Bruno Munaris) und können sogar zum kommerziellen Erfolg beitragen (wie die Produkte der Brüder Castiglioni für die Firma Zanotta).

Marcel Duchamp hat der Kunst zu einer neuen Konzeptualisierung verholfen, welche die objektive ästhetische Qualität des Werkes hintan stellt und stattdessen die Subjektivität in den Vordergrund rückt. Dieses Vorgehen hatte seit Ende der 1960er Jahre internationalen Erfolg.

Wiederum antwortet Marcel Duchamp, nicht mit der Definition eines neuen Stils, sondern indem er erklärt, dass unserer Wahrnehmung der Kunst die schlechte Gewohnheit zugrunde liegt, sie anhand eng begrenzter Kriterien zu interpretieren und uns vor allem vom ästhetischen Genuss leiten zu lassen, was zu einer Art Anästhesie, ja sogar einer kritischen Unempfindlichkeit führen kann. Das Readymade sollte also die etablierten künstlerischen Kriterien in Frage stellen und eine neue ästhetische Auffassungsweise einführen. Im Bereich des Designs bezieht sich die von Duchamp erwähnte Anästhesie auf die Dogmatik des funktionalistischen Denkens. Die neue Einstellung macht es möglich, sich diesem Denken zu entziehen und die „Freiheit des Gedankenspiels“ (André Breton) zu praktizieren, Distanz zu wahren, um anders zu handeln, eine neue ästhetische Ausdrucksform zu finden und damit die vorgefasste Idee (das Briefing) in andere Richtungen zu lenken.

Ein gutes Beispiel für dieses Vorgehen ist das Bügeleisen mit dreizehn Tapeziernägeln von Man Ray (1921). Der Künstler hat hier das Objekt seiner Funktion entzogen und es unbrauchbar gemacht, indem er dessen eigentliches Prinzip umkehrte, um daraus ein absurdes Objekt zu machen, das in seiner ironischen Bedeutung einen anderen Sinn findet: Aus dem Bügeleisen wird ein Geschenk – *Cadeau* lautet der Titel von Man Ray –, das nutzlos und typisch surrealistisch ist.

Die Brüder Castiglioni haben seit Anfang der 1950er Jahre die Kunst des Readymade im Design immer wieder praktiziert. Ihr Beitrag zu der Ausstellung *Nuove forme e colori nella casa d'oggi* in Como (1957) nahm zwanzig Jahre der Entwicklung in Design und Innenarchitektur vorweg. Sie demonstrierten bei dieser Veranstaltung ihre Schaffensfreude, ihre üppige Phantasie, ihren Sinn für das Spielerische und ihre natürliche Neugier.

Unter den ausgestellten Objekten fallen vier vom Thema des Readymade beeinflusste Prototypen auf, die sie später auf den Markt brachten: Der Hocker *Mezzadro* (1957), der Klapptisch *Cumano* (1978) und der Telefon-Hocker *Sella* (1957). Nicht nur ihre Erfindungskraft und ihre neuen technischen Verfahren führten zum Erfolg, sondern auch ihre unkonventionelle Denkweise und ihr Sinn für Ironie, amüsant und zugleich innovativ. Ihre Arbeiten enthalten stets ein Element der Überraschung, der Frische, sind aber zugleich absolut professionell und den Techniken der industriellen Produktion angepasst.

Achille Castiglioni selbst erklärte, es sei falsch zu glauben, dass sein Design auf ständigen Neuerfindungen beruhe. Häufig geht die Typologie seiner Arbeiten auf eine Art Re-Design zurück, die sich auf das Studium eines bereits vorhandenen Objekts stützt. Ein Beispiel ist der Klapptisch *Cumano*: Dieser Tisch, den man nach Gebrauch an der Wand aufhängen kann, ist inspiriert von den *gueridons*, die im 18. Jahrhundert in Frankreich und England äußerst beliebt waren. Sie wurden als Gartenmöbel benutzt und waren bereits damals wie industrielle Serienprodukte konzipiert. Mobilität und die Möglichkeit, Funktionen von einem Objekt auf das andere zu übertragen, so dass ein Zwischenobjekt entsteht, sind wichtige Themen für Achille

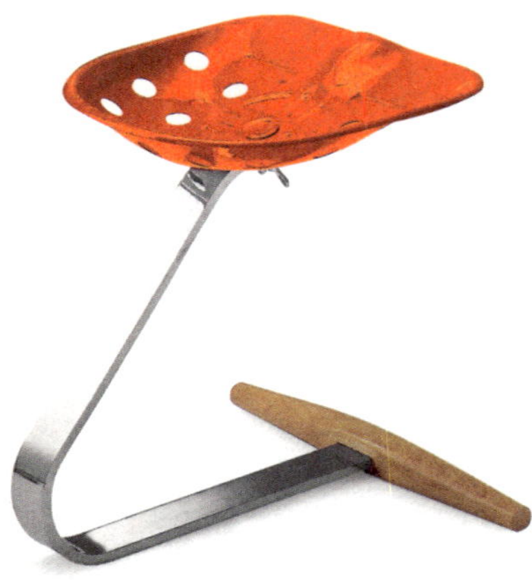

←
Achille und Piergiacomo Castiglioni
Sitz *Mezzadro* · 1957

Castiglioni. Beim Telefon-Hocker *Sella* kombinierte er den authentischen Sattel eines Rennrads mit einem Stahlstab und einer Halbkugel als Fuß, so dass ein beweglicher Sitz entstand – ein völlig neues Objekt.

Natürlich erlaubt die Transposition der Funktionen im Design keine wirkliche Negation des Objekts, weil es sonst unbrauchbar würde. Diese Rolle kommt dem Readymade in der Kunst zu. Dem Design entspricht dagegen die Nützlichkeit, die sich freilich von dem gängigen Nützlichkeitsbegriff des entsprechenden Objekts unterscheiden kann. Gerade dann, wenn man dem Objekt eine andere Funktion zuweist, entsteht Überraschung, eine unerwartete Wirkung, eine ironische oder irrationale Übereinstimmung. Sobald der Designer den gewöhnlich auf das Objekt übertragenen Sinn umsetzt, kann er sich den Methoden des Readymade nähern. Allerdings kann er auch das System der Kunst umkehren, indem er das Industrieprodukt in einen Kunstgegenstand verwandelt, wie es Marcel Duchamp tat. Vom Standpunkt der Kunst aus gesehen handelt es sich um eine revolutionäre Umwandlung, vom Standpunkt des Designs aus geht es allerdings um nicht mehr als einen künstlerischen Impuls, der in der Profession nicht gern gesehen wird.

Wie das Beispiel des Tischs *Cumano* zeigt, sah Castiglioni in der Geschichte eine Möglichkeit, die Konzepte der Vergangenheit im Licht der Gegenwart neu zu ergründen. Duchamp führte dagegen mit seiner Einführung des Readymade einen Bruch herbei, in der Hoffnung, einen schöpferischen Impuls anzuregen und eine neue, von der Vergangenheit (wie die Modernisten sie damals sahen) losgelöste Richtung zu weisen.

Dennoch gab es auch zwischen Marcel Duchamp und den Brüdern Castiglioni Verwandtes, vor allem in ihrem Interesse an Alltagsobjekten. In diesem Zusammenhang sei daran erinnert, dass Achille Castiglioni in seinem Büro eine bemerkenswerte Kollektion gewöhnlicher Gegenstände aufbewahrte, die uns alle von der Typologie her vertraut sind, durch ihre völlig neuartige Gestaltung aber unser Interesse erwecken. Durch seine Entfremdung wird das Objekt *außergewöhnlich*.

Ein anderes Beispiel, der Hocker *Mezzadro*, ebenfalls von den Brüdern Castiglioni, ist eine Assemblage aus einem Traktorsitz und einer Basis, die sich aus einer Eisenbahnschwelle und einem Stoßdämpfer für Waggons zusammensetzt. Dieser Sitz erhält dadurch seinen Sinn, dass er als landwirtschaftliches Objekt mitten in die bürgerlichen Salons vordringt. Das Paradox, das die Brüder Castiglioni in die Innenarchitektur einführten, beruht auf den surrealistischen Aspekten eines solchen Prozesses.

Mezzadro ist ein ironisches Werk mit rebellischen Untertönen. Der Radikalismus der Brüder Castiglioni manifestierte sich in einem Stil, der sich deutlich von dem der Vertreter der radikalen Designbewegung wie Andrea Branzi, Alessandro Mendini oder Ettore Sottsass in den 1970er Jahren unterschied: Sie stellten die klassische Designkultur in Frage, also gerade jene, die von den Surrealisten beeinflusst war.

Andererseits nutzte Achille Castiglioni das Prinzip der Assoziation und erfand Objektfamilien, die völlig außerhalb der Theorie des Systemdesign lagen: Statt ein zusammenhängendes Ensemble aus ähnlichen Elementen zu bilden, die sich untereinander addieren lassen, schuf er Assemblagen aus disparaten Objekten. Aus einem Fuß, einer Metallplatte, einer Stütze und einem Griff entwickelte er den Beistelltisch *Servornuto* (1961). Und aus Alltagselementen stellte er kleine Tische, Aschenbecher auf Beinen, Ausstellungstafeln oder Schirmständer her.

Die systematische Entfremdung des Objekts von seinem ursprünglichen Milieu, die Verwendung von Ironie, ja sogar Sarkasmus und Freude am Spielerischen verleihen dem Design Schaffensimpulse, die zum Readymade tendieren können. Letztlich ist die Ästhetik für alle diese Künstler ein wichtiges gemeinsames Thema, wenn es auch im Vergleich mit den anderen Kriterien sekundär bleibt. Auf einen Unterschied sei noch hingewiesen: Die Brüder Castiglioni haben niemals den Willen bekundet, eine Tendenz einzuführen, während Duchamp, sei es mit dem Readymade, sei es mit seinen Mobiles, einer der bedeutendsten Neuerer dieser Kunst ist.

3.

Plädoyer für ein Nebeneinander unterschiedlicher Gestaltungsformen

→ 1983

Die Auseinandersetzung mit dem Thema *Gute Form*, war für mich Anlass, nach Erweiterungen und Alternativen zu diesem Thema zu suchen. Nach einem Gespräch mit Alessandro Mendini entschied ich mich zusammen mit dem Arbeitsrat im IDZ einen Wettbewerb auszuschreiben, der den Titel *Good Design und Kitsch* trug. Als Konsulenten standen uns Lucius Burckhardt und Bazon Brock zur Seite. Der Wettbewerb erregte die besondere Aufmerksamkeit der Industrie- und Designverbände, weil es ein Ziel dieser Ausschreibung war, neue Mitglieder für den Arbeitsrat des IDZ zu gewinnen. Der Arbeitsrat war ein Gremium, das zusammen mit mir die Planung für die drei kommenden Jahre festlegte. Außenstehende fürchteten, dass der Bereich zwischen *Good Design und Kitsch* durch diesen Wettbewerb zu einem Schwerpunkt für das zukünftige Programm werden könnte.

Plädoyer für ein Nebeneinander unterschiedlicher Gestaltungsformen

Es ist unerläßlich, am Anfang dieses kurzen Exposés auf einige Mißverständnisse einzugehen, die dieser Wettbewerb ausgelöst hat. Aufgrund des Themas der Ausschreibung wurde von Designern wie von Wirtschaftsorganisationen befürchtet, daß durch diese neue Initiative des IDZ Berlin die sich langsam konsolidierende Zusammenarbeit zwischen Designern und Unternehmern im Hinblick auf die Durchsetzung des *good design* in Frage gestellt werden könnte. Ausgangspunkt war die Befürchtung, daß dieser Wettbewerb ein öffentlicher Angriff auf die Politik der *guten Form* sei. Hier also gilt es zuerst richtigzustellen, daß es nicht Absicht des Auslobers war, den Kampf gegen die *gute Form* aufzunehmen, es war vielmehr das Anliegen des IDZ Berlin - und das hat das Institut seit über zehn Jahren mit Veranstaltungen wie *Ästhetik in der Alltagswelt, Mode, das inszenierte Leben, Kitsch - der manipulierte Geschmack* unter Beweis gestellt - den *offiziellen* Designbegriff im Sinne einer Bewußtmachung unterschiedlicher Gestaltungsformen zu erweitern. Deutlich zu machen ist auch, daß neben der *guten Form* und dem Kitsch ein Niemandsland existiert, das über 80 Prozent der Warenproduktion ausmacht, von der *Design-Welt* jedoch nicht wahrgenommen wird. Es gilt, dem quantitativ bedeutenden Produktanteil einen Platz innerhalb der designtheoretischen Auseinandersetzung einzuräumen. Diese Zwischenebene wird zunächst - bis zur Entwicklung einer differenzierten Theorie - die *dritte Ebene* des Design genannt. Diese *dritte Ebene* steht in einem dialektischen Verhältnis zum *good design* wie zum Kitsch. Jede Ebene wird nur in der Gegenüberstellung mit den beiden anderen deutlich. Angestrebt wird ein pluralistisches Konzept unterschiedlicher Gestaltungsformen, das sich von der Monokultur der *guten Form* als Qualitätsanspruch für gutes Design absetzt. Die Differenz zwischen *good design* und Kitsch ist nicht nur eine Frage der Begriffsdefinition, sondern primär ein gestalterisches Problem. Wer sorgfältig bestimmte Produktgruppen ansieht, wird bald merken, daß es eine Vielzahl von Gestaltungsansätzen gibt, die zu ganz unterschiedlichen ikonographischen Aussagen führen. Entscheidend dabei ist die Untersuchung des Ausdrucks, der den Objekten verliehen wird und was dahinter steht. Die Trennung zwischen Kitsch, *dritter Ebene* und *guter Form* ist hier nicht immer deutlich. Sie vollzieht sich über Zwischenstufen, die eine ganze Reihe von unterschiedlichen Gestaltungsmerkmalen erkennen lassen.

Die Rehabilitation des trivialen Designs darf sich nicht in der Auseinandersetzung mit dem Funktionalismus erschöpfen. Gemeinsam mit dem historischen Funktionalismus stellt die *dritte Ebene* den Versuch dar, zu einer Entwicklung des einzelnen wie der Gruppe beizutragen. Deklariertes soziales Ziel des historischen Funktionalismus war es, die gesellschaftlichen Unterschiede durch gut gestaltete Produkte des Minimalbedarfs, der zum Standard erhoben wurde, aufzuheben. Dies blieb eine der großen Utopien der Zwanzigerjahre des 20. Jahrhunderts. Heute wissen wir, daß es eine der vordringlichsten Aufgaben des Designs ist, den verkürzten Weg zwischen *Form und Funktion* durch übergeordnete Aspekte zu erweitern, die sich nicht in technokratischen Produktionsprozessen, mit arbeitsmedizinischen Zutaten erschöpfen. Der Vorgang der

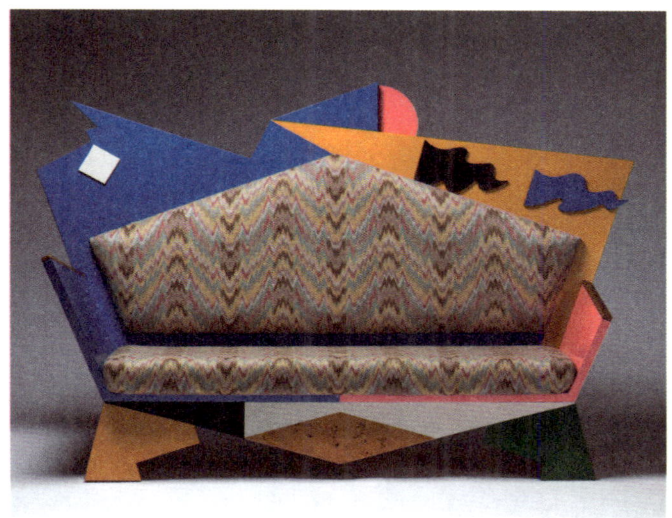

↑ Alessandro Mendini mit Studio Alchimia
Kandissi Sofa · 1980
Collectie Groninger Museum, Groningen

Stimulation der menschlichen Sinne ist komplexer, wobei Erziehung, Wissen, Erfahrung im Umgang mit Objekten sowie Tradition und Ästhetik eine Rolle spielen. Empfindungen, die durch Objekte hervorgerufen werden, sind nicht durch ästhetischen Puritanismus, gestalterische Zurückhaltung und die damit verbundene Kälte auszulösen. Die Rezeption einer solchen Formgebung verlangt eine sehr hohe Abstraktionsfähigkeit. Die fehlenden sinnlichen Reize werden kompensiert durch einen historischen Wertkodex, der die Identität zwischen Objekt und Mensch erst ermöglicht, so z. B. die berühmte Glaslampe von Wilhelm Wagenfeld (1924), die von vielen nur darum als schön empfunden wird, weil sie Assoziationen in Bezug auf eine idealisierte

Zweckdienlichkeit und die Bauhauslehre ermöglicht. Der Zugang zu solchen Objekten findet über den Kopf statt und setzt eine Reihe von Erkenntnissen voraus, die nicht jeder besitzt. Ihre Anziehungskraft liegt in ihrer Geschichte.

Die Entwicklung einer Theorie der *dritten Ebene* ist nur nach einer umfangreichen Analyse der Wechselbeziehung zwischen Subjekt und Objekt, Mensch und Umwelt möglich. Auf die Reize, die Erinnerungen, Assoziationen, die die Objekte beim Benutzer auslösen, kommt es an. Sind Objekte zu abstrakt und reizarm, wie die der *guten Form*, so verlieren sie an sinnlichen Merkmalen, was wiederum eine Affektbindung erschwert oder sogar unmöglich macht. So kann von einer versteckten Liebesbeziehung gesprochen werden, von einer Bindung von Menschen zu Objekten. Dies ist der Grund, warum die Objekte der *guten Form* nur von wenigen *Aufgeklärten* geliebt werden. Aneignung durch die breite Masse findet nicht statt. Ein Design mit dem Anspruch *gut* beinhaltet für mich diejenigen Formen, die sowohl zur Abstraktionsfähigkeit anregen als auch die Sinne ansprechen. Bei einem emanzipierten Umgang mit Objekten spielen Abstraktionsfähigkeit wie sinnliche Wahrnehmung eine Rolle, beides zusammen trägt zur Entwicklung der Persönlichkeit bei. Diese Aufgaben erfüllt weder das historische *good design* noch der Kitsch. Ich gehe also davon aus, daß dieses *Design der Mitte* optimaler als die beiden anderen Kategorien zur Entwicklung und Entfaltung der Persönlichkeit beitragen kann.

Wir müssen mit größerer Sorgfalt den Einsatz von ästhetischen Mitteln fördern und unsere Sinne schulen und wachhalten, um sie vor einer drohenden Abstumpfung zu bewahren. Die Forderung nach einer Ästhetik der Emanzipation der Persönlichkeit ist schon deswegen notwendig, um besser und bewußter die Probleme unserer Gesellschaft zu bewältigen. Eine Programmatik, die an die avantgardistischen Bewegungen der 1910er und 1920er Jahre anknüpft, deren Ziel es war, durch die Kunst zu einem *besseren Leben* zu gelangen.

Es scheint mir unter diesen Gesichtspunkten für Designer, Produzenten und Konsumenten von größter Wichtigkeit, sich mit dieser Problematik auseinanderzusetzen, schon deswegen, weil hier ein deutliches Defizit - das dringend in unser aller Interesse ausgeglichen werden muß - vorhanden ist. Der Wettbewerb war eine Aufforderung an Gestalter, Architekten, Produzenten und Kunsthistoriker, die herkömmlichen Vorstellungen zu erweitern. Diese Auseinandersetzung verlangt von Designern wie von Designerverbänden Bereitschaft und Toleranz. Bereitschaft, vorhandene Wertvorstellungen zu überprüfen, und Toleranz, eine andere Form von Ästhetik anzuerkennen. Dabei sollte nicht hierarchisch vorgegangen werden, wir sollten uns vielmehr für eine Theorie des Nebeneinander mehrerer Designkonzeptionen einsetzen.

4.

Zur Rezeption des italienischen Designs in der Bundesrepublik Deutschland

→ 1983

Im Unterschied zum vorigen Text, der den Schwerpunkt auf die Analyse von Theorie und Praxis im Design in Italien und der BRD legt, steht in diesem Text die Rezeption des italienischen Design in der BRD nach dem zweiten Weltkrieg im Mittelpunkt. Geschrieben für den Katalog der Ausstellung *Design aus Italien*, erschienen 1983 im Design Center Stuttgart.

Zur Rezeption des italienischen Designs in der Bundesrepublik Deutschland

Die Designrezeption ist noch ein ungeschriebenes Kapitel. Über das, was die Aneignung von gestalteten Objekten ausmacht, ist man sich nicht nur im Unklaren, sondern die unterschiedlichen theoretischen Ansätze lassen keine deutlichen Aussagen zu. Eines wird als Regel akzeptiert: was die Wahrnehmung von Objekten ausmacht sind die Reize, die sie ausstrahlen und die Assoziationen, die der Einzelne dadurch mit den Objekten verbindet. Dies spricht für ein Design, das vielfältig, reich gestaltet und symbolisch prägnant ist.

Das italienische Design - ein undifferenzierter Begriff für eine Vielfalt unterschiedlicher Gestaltungsarten, die in Italien gleichzeitig zu finden sind - wird auch von Spezialisten als das Design der Nachkriegszeit bezeichnet, das sich durch formal geglückte Gestaltung auszeichnet.

Die Gründe für das Phänomen, daß das Interesse an italienischem Design wächst, lassen sich nur schwer kurz zusammenfassen. Sie liegen begründet in der Struktur der Wirtschaft und der kulturellen Situation Italiens, in der Architektur und Design eine wichtige Rolle spielen. Obwohl in Italien die technologische Entwicklung im Vergleich zur Bundesrepublik eher zurückgeblieben ist, gelang es dem Management, mit dem Design Lücken in der Produktion zu schließen, die den technologischen und organisatorischen Rückstand unsichtbar machten. Gregotti machte in mehreren seiner Darstellungen der Geschichte des italienischen Designs deutlich, daß die internationalen Erfolge des Designs aus Italien, verglichen mit anderen Ländern, „in scheinbar widersprüchlicher Weise gerade mit einer experimentellen und für das Design bahnbrechenden industriellen Situation zusammenhängen". Als Beispiel dazu werden die in Italien fehlenden Design-Abteilungen an den Hochschulen erwähnt.

In den vorwiegend kleinen und mittleren Industriebetrieben wurde das Design oft improvisiert. Der Reifeprozeß, was die methodologischen Aspekte des Designs betrifft, steht also noch bevor. Zwar ändert sich die Situation langsam, nicht nur durch die beständigere Zusammenarbeit zwischen Designern, Industrie und Vertrieb, sondern weil man immer differenzierter und spezialisierter an konkrete Probleme herangeht. Doch das Design hat in vielen Bereichen der Produktion Priorität, weil man in Italien früh erkannt hat, daß für den Erfolg des Absatzes der Produkte die visuelle Erscheinung der Objekte primär ist. Dies trifft nicht nur für kleinere und mittlere Betriebe - oft noch mit kunsthandwerklicher Tradition - zu, sondern auch für Großunternehmen. Olivetti, Alessi, Zanotta sind Beispiele dafür, wie Produkte, wenn sie dank intelligenter Politik trotz unterschiedlicher Erscheinungsbilder dennoch zu Markenzeichen werden, die Produkte und Produzenten verbinden. Es geht diesen Firmen nicht darum, den Produkten ein gestalterisches Korsett überzustülpen, sondern durch hohe gestalterische Qualität dafür zu sorgen, daß die Firma mit hohem Niveau und den entsprechenden Innovationen auch mit Design die Erwartungen ihrer Kunden erfüllt. Mit sorgfältiger Auswahl von guten Architekten wirbt Olivetti für sein Image, das kulturell gesehen das Beste anbieten soll. Olivettis Sitz in Italien und ihre Niederlassungen im Ausland (der von Eiermann entworfene *Trichter* als Sitz für die deutsche Olivetti, Ende der Sechzigerjahre in Frankfurt gebaut), ist mit dem BMW-Hochhaus in München eines der bedeutesten Beispiele für die Assoziation von Kultur und Marke. In der Tat verweist der *Trichter* von Eiermann auf Olivetti sowie ihre Läden; ihre unverwechselbaren Ausstellungen sind deutliche Hinweise für die Verbindung von Kultur und Wirtschaft. Nicht zufällig besitzt die Olivetti AG eine Kultur-Abteilung, die die Koordination zwischen Marketing und Werbung sichert. Kultur wird als wirksamste Public-Relation angesehen. Trotz wirtschaftlicher Rezession ist es der Olivetti gelungen, ihre Marktanteile zu sichern und ihre Politik weiterzuführen.

Verfolgen wir zunächst, in welcher Art die italienische Möbel-Industrie ihre Expansion in einigen Bereichen ihrer Produktion durch Design verfolgt.

Anfang der Siebzigerjahre wurde die Design-Szene Italiens mit der Gegenbewegung des Anti-Design, auch *Radical-Design* genannt, konfrontiert. Basis dieser Bewegung bilden die Feststellung eines Unbehagens im Designer-Beruf, das als Krise der Werte charakterisiert wird. Man sieht im Kult der Produktion und des Konsums eine Art von Selbstzerstörung und Vernichtung, nicht nur gesellschaftlicher Werte, sondern auch der Umwelt selbst, deren Schäden irreparabel erscheinen. Die neue Avantgarde umfaßt wie jeder Anfang einer neuen Bewegung Kritiker, Architekten, Designer, aber auch bildende Künstler und arbeitet an Existenz-Alternativen, die zuerst die Überwindung der Grenzen von Architektur und Design als spezifische Disziplin zum Ziel hat. Emanzipation von Verhaltensweisen mit dem Ziel, zu mehr Bewußtsein zu führen, einem Bewußtsein, das demonstrieren soll, daß die Rolle des Gestalters sich nicht in der Schönheit der Dinge erschöpft, wird gewünscht. Man entwirft utopische Projekte und konzeptionelle Objekte, um zu zeigen, daß es um die Umkehrung der Werte und die Aufhebung dogmatischer, überholter Stilauffassungen geht. Man verzichtet auf technischen Fortschritt und kehrt zu symbolischen, archaischen und handwerklichen Formen der Produktion zurück oder man stellt sein Wissen in den Dienst politischer Aktivitäten.

Im Mai 1972 fand eine Ausstellung im New Yorker Museum of Modern Art statt. Sie hatte den Titel *Italy - The New Domestic Landscape* und wurde zur größten und umfangreichsten Schau des italienischen Designs. Aufgrund einer gelungenen Konzeption wurde auf direkte Werbung für Produkte und Firmen verzichtet. An ihrer Stelle wurden von verschiedenen Autoren Situationen oder Environments aufgebaut, die gleichzeitig die hohe Qualität des italienischen Designs bewiesen, sowie seine Fähigkeit, den anderen Ländern voraus zu sein. Es wurden nicht nur Konzepte für ein zukünftiges Wohnen präsentiert, sondern auch die Kritik des *Radical-Design* eingebracht und Platz für neue Modelle gemacht. Dies wurde mit starker finanzieller Unterstützung der italienischen Großfirmen verwirklicht. Diese Ausstellung wurde für die italienische Industrie und ihre Designer zum Erfolg und machte die italienischen Produkte im Ausland noch bekannter. Ein neuer Abschnitt des italienischen Designs beginnt.

Die Rezeption dieser Ausstellung im Ausland war sehr intensiv. In der Bundesrepublik Deutschland herrschte Skepsis gegenüber dieser Schau, die nach Meinung der Fachjournalisten (es fehlt in der Bundesrepublik an Designkritikern und ebenso an Designtheoretikern) in Mode- und Inneneinrichtungszeitschriften mit viel Distanz und vorsichtigem Genuß kommentiert und als Akt der Kunst und der Utopie gesehen wird. Niemand kann sich hierzulande vorstellen, daß man mit solchen Sensationen ernsthaft Einfluß auf die Realität der Produktion und des Verkaufs haben könnte. Dennoch war die Ausstellung, wie wir heute wissen, maßgebend für die Rezeption des Ungewöhnlichen, für das Exzessive, wie wir es heute z.B. von *Memphis* kennen.

Eine weitere Schau italienischer Produkte folgte im Herbst des gleichen Jahres im Museum des 20. Jahrhunderts in Wien. Hier wurde mehr das *Bel-Design* ausgestellt, eine Auswahl unterschiedlicher Produkte im Konsum-Bereich, die die Originalität und die Vielfalt der Produkte deutlich machte.

Mit einer Vielzahl von Produktpräsentationen auf Messen und in Fachzeitschriften geriet das italienische Design mehr und mehr ins Bewußtsein deutscher Bürger. Es war damals schon *schick* und *in*, sich mit italienischen Produkten zu umgeben. In der Bundesrepublik wird italienisches Design allmählich zum Synonym für schönes Design. Diese Tendenz verstärkt sich durch das zunehmende Angebot von Produkten im Handel. Billige Produkte findet man jedoch selten. In einer jährlichen Produkt-Auswahl und Ausstellung deutscher Design-Institutionen sind italienische Produkte regelmäßig vertreten. Den stärksten Einfluß üben die Möbelmessen auf Handel und Publikum aus. Inzwischen ist die Möbelmesse in Mailand jedes Jahr für Designer, Architekten und Handel sowie Hersteller ein Ort der ersten Information über Trends.

Im Herbst 1973 präsentierte das Internationale Design Zentrum Berlin e.V. (IDZ Berlin) unter dem Titel *Design als Postulat - am Beispiel Italien* die erste ausführliche Ausstellung, die einen vertieften Einblick gibt über die Geschichte der Entwicklung des italienischen Designs zwischen 1945 und 1970. Eine Abteilung zum Thema *Mangel und Überfluß der italienischen Design-Produktion* zeigte, wie trotz vielversprechender politischer und ökonomischer Zielsetzungen das Gleichgewicht zwischen Überfluß an privaten Konsumgütern und quantitativem und qualitativem Mangel im Bereich der sozialen Konsumgüter im Design-Sektor noch immer gestört ist. Ein letzter Teil dieser Ausstellung präsentierte erstmals im deutschsprachigen Raum die Bewegung des *Radical-Design*. Doch die Bemühungen blieben ohne Einfluß auf die deutsche Design-Szene, die die Ausstellung zwar dankbar annahm, jedoch die gewonnenen Erkenntnisse nur schwer gebrauchen konnte, da die Grundvoraussetzungen hier so anders sind. Eingeschlossen in ein Konzept von Design, in welchem der Maßstab für die Gültigkeit von Lösungen allein in der Objektivität wissenschaftlicher Erkenntnisse gesucht wird, die vom *Positiven* ausgeht, d.h. vom faktisch Gegebenen, Sicheren und Unanzweifelbaren, konnten die neuen Vorschläge der italienischen Kollegen kaum Erfolg haben. In einer Zeit, wo in der Bundesrepublik die Design-Theorie beherrscht wird von der Verwissenschaftlichung des Design - dies ist laut Siegfried Maser (1975) das „Selbstverständnis des Design in der Bundesrepublik", beruht sie auf der Basis der von der Hochschule für Gestaltung in Ulm aufgestellten Thesen.

Doch diese einseitige Design-Politik der Hochschullehrer wird durch die fehlenden kritischen Interventionen von Kritikern und Institutionen später zu Krisenerscheinungen führen. Die Fronten verhärten sich zwischen denen, die aus politischen Gründen ihre designtheoretischen Ansätze auf der *Kritik der Warenästhetik* begründen, denjenigen, die mehr und mehr Distanz zur Hochindustrialisierung gewinnen und sich auf Alternativvorschläge ökologischer Art

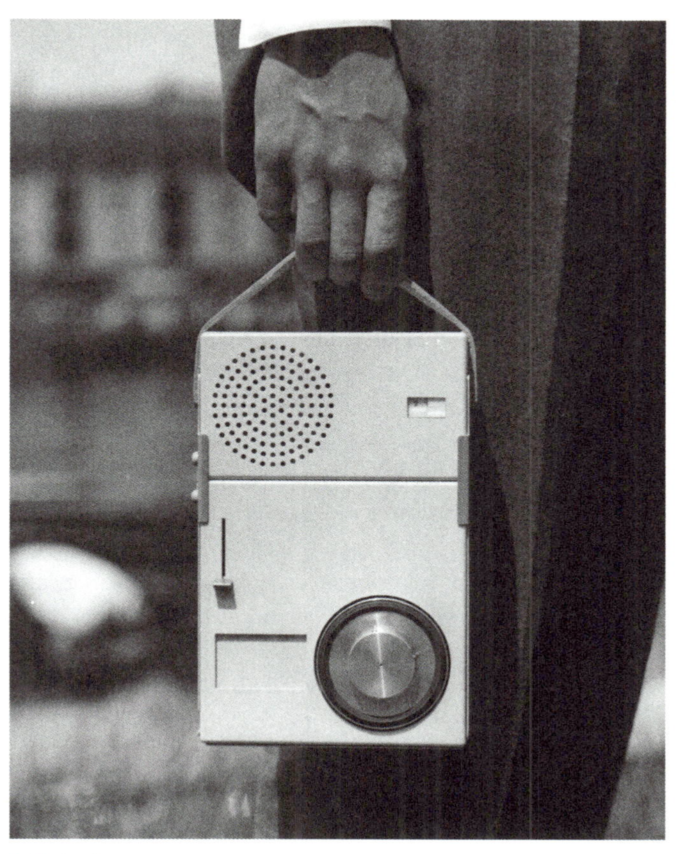

↑ Dieter Rams
Phono-Transistor TP1 • 1959

zurückziehen und den wenigen, die aus einer kulturellen Konzeption heraus einen Dialog mit dem Beruf suchen, um neuere Modelle in die Praxis einzuführen.

Wiederum vom IDZ Berlin kommt der nächste Impuls im Jahr 1976 mit einer Ausstellung über den italienischen Designer Ettore Sottsass. Die erste vollständige Präsentation der Arbeiten von Sottsass wirkte auf die deutschen Designer wie eine Konfrontation: man wolle – so war in der *Form*, dem offiziellen Organ der Designerverbände der Bundesrepublik, zu lesen – die Designer als Künstler neu präsentieren! Die Ausstellung, die die Entwurfsansätze, Methoden und die Philosophie von Sottsass deutlich machte, schien damals für die Fachleute in der Bundesrepublik als Ansatz, der nicht zu unterstützen war, weil seine Gestaltungsansätze von einer persönlichen Lebenskonzeption ausgingen und die Person Sottsass im Vordergrund stand, was als Personenkult abgetan wurde. Wenn man weiß, daß Sottsass 15 Jahre lang fast alle Produkte von Olivetti gestaltet hat, so muß diese Argumentation als beschränkt angesehen werden. Mit derselben Konzeption von Design wird ab 1981 unter dem falschen Begriff *Memphis-Design* plötzlich unter starkem publizistischen Beifall in der Design-Welt der Bundesrepublik eine Art von Design gefeiert, das Anfang der 1960er Jahre von Sottsass eingeführt wurde. Inzwischen machen sich in einigen Fachhochschulen und Technischen Hochschulen in der Lehre kritische Ansätze bemerkbar, die helfen werden, die Studenten mit neuen Denkmodellen auszurüsten. Jochen Gros mit seiner Design-Analyse, aus der Wahrnehmungspsychologie abgeleitet, verlangt mehr Sinnlichkeit im Design, während Bernd Löbach sich für ein Design einsetzt, das die Bedürfnisse der Konsumenten stärker berücksichtigt. Gert Selle versucht, mit zahlreichen Publikationen die

Verbindung von Produktion, Gebrauch und Gestaltung unter dem Aspekt der historischen Entwicklung in Deutschland zu klären. Diese Ansätze werden sicherlich helfen, klarzumachen, daß das positivistische Modell immer mehr ins Kreuzfeuer starker Kritik gerät. In den tangierenden Wissenschaften, die das Design berücksichtigen, nimmt die Kritik an den positivistischen Ansätzen zu. Eine Parallelität von verschiedenen Erscheinungen im gesellschaftlichen Leben, zunächst bei Randgruppen, macht deutlich, daß dem Design über seine praktischen und technischen Funktionen hinaus weitere Funktionen zu eröffnen seien. Mit der Produktsprache sollen wieder mehr psychosoziale Informationen, Werte und Gefühle vermittelt werden. Wenn wir uns nämlich wieder mit kulturellen Sinnfragen auseinandersetzen, dann muß sich diese Reflexion auch in den sinnlichen Funktionen des Designs widerspiegeln. Hier wird das italienische Design immer wieder als Beispiel zitiert.

Ab 1979 entsteht der Eindruck, daß die vereinfachte Kritik am Funktionalismus in Design und Architektur die Fronten lockert und man bereit ist, wenigstens jetzt aufmerksamer als bisher die anderen Wege zur Gestaltung zu verfolgen.

Eine wichtige Station zur Erneuerung des Designs wurde die Ausstellung *Forum Design Linz* im Sommer 1980, die großen Einfluß auf die Bundesrepublik hatte. Wichtige Impulse gingen von dort aus, machten es notwendig, daß Positionen bezogen wurden. Besonders die Auseinandersetzung mit persönlichen Ansätzen in der Gestaltung in Verbindung mit Architektur und Kunst in der Gegenüberstellung mit Unternehmenspolitik macht deutlich, wo Freiräume existieren und wo Zwänge sich hemmend auf das Design auswirken. Einige Wochen nach Beendigung der

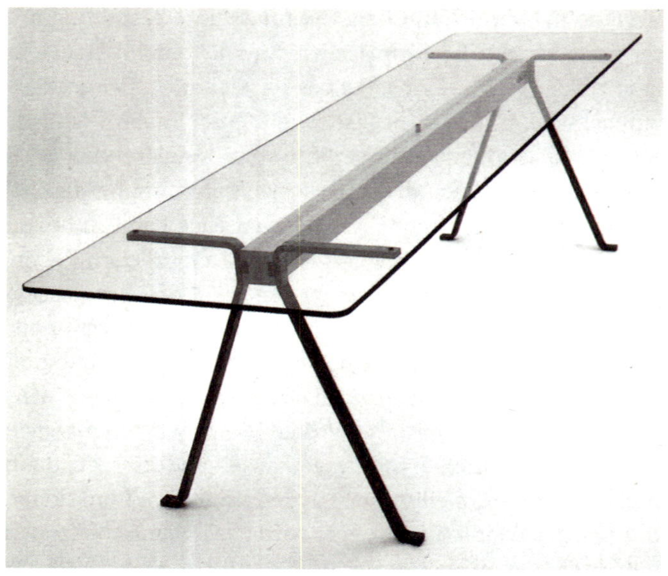

↑ Enzo Mari
Tisch Frate · 1973

Ausstellung in Linz fand im Design Center Stuttgart eine Diskussion statt, die die Tendenz verdeutlichte, die in Linz durch Ausstellung und Symposium errungenen Positionen zu verteidigen. Besonders die von der italienischen Gruppe *Alchimia* realisierte Inszenierung und die Abteilung über *Banal-Design* von derselben Gruppe, das neue Möbelprogramm von Sottsass, das schon das Memphis-Programm deutlich signalisierte, sowie die Auseinandersetzung mit der *Postmoderne* schlugen hohe Wellen. Die gleichen Journalisten, die 1976 die Sottsass-Ausstellung im IDZ Berlin heftig kritisiert hatten, würdigten nun die neuen Ansätze, zum Teil überschwänglich. Plötzlich entdeckte man in der

Bundesrepublik, daß das Neue in der Architektur aus den USA kommt und das Neue im Design aus Italien.

Im selben Jahr - im Spätherbst 1980 - fand im Kölnischen Stadtmuseum eine italienische Möbeldesign-Ausstellung unter dem Titel *Entwurf - Gegenstand - Bild* statt. Im Auftrag des italienischen Außenhandelsministeriums wurde die Ausstellung von einer Arbeitsgruppe des ADI (Verband der Industrie-Designer in Mailand) vorbereitet und präsentiert. Es war hier Gelegenheit, durch die Auswahl der Exponate - es wurden die besten Arbeiten im Möbelbereich zwischen 1945 und 1980 gezeigt - mit der stark in die Diskussion gekommenen *Alchimia-Tendenz* (Memphis gibt es erst seit 1981) abzurechnen und deutlich zu machen, daß zwar theoretisch die Diskussion auch darum ging, zu sehen, wie man vom *Bel-Design* abrücken konnte, daß jedoch die Profession Designer und Architekt immer noch mit den neuen Errungenschaften von Technik und Produktionsmethoden sowie deren Verbreitung eng verknüpft ist und daß Design für die Massenproduktion gedacht ist.

Die Gegenreaktion kam im Jahr 1982 durch eine Ausstellung, die das 75jährige Jubiläum des Deutschen Werkbundes Niedersachsen und Bremen e.V. würdigen sollte, *Provokationen - Design aus Italien, ein Mythos geht neue Wege* war der Titel. Die Ausstellung stellte die neuen Einrichtungsgegenstände zusammen, die in Italien gerade aus der Produktion kamen, oder besser aus den Laboratorien von *Alchimia* und den Werkstätten von *Memphis*. Eine wahre Provokation, wenn man sich vorstellt, daß die Ausstellung die Gegenposition zur historischen Entwicklung des Deutschen Werkbundes einnimmt und den Weg der traditionellen *Moderne* in Frage stellt. Ein anderes Design - ein neues Design aus Italien?

Nein - dies bewies die überarbeitete Berliner Version der Ausstellung, die anschließend im IDZ Berlin zu sehen war. Hier wurde deutlich, daß ein solches Design seinen Ursprung in den 60er Jahren hatte und erst heute, nach einem langen Weg durch viele experimentelle Ansätze im Bereich des Designs wie des Kunsthandwerks nun in Prototypen oder Kleinserien hergestellt wird und erst heute seine Anerkennung findet. Noch fehlen Markt und Publikum. Das Experiment, das unter dem Einfluß von Ettore Sottsass, dem Vater dieser Bewegung, stattfand, bleibt trotz seines einmaligen publizistischen Erfolgs auf den Rahmen der Prototypen und der Kleinserien beschränkt.

Ein Überleben für Memphis sichern nur die hohen Preise der Möbel - bei *Alchimia* sichern die Aktivitäten im Ausstellungs- und Werbesektor das Überleben.

Es besteht jedoch heute kein Zweifel mehr an dem Einfluß, den diese neue Bewegung auf die Profession der Architekten und Designer und auf die Möbelproduktion ausübt. Dies gilt insbesondere auch für die Bundesrepublik. Besonders stark scheint der Einfluß auf die Schulen zu sein, was sich Anfang dieses Jahres in der Ausstellung *Objets perdus* im Kunstgewerbemuseum Hamburg an den Arbeiten deutscher Studenten zeigte. Den vielen jungen Designern sei jedoch gesagt, daß eine solche Bewegung einen langen Weg hinter sich hat, der zunächst ohne Erfolgserlebnisse von starken Persönlichkeiten eingeleitet und ausgearbeitet wird. Sie kann auch nur dort wachsen, wo entsprechende Freiräume eine solche Entwicklung fördern. Es soll uns nicht darum gehen, solche Tendenzen nachzuahmen, wie es bereits viele Sympathisanten eifrig tun, sondern zu verstehen, daß auch Alternativen solide Grundlagen benötigen, die getragen werden von Persönlichkeiten, die ihr

Tun nicht in den Dienst einer kurzfristigen Politik stellen. Die Arbeit einer Avantgarde ist jedoch tiefgreifend und kompliziert und verlangt, wie die Geschichte lehrt, langes Durchhaltevermögen in der Opposition. Geschichte muß gemacht werden und hat ihren Fahrplan.

Inzwischen ist man auch in den Design-Verbänden soweit, neu über Designphilosophie nachzudenken, neue Ansätze zur Diskussion zu stellen. Der Einfluß des italienischen Designs in den letzten 15 Jahren auf das Design in der Bundesrepublik ist ein kompliziert darzustellender Prozeß. Sicher ist zu sagen, daß kein anderes Land seit 1960 mehr Einfluß und Attraktion ausübt als Italien. Es besteht eine Wechselwirkung zwischen Ausstellungen und Publikationen, von Fachmessen und Handel. Popularität und Nachfrage nach italienischen Designprodukten findet man nur in der Mittel- und Oberschicht. Also das gleiche Bild wie in Italien. Das italienische Design ist ein Objekt für die Besserverdienenden auch in der Bundesrepublik, einem Land, das aufgrund seines hohen Lebensstandards ein fruchtbarer Boden für Marketingkampagnen und die Erschließung neuer Märkte sein dürfte.

Mit großem Interesse verfolgt der deutsche Handel, mit welcher Intensität die italienischen Produkte im Möbelsektor angeboten werden. Das Phänomen des italienischen Designs als Wunderkind der italienischen Exporterweiterung sollte all denjenigen zu denken geben, die sich über die Erschließung neuer eigener Märkte Gedanken machen. Nur ein vielfältiges und modernes, attraktives Angebot mit hoher Designqualität sinnlicher Prägung kann in der Bundesrepublik - angepaßt an die hiesigen Produktionsorte und -stätten - der Möbelindustrie einen Vorstoß erlauben, wenn Bund, Länder und Wirtschaftsverbände bereit sind, Forschung und Förderung des Designs finanziell zu unterstützen. Während in der Bundesrepublik die Design-Institute seit Jahren ständig von Schließung bedroht sind, intensivieren die Italiener kulturelle wie wirtschaftliche Initiativen für ihr Design.

Die Ausstellung Design aus Italien, auch wenn sie eine weitere Initiative für das noch besser bekanntzumachende italienische Design ist, möchte jedoch auch einen weiteren speziellen Aspekt herausstellen. Sie möchte zeigen, daß auch Fertigung und technische Qualität diese Produkte heute auszeichnet. Damit soll das Bild dieser Produktion abgerundet werden. Die Auswahl ist daher partiell angelegt, um auch die technische Kapazität der Italiener herauszustellen.

5.

Einheitlichkeit und Vielfalt

Zum Vergleich der Designentwicklung in der Bundesrepublik und in Italien

→ 1980

Der Text versucht die Unterschiede in Theorie und Praxis des Designs in Deutschland und Italien zusammenfassend darzustellen. Der Artikel entstand zu einer Zeit, als die Rezeption des italienischen Designs in der Bundesrepublik ihren Höhepunkt erreichte. Er wurde im Jahresbericht des Gestaltkreises der Deutschen Industrie 1980 veröffentlicht.

Einheitlichkeit und Vielfalt

Zum Vergleich der Designentwicklung in der Bundesrepublik und in Italien

In einer Zeit, in der die Tendenz zur Rationalisierung und Normierung in vielen Bereichen weiter um sich greift und man eher von einer Suche nach Einheitlichkeit sprechen kann als von dem Wunsch nach Differenzierung, erscheint es mir opportun, den Versuch zu unternehmen aufzuzeigen, daß dieser Trend zur Einheitlichkeit und damit zur Gleichmacherei zu einem kulturellen Verlust führt. Um dies zu verdeutlichen, möchte ich Beispiele von Design-Leistungen der Nachkriegszeit in der Bundesrepublik Deutschland und in Italien anführen. Der Hauptunterschied zwischen diesen beiden Ländern liegt in der Entwicklung ihrer Design-Produktion, welche durch differenzierte Erwartungen, die an sie gestellt wurden, bedingt ist. Diese divergierende Entwicklung der Industriestruktur in Deutschland und Italien hat zu ganz verschiedenartigen Produktionsformen und Produkten geführt.

Es muß hier festgestellt werden, daß die Trennung von Hochkultur und Alltagsleben in der Bundesrepublik gleich nach dem Krieg stattfand und darüber hinaus auch die Teilung in unterschiedliche Gestaltungsgattungen, von der Umweltgestaltung bis zum Produktdesign selbst. Unter dem Einfluß des *neuen Empirismus*, ideologisch durch eine stark positivistische Haltung der führenden Intelligenz geprägt, erfolgte zunächst eine Verselbständigung von Produktionsbereichen.

Basierend auf der Lehre der *Moderne*, nach der das Industrial Design methodisch mit der Architektur verbunden ist, gibt es heute noch viele Argumente für die Einordnung des Designs in die moderne italienische Architektur. Ein wichtiges Argument ist, daß die Aufspaltung eines Berufes in verschiedene verselbständigte Bruchstücke für jede kulturelle Entwicklung großen Nachteil bedeutet.

Zunächst befand sich die 1949 gegründete Bundesrepublik in einer mühsamen Aufbauphase und versuchte, einen Minimalstandard zu erreichen, wobei die Entwicklung der Wirtschaft Priorität hatte. Ein kulturelles Begleitprogramm fehlte. Dagegen war die Entwicklung Italiens in den gleichen Jahren geprägt von der Ideologie-Debatte des Realismus, der die Forderung nach einer Kulturausrichtung realistischer Art stellte, in der Hoffnung, eine neue Gesellschaftsstruktur aufbauen zu können. Eine Hoffnung, die sich bald durch die Niederlage der linken Parteien bei den ersten Wahlen zerschlug. Diese Bewegung fand eine intensive Umsetzung bei den Filmregisseuren, Literaten und Architekten des Landes. Das Design selbst geriet in diesen Jahren nicht in den Verdacht, eine systemerhaltende Tätigkeit nur für wenige Privilegierte zu sein. Die Architekten bzw. Designer setzten vielmehr auf die Hoffnung, einen reellen Beitrag zur *neuen Welt* leisten zu können; sie wollten eine *neue Moralität* in die Produktion einbringen. Der totale Zusammenbruch Deutschlands nach dem Zweiten Weltkrieg und der Bruch mit der Vergangenheit stand der Entwicklung eines neuen ideologischen politischen Programms entgegen. Auch konnte hier die *neue Linke* keinen Einfluß nehmen, so daß der Aufbau der Wirtschaft zum Schwerpunkt politischer Programme wurde und als Ersatz für eine fehlende Ideologie bzw. zur Ideologie selbst erhoben wurde. Die Wirtschaft, die ihre Produktionsmaschinerie zu jener Zeit immer stärker ankurbelte, orientierte sich dort, wo man die *entwickelteste* fortschrittlichste Produktkultur fand: in den USA. Die Produktion der Bundesrepublik in den Bereichen Mode, Inneneinrichtung, Elektrogeräte, aber auch auf dem Gebiet der Malerei, der Musik u. a., zeigt deutlich diese Entwicklung in den 1950er Jahren. Die *Amerikanisierung* schien kaum noch aufzuhalten.

Anders die Entwicklung in Italien. Die Auseinandersetzung um die Erneuerungen der modernen Architektur fand in den Zwanzigerjahren im Norden des Landes statt, als sich von Rom aus schon der Faschismus ausbreitete. Und doch wurden in diesen Jahren Elemente der rationalistischen, futuristischen und metaphysischen Bewegung weiterentwikkelt, so daß eine kulturelle Kontinuität erhalten blieb, bis zur Befreiung Italiens vom Faschismus. Auf vorhandenes theoretisches Material konnten sich sofort nach dem Krieg Architekten wie Designer stützen. So entstanden in den Jahren 1947-1951 Objekte mit außerordentlicher Bedeutung für die Entwicklung des Design, z.B. die Schreibmaschinen von Olivetti, die Möbel von Poggi, die Karosserien von Pinin-Farina, die Vespa von Piaggio. Im Design-Bereich in der Bundesrepublik ereignete sich dagegen in diesen Jahren nur wenig Beispielhaftes. In Italien kommen - damals wie heute - Gestalter, die für die Industrie tätig sind, bis auf wenige Ausnahmen aus ganz anderen Berufen und oft auch noch zufällig zum Design. Ihr manuelles wie methodisches Rüstzeug basiert auf einer eng der Architektur verbundenen Ausbildung. Italien hat noch heute keine Design-Ausbildungsstätten auf Hochschulebene.

Ganz anders in der Bundesrepublik: Sie ist das Land mit den meisten Design-Ausbildungsstätten pro Einwohner. Die Absolventen, in der Regel schmalspurige Fachmänner, finden ihre Auftraggeber fast ausschließlich in der inzwischen stark expandierten Industrie. Eine entsprechend untergeordnete Position nehmen die so ausgebildeten Designer in der Unternehmenshierarchie ein, so daß nur schwer kulturelle Einflußnahme auf die von ihnen zu gestaltenden Produkte möglich ist und diesen Designern selten Chancen geboten werden, *neue Objekte* zu planen oder zu entwickeln. So fehlt diesen Designern in der Regel auch heute noch jenes kulturelle Bewußtsein, das sie motiviert, aktiv an der Entwicklung der Produktkultur mitzuarbeiten, wie dies in Italien der Fall ist. Auch gewinnt das Ansehen des Designers erst dann an Bedeutung und dadurch an Einfluß, wenn ihm Freiraum für die Entfaltung seiner Arbeit gegeben wird. In Italien, wo andere Produktionsstrukturen gegeben sind und wo oft noch auf handwerkliche Techniken für Prototypen und Kleinserien zurückgegriffen werden muß, ist der Einfluß des Designs wesentlich größer. Der Designer ist am Produktionsprozeß von Anfang bis Ende maßgeblich beteiligt. Auch ist seine Arbeit in kleineren Betrieben überschaubar und bietet mehr Raum für Innovationen. In der Bundesrepublik, mit oft riesigen Produktionsstätten, kann sich das Design schwer behaupten. Dazu kommt, daß der Einführung neuer Produkte für große Serienfertigungen oft eine sehr lange Entwicklungsphase vorangeht, so daß der Rhythmus zwischen der Entwicklung eines Produkts und der Kreation neuer Produkte sehr langsam bleibt.

Zwar sind - zeitlich verschoben - ähnliche Tendenzen in Italien zu beobachten, doch die Designer versuchen dort, trotz einer inzwischen engeren Eingliederung in die Produktion, ihre Unabhängigkeit und Autonomie zu bewahren. Eine wichtige Rolle kommt in den letzten Jahren dem italienischen Berufsverband ADI zu. 1955 gegründet, gehören auch Grafiker, Architekten und Design-Theoretiker zu seinen Mitgliedern. Gerade die letzteren üben einen starken

Einfluß auf die Politik des Verbandes aus und bemühen sich, das Ansehen des Designers kontinuierlich zu heben und seine Tätigkeit als die innerhalb einer *freien* Disziplin zu sichern. Auch ist Design-Politik in Italien eng in die politische Diskussion einbezogen. Der Verband Deutscher Industrie Designer VDID, 1959 gegründet, richtet dagegen sein Interesse primär auf berufsspezifische Sachfragen, was das Berufsbild stark eingrenzt. Ein weiterer Punkt ist die Einstellung der Designer gegenüber der Industrie. Während sie in Italien kritisch und distanziert ist, wird sie in der Bundesrepublik eher bestimmt durch ein Einfügen in die Industriestruktur. Darüber hinaus zeigen sich die deutschen Designer aufgeschlossener gegenüber technischen Entwicklungen als ihre italienischen Kollegen.

Mit der Konsumsteigerung der 1960er Jahre gewinnen die Verteilungsapparate an Bedeutung. Schon zu Beginn der 50er Jahre bieten Kaufhäuser wie *Standa* und *Rinascente* Produkte an, die unter das Qualitätsmerkmal *good design* fallen. Einen großen Einfluß auf die Design-Produktion hat Rinascente, das 1954 den Design-Preis *Compasso d'Oro* verleiht, den ersten Preis dieser Art in Italien. Der Bundespreis *Gute Form* wird erstmals 1970 in der Bundesrepublik verliehen, als der ADI solche Preise bereits für überholt erklärte. Einige Jahre später versucht das gleiche Rinascente, sich ein einheitliches Image zu geben, das im Laufe der Jahre die gesamte Produktion der Warenhausgruppe umfassen sollte. Nach drei Jahren stand fest, daß sich die Methode des *systematischen Design* auf viele Bereiche anwenden läßt, das Experiment scheiterte jedoch daran, daß offenbar nur bei den oberen Einkommensklassen Wert auf einen hohen Design-Standard gelegt wird. Einen vergleichbaren Fall gibt es in der Bundesrepublik nicht.

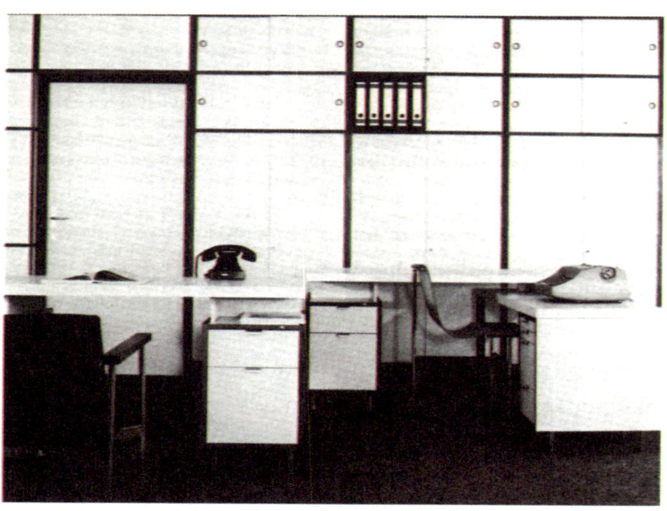

↑ Hans Gugelot
Faltwandschrank System M 125 · 1964

Alle zitierten Beispiele von italienischer Designpolitik kommen aus Norditalien, speziell aus dem Produktionsdreieck Mailand/Genua/Turin, wo die Entwicklung der Industrie am weitesten fortgeschritten ist. Hier muß jedoch Kritik angemeldet werden an einem System, dessen Produktion zwar einen hohen Standard erreicht hat, das aber im Bereich der Dienstleistungen weit zurückfällt. Es herrscht nicht nur ein Mangel im Design-Dienstleistungsbereich, sondern fast ein Notstand. Spektakuläre, oft sogar sensationelle Produkte – vielfach gekennzeichnet durch gute Einfälle, Phantasie und Sicherheit der Form bei der Gestaltung – können nicht über die reale soziale Lage des Landes hinwegtäuschen. Eine solche Diskrepanz zwischen der Produktion eines Landes und seiner allgemeinen sozialen Lage verdeutlicht einen Bruch in der kulturellen Konzeption.

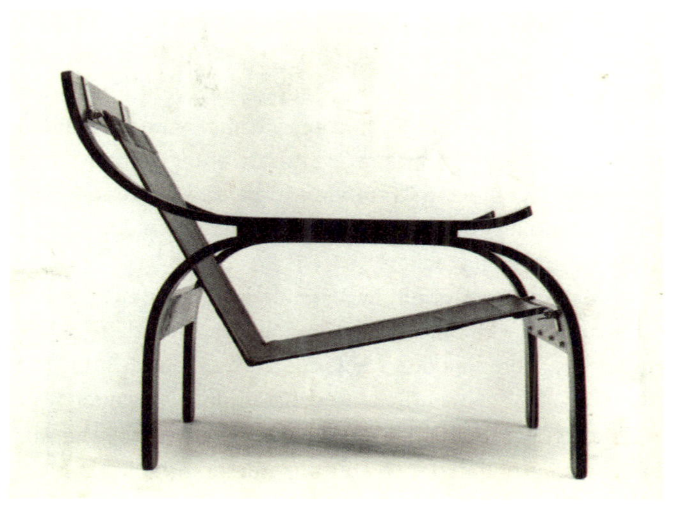

↑ Marco Zanuso
Sessel Woodline • 1964

Solche Widersprüche sind im Sozialstaat Bundesrepublik Deutschland nur in geringem Maße vorhanden. Entsprechend ist auch das Design: sicher und solide, technisch sehr fortgeschritten, dafür aber kühl und zurückhaltend, oft auch etwas phantasielos und angepaßt. Besonders schwer tut sich das Design in der Bundesrepublik im Bereich der Umweltgestaltung. Schon wegen der schwierigen, ja sogar fast unmöglichen Koordination der verschiedenartigen Bereiche, in denen Design zum Tragen kommt, entstehen unterschiedliche, voneinander losgelöste Ansätze, die schwer miteinander zu vereinbaren sind. Die Trennung von Landschaftsarchitektur, Stadtplanung, Architektur, Innenarchitektur, Kunst und Design ist hier besonders folgenschwer. Nur aus einer übergeordneten, alle Bereiche erfassenden Konzeption können Vorschläge entwickelt werden, die auch kulturell zu befriedigenden Resultaten führen. Ansätze für eine umfassende Umweltgestaltung waren in der Bundesrepublik Ende der 50er Jahre wieder aufgetaucht. Besonders die Ulmer Schule für Gestaltung strebte eine Einheit im Gestaltungsbereich unter Anwendung einer gemeinsamen Methodik an. Gleiche Methoden in parallel laufenden, unzusammenhängenden Berufssparten blieben in den theoretischen Ansätzen stecken.

In Mailand entsteht inzwischen das konsequenteste Beispiel für Umwelt-Design im Bereich des öffentlichen Verkehrs. Die Planung der Mailänder Untergrund-Bahn von Albini ist ein Beispiel für eine völlig andere Vorgehensweise: Hier wurde, aus einer persönlichen Konzeption heraus, Einheit und Vielfalt der Gestaltung miteinander in Einklang gebracht.

Anfang der 1970er Jahre wuchs in der italienischen Bevölkerung die Unzufriedenheit mit Überproduktion und Umweltproblemen, die der Allgemeinheit zunehmend bewußt wurden, jedoch in der Wirtschaftsplanung unberücksichtigt blieben. Als Folge dieser Unzufriedenheit entwikkelte sich in Italien die Bewegung des *Radical-Design*. Sie kann als Reaktion auf die Konsumgesellschaft verstanden werden. Es ging dabei vor allem auch um die Frage nach der Rolle des Designers in der Gesellschaft und seinen Beitrag zur Lösung dringender sozialer und kultureller Probleme. *Radical-Design* geht nicht von Realisierungsmöglichkeiten aus, es bewegt sich auf der Ebene des Konzepts, ist also eine Art Avantgarde-Bewegung. Ettore Sottsass, der *Vater* des *Radical-Design*, beschreibt es so: „Gegendesign ist keine Methode, sondern eine Form des Bewußtseins, eine Art des Fühlens und des Wissens, daß der Mechanismus, so wie er gegenwärtig funktioniert, nicht ideal ist ... Es ist nur der Gedanke, daß es der Mühe wert ist, unter die poetische Patina des Optimismus zu gehen ... Mißerfolge, Einsamkeit, Entfremdung zu hinterfragen." - „Wir stellen uns einfach nur die Dinge vor, die ‚man tun könnte', auch wenn wir sehr wohl, wirklich sehr wohl wissen, daß diese Dinge niemals so gemacht werden, wie wir sie uns vorstellen. Wir wissen aber auch, daß wir zum gegenwärtigen Zeitpunkt keinen anderen Weg vorschlagen können, um zu dem Bewußtsein zu verhelfen, bei dem die Summe der Probleme ein Gesamtproblem ergibt, dem man sich unmöglich entziehen kann." Ähnliche Tendenzen sind in der Bundesrepublik spürbar. Einzelne Designer bzw. Hochschullehrer entwickelten eine etwas anders gelagerte Gegenbewegung zur Konsumgesellschaft. Diese basiert auf den allgemeinen Bestrebungen der Alternativkultur, versteht sich aber nicht als Avantgarde. Gemeinsam ist beiden Tendenzen die Suche nach mehr Sinnlichkeit in den Produkten, eine Art erweiterter Funktionalismus.

Fassen wir zusammen, so kann festgestellt werden, daß man anhand der Analyse der Produktkultur eines Landes auch Aussagen über die Entwicklung der Kultur im allgemeinen machen kann. Darum seien hier noch einmal die wesentlichen Unterscheidungsmerkmale der Produktkultur im Design-Bereich in der Bundesrepublik und in Italien genannt:

- In der Bundesrepublik wurde in den Nachkriegsjahren die Tradition der *Moderne* wieder aufgegriffen. Eine entsprechende Entwicklung fand in Italien nicht statt.
- Neue Impulse für die Kultur Italiens kamen aus der Ideologie-Debatte des Realismus und der Politik der *Neuen Linken.* Solche Ansätze konnten in der Bundesrepublik nicht entfaltet werden.

- Die Kontinuität in der kulturellen Auseinandersetzung brachte eine Vielfalt kultureller Bewegungen mit sich, die zur Kulturerneuerung beitrugen (Beispiel Triennale Mailand). In Deutschland war dies während des Nationalsozialismus nicht zu erreichen.
- Design war in Italien immer integrierter Bestandteil der Architekturtheorie, in der Bundesrepublik dagegen spalteten sich die Gestaltungsberufe.
- Die Berufsinteressen und dadurch auch die Ziele innerhalb der Verbände beider Länder waren unterschiedlich. In der Bundesrepublik strebte der VDID ein enges Zusammenwirken mit der Industrie an; der ADI strebte stattdessen in Italien Unabhängigkeit an.
- In der Bundesrepublik gibt es zahlreiche Design-Institutionen, die mit öffentlichen Mitteln stark subventioniert werden, in Italien dagegen gibt es keine entsprechenden Institutionen.
- Die Design-Ausbildungsstätten der Bundesrepublik vermitteln ein spezialisiertes Fachwissen, während es in Italien kaum Design-Ausbildungsstätten gibt. Designer rekrutieren sich dort aus anderen Bereichen. Gefragt sind vor allem *Generalisten.*
- Design ist in Italien durch zahlreiche Publikationsorgane, Ausstellungsstätten und öffentliche Diskussionen verbreiteter und populärer als in der Bundesrepublik, wo Design vorwiegend unter Spezialisten diskutiert wird.
- In der Bundesrepublik sind die Designer stark auf die Wirtschaft hin orientiert, während sie in Italien der Wirtschaft gegenüber eine distanzierte und kritische Haltung einnehmen.
- Kontinuität in der Forschung und Entwicklung gerade

auch im Design-Bereich in der Bundesrepublik; mangelnde Forschung auf diesem Sektor in Italien.

- In der Bundesrepublik ausgewogenes, zurückhaltendes Design mit Tendenz zur Einheitlichkeit, bestimmt durch technische Anforderungen, in Italien Experimentierfreudigkeit und Innovationslust mit brillanten ästhetischen Lösungen als Resultat einer weitgehenden Handlungsfreiheit und einer Berufung auf kunsthandwerkliche Tradition sowie den Mut zu fortschrittlichen Lösungen.

Die Differenz beider Länder in Bezug auf das Design besteht in den unterschiedlichen Auffassungen von Einheitlichkeit und Vielfalt. Nicht in der fehlenden Brillanz ästhetischer Lösungen liegt der Nachteil des deutschen Design, sondern vielmehr im Prinzip der Reduktion von Gestaltungsmerkmalen, was zwangsläufig zu einer Verarmung führt und im Laufe der Zeit nicht nur kulturelle Nachteile haben wird, sondern auch wirtschaftliche und soziale; denn die Fortschrittlichkeit einer Kultur beruht, wie es uns die Theorie der Zivilisation lehrt, auf der Vielfalt der Ausdrucksmöglichkeiten, und lebt von der Dialektik der Kenntnisse und der Auseinandersetzung mit dem Andersartigen. Hier wird Italien - trotz seiner rückständigen wirtschaftlichen und sozialen Struktur im Laufe der Zeit größere Chancen haben.

6.

Zur Entwicklung des Designs in Italien und Deutschland nach 1945

→ 2012

Zum Vergleich der Designentwicklung in Italien und der Bundesrepublik Deutschland sollen jetzt drittens die kulturellen Hintergründe einiger für das Design entscheidender Persönlichkeiten im Vergleich dargestellt werden: Ponti versus Wagenfeld, Zanuso versus Gugelot, sowie die Bewegungen des *Radical Design* und des *Neuen Design*. Veröffentlicht im Buch *Deutschland – Italien: Aufbruch aus Diktatur und Krieg*, der vom Deutschen Historischen Museum 2012 herausgegeben wurde.

Zur Entwicklung des Designs in Italien und Deutschland nach 1945

Die Geschichte des Designs in Italien und Deutschland im 20. Jahrhundert stellt sich in ihrer Entwicklung unterschiedlich dar: Während in Italien ein kreativer Prozess neue Formen hervorbrachte, die eine ganze Epoche prägten, war das Design in Deutschland einem methodologischen Prozess unterworfen, der sich vor allem nach den Gegebenheiten der industriellen Produktionssysteme richtete.

An den Beispielen des Mailänder Architekten und Designers Gio Ponti und des Bremer Produktdesigners Wilhelm Wagenfeld, die als Pioniere Geschichte schrieben, des Industriedesigners Marco Zanuso, der das italienische Industriedesign der Nachkriegszeit begründete, und des Systemdesigners Hans Gugelot, dessen Ansatz noch heute das Design *Made in Germany* charakterisiert, soll der kulturelle Hintergrund einiger repräsentativer Ansätze beleuchtet werden.

Gio Ponti versus Wilhelm Wagenfeld

Gio Pontis Schwerpunkt lag auf der Gestaltung und Einrichtung des Wohnbereichs. Architektur und Design stellte er in den Dienst einer den Prinzipien der Moderne verbundenen Lebenshaltung und einer gesellschaftlichen Vision. Seine Ideen präsentierte er bei der 1930 von ihm mitbegründeten Triennale von Monza und den Triennalen von Mailand und publizierte sie in der 1928 von ihm gegründeten Kunst-, Architektur- und Designzeitschrift *Domus*, die er mit siebenjähriger Unterbrechung bis zu seinem Tod leitete, sowie in dem 1940 ebenfalls von ihm initiierten Kunst- und

Architekturmagazin *Stile*. Von 1936 bis 1961 unterrichtete er zudem am Polytechnikum Mailand.

Von entscheidender Bedeutung für Ponti war die Modernisierung der Industrie. Er betrachtete die Industrie nicht nur als Produktionsstätte, sondern als kulturelle Institution, die künstlerische Möglichkeiten eröffnet und zur Entwicklung eines eigenen Stils beiträgt, was sich in seiner Verbundenheit mit dem Industriedesign ausdrückte. Wagenfeld hingegen sah das Industrieobjekt einzig unter einem technischen Aspekt und in Verbindung mit dem von der Industrie zu seiner Herstellung produzierten Werkzeug. Er bestand auf einem engen Zusammenhang zwischen Form und Funktion und folgte damit der neo positivistischen Richtung des Bauhauses, wo er von 1923 bis 1925 studiert hatte. Für Ponti war die Form hingegen „ein gedanklicher, von der Funktion unabhängiger Wert, der auf dem Wesentlichen und Wahren gründet". (Ponti 1957, S. 37). „Ponti benutzte den Begriff Design nie, da er für ihn eine Spezialisierung bedeutete, die einen Gegenstand ausschließlich mit Technik in Verbindung bringt. Ihm selber ging es dagegen um den menschlichen und kulturellen Gehalt eines Objektes, der unmittelbar auf dessen Gestaltung übertragen werden sollte." (lrace 2011, S. 104).

Auch das Schreiben war für Pontis Laufbahn wichtig. Seine bevorzugten Formen waren Apologie und Aphorismus. Er bezeichnete seine Texte als *ideario* (Ideensammlung). Dieser von ihm erfundene Begriff steht für eine intuitive und spontane Art, Themen und Denkansätze zu formulieren. Daneben verfasste er *illustrierte Briefe*, eine Art von mit Text verbundenen Ideogrammen.

Gio Pontis Auffassung von Moderne war eine sehr individuelle. Sein Rationalismus stand ebenso im Gegensatz zu

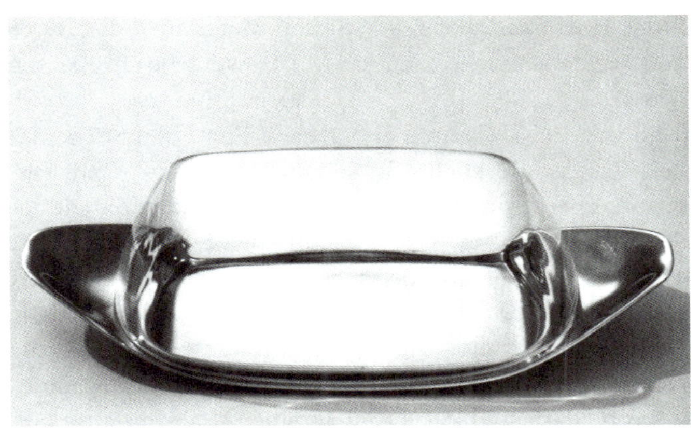

↑ Wilhelm Wagenfeld
Käsedose Nr 51001 · 1956

den Ideen der rationalistischen Theoretiker wie zu denen der faschistischen Ideologen, obwohl er dem Faschismus eine Zeit lang nahestand. 1936 übernahm er den Bau der Mathematischen Fakultät der Universität Rom, der vom faschistischen Regime für seine Kunstpropaganda vereinnahmt wurde. Im selben Jahr baute er die Aula des Palazzo Bo der Universität seiner Heimatstadt Padua. Die italienische Regierung betraute ihn 1938 ebenfalls in Padua mit der Gestaltung der *Mostra della Vittoria* anlässlich des 20. Jahrestages des Endes des Ersten Weltkrieges.

1938 beendete Ponti den Palazzo Montecatini in Mailand, Symbol der rationalistischen Mailänder Architektur und eines der modernsten Gebäude Europas, nicht nur in Bezug auf die äußere Erscheinung, sondern vor allem aufgrund der Innenausstattung, die dem Prinzip der Standardisierung von Modulen folgt. Ponti übertrug dieses modulare Prinzip Ende der 1950er Jahre auf das Mailänder

Pirelli-Hochhaus, wobei er Stil und Materialien der Büros und Kundenbereiche einer neuen Formsprache anzupassen wusste.

In den 1950er Jahren entwickelte Ponti den Stil seiner Zeit weiter und suchte in seinen Entwürfen nach Entmaterialisierung und Leichtigkeit. Als Symbol dafür gilt der Stuhl *Superleggera* (1955), der bis heute auf dem Markt ist: grazil, elegant und dennoch äußerst robust, inspiriert von den traditionellen Sitzmöbeln des Friaul. Zahlreiche Erfindungen Pontis wie die *organisierten Wände*, die *möblierten Fenster* oder die *Leuchtflächen* als Bestandteil von Glasfassaden führten zu einer Modernisierung im Ausstattungsbereich. Ponti setzte seine Konzeption von Wohnarchitektur - maximale Freiheit in der Nutzung von Räumen und Gegenständen bei minimalem Aufwand an Material - auch in seiner eigenen Wohnung in einem von ihm gebauten Wohnblock an der Via Dezza in Mailand um: Aus einem einzigen Raum entstanden bei Bedarf vier Zimmer, die durch ein raffiniertes Spiel mit Schiebewänden der jeweiligen Nutzung angepasst werden konnten. Die Möbel waren leicht, zerlegbar und auf Rollen zu bewegen.

Pontis Nähe zur bildenden Kunst durchzog sein gesamtes Werk. In seinen Entwürfen und dekorativen Arbeiten - unter anderem bereits als künstlerischer Leiter der Porzellanmanufaktur Richard Ginori in Sesto Forentino bei Florenz von 1923 bis 1930 - kombinierte er traditionelle, neoklassizistische Motive mit solchen des *zweiten Futurismus* und der metaphysischen Malerei. Stilistisch gelangte er so zu einer Moderne, die sich dem dekorativen Element nicht widersetzt; seine Methode, das gleiche Dekor für alle Elemente derselben Möbelkombination zu verwenden, war in den 1950er Jahren stilbildend.

Schon früh beschäftigte Wilhelm Wagenfeld der Gedanke, dass die Zusammenarbeit von Künstlern, Handwerkern, Ingenieuren, Technikern und Geschäftsleuten zu einem neuen, im eigentlichen Sinn industriellen Produktionsprozess führen und das von Ponti so geschätzte, aus der Handwerkstradition hervorgegangene Konzept, ersetzen könnte. Diese Vorstellung ging auf seine Zeit am Bauhaus zurück, wo er von 1923 bis 1925 studiert und ab 1928 die Leitung der Metallwerkstatt der Bauhaus Schule Dessau übernommen hatte. Wagenfeld folgte den Spuren seiner Meister Walter Gropius und László Moholy-Nagy in Richtung einer von der Industrieproduktion inspirierten Ästhetik. Deutschland war damals auf dem Weg zu einer bedeutenden Industrienation, während Italien zur selben Zeit auf Landwirtschaft und Handwerk setzte.

In den 1930er Jahren gründete Wagenfeld für die Vereinigten Lausitzer Glaswerke (VLG) in Weißwasser ein Atelier zur Erforschung der Ästhetik von Industrieprodukten, in dem im Team gearbeitet wurde. Ponti dagegen produzierte als Künstler, legte dem Auftraggeber seine Entwürfe und Zeichnungen vor. Das für Ponti so entscheidende Dekor spielte für Wagenbach so gut wie keine Rolle, er konzentrierte sich allein auf die Qualität der Herstellung. Seine Suche nach einer der Ästhetik verpflichteten *vollendeten Formsprache* blieb die Grundlage für eine Theorie der rationalen Objektivität, die das für das Nachkriegsdeutschland typische Design des *Funktionalismus der zweiten Generation* prägte. Wagenfeld zögerte nicht, sich auf unorthodoxe Weise die jeweiligen Modeströmungen zunutze zu machen. Seine der industriellen Produktion angepassten Objekte, mit denen er das Design der 1950er Jahre nachhaltig beeinflusste, eroberten die Wohnräume zahlreicher deutscher Familien und weckten ihr Interesse für Industriedesign. Entwürfe wie das Salz- und Pfeffer-Set für WMF (1952), der Eierbecher (1953) oder die Plastikgießkanne (1956) sind in deutschen Familien bis heute populär.

Infolge der Teilung Deutschlands nach dem Zweiten Weltkrieg fand sich die VLG Weißwasser, für die Wagenfeld ein auf die Glasproduktion spezialisiertes Team zusammengestellt hatte, auf dem Boden der DDR wieder. Da er vor 1933 Mitglied der KPD gewesen war, bestand Hoffnung, dass er sich in der DDR niederlassen würde, um seine Tätigkeit für die dortigen Unternehmen fortzusetzen. Wagenfeld war jedoch weder bereit, der SED beizutreten, wie er sich nach 1933 geweigert hatte, Mitglied der NSDAP zu werden, was dazu führte, dass die Partei ihn von der lokalen Produktion ausschloss. Die Produktionsstätten der DDR waren jedoch auf seine Mitarbeit angewiesen. Mitarbeiter kamen eigens nach West-Berlin, wo Wagenfeld ab 1947 eine Professur an der Hochschule für Bildende Künste innehatte, um ihm die neuen Produkte vorzulegen, die dann unter dem Label *Made in GDR* realisiert wurden. Wagenfeld setzte der Zusammenarbeit ein Ende, als sich die DDR weigerte, Tantiemen zu zahlen.

Die Entwicklung des europäischen Designs in der zweiten Hälfte des 20. Jahrhunderts wurde vor allem von zwei Modellen bestimmt, welche die für das *Good Design* charakteristischen Schulen der Nachkriegszeit repräsentieren. Das angelsächsische Modell baute auf Vernunft und Methode, nutzte vorhandene strukturelle Gegebenheiten bei den Produzenten wie kompetente Führungskräfte, einen hohen Ausbildungsstandard des Personals, eine Infrastruktur mit geeigneter technischer Ausrüstung und eine zielstrebige

Marktstrategie. Das andere Modell basiert auf einem insbesondere in Italien ausgeprägten technischen Geschick, einer Verbindung aus Improvisations- wie Anpassungsfähigkeit und dem Willen zu kulturellen Neuerungen, wobei die Innovationen im Bereich der Formgebung auf einer zum Teil noch immer vom Handwerk bestimmten Produktion beruhen.

Ponti und Wagenfeld stehen für diese zwei Modelle: Ponti strebte nach Weiterentwicklung der handwerklichen Kultur, die in Italien einen hohen Stellenwert besaß, und arbeitete für eine gebildete Elite von Verlegern und Unternehmern, die für ein wohlhabendes Bürgertum produzierten. Wagenfeld blieb hingegen seinen sozialdemokratischen, vom Bauhaus geprägten Auffassungen treu. Es war in seinem Sinne, dass die maschinelle Industrieproduktion dazu genutzt wurde, um jedermann zu einem möglichst geringen Preis den Zugang zu praktischen Qualitätsprodukten zu ermöglichen.

Das Design von Marco Zanuso und Hans Gugelot

Wie später auch in Deutschland entbrannte in Italien um 1965 eine ideologisch-politische Diskussion über neue Produktionsformen – eine Reaktion auf die neopositivistischen Bestrebungen, die auf unbegrenztes Wachstum und eine auf technischem Fortschritt und materieller Akkumulierung basierende gesellschaftliche Entwicklung setzten. Zwischen 1965 und 1985 wurde permanent die Erneuerung und Differenzierung der auf dem Markt erscheinenden Objekte angestrebt, was mitunter auch die ironische Zerstörung älterer Objekte zur Folge hatte. Von einem auf die Herstellung von Industrieprodukten fokussierten realistischen Design führte der Weg zur Schaffung fiktiver, kritischer und konzep-

→
Gio Ponti
Stuhl Superlegera · 1957

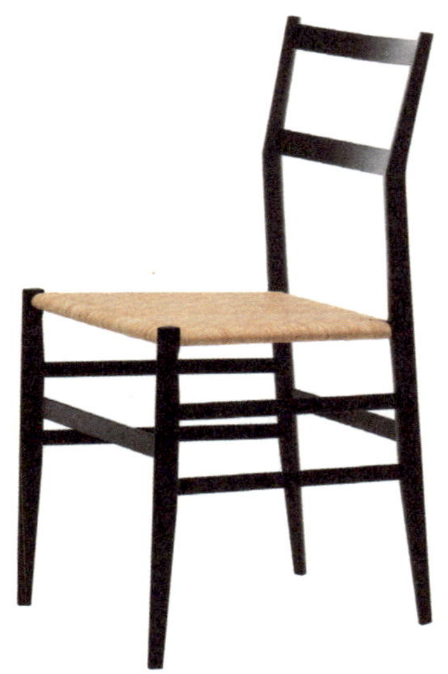

tioneller Produkte als Antwort auf die durch die Industrie bestimmte gesellschaftliche Entwicklung der 1960er und 70er Jahre.

Wie die meisten italienischen Designer seiner Zeit war auch Marco Zanuso, einer der Begründer des italienischen Industriedesigns, ausgebildeter Architekt. Er passte seine Kreationen den Produktionstechniken des in Norditalien leistungsstarken Handwerks an. Getragen von einem starken Fortschrittswillen, legte sich Zanuso frühzeitig auf die Arbeit in der *cultura materiale* fest, folgte deren Adaption an die neuen industriellen Technologien und beschäftigte sich als einer der Ersten mit der Serienproduktion von Gebrauchsgegenständen. Das Konzept der Einheitlichkeit erlaubte ihm, Innenarchitektur und Design mit derselben Methode anzugehen: einer innovativen, wissenschaftlich akribischen Herangehensweise, die aus den Ursprüngen der modernen, im Zeichen von Industrie und Maschinen entstandenen Kultur schöpfte. Zanusos Tätigkeit als Architekt und Designer stand stets in enger Verbindung mit der das wirtschaftliche, soziale und kulturelle Leben prägenden Entwicklung der industriellen Gesellschaft.

Der Einfluss des Rationalismus auf Zanusos Denken geht auf Persönlichkeiten aus dem Umkreis der 1928 in Mailand gegründeten Zeitschrift für Architektur und Produktdesign *Casabella* zurück, deren Redaktion er von 1952 bis 1954 angehörte. In erster Linie bezog sich Zanuso auf Edoardo Persico, der 1929 als Redakteur bei *Casabella* begonnen hatte, und auf den Architekturtheoretiker Ernesto Nathan Rogers, dessen Student er von 1935 bis 1939 am Polytechnikum Mailand gewesen war. Rogers' Lehre erhob die historischen und öffentlich-politischen Bezüge eines Ortes zur Basis des zeitgenössischen Bauens. Zanuso selbst unterrichtete von 1961 bis 1991 am Polytechnikum und gründete dort die Abteilung für Industriedesign.

Weit mehr als die Architektur bot der Rationalismus der *cultura materiale* Zanuso Gelegenheit, mit Objekten zu experimentieren oder solche zu erfinden, deren Form sich von bestimmten technischen Gegebenheiten herleitete. Dazu gehörte auch das Experiment mit gänzlich neuen Materialien und Produktionstechniken, die zuvor der Armee vorbehalten waren, nun aber auf die zivile Produktion übertragen wurden. Zanuso beteiligte sich 1949 am internationalen Designwettbewerb *Low Cost Furniture* des MoMA in New York und machte mit einem zerleg- und faltbaren Sessel aus Stahlrohren und Stoff, dem *Antropus chair*, auf sich aufmerksam. Die Polster bestanden aus Latexschaum, einem Material, das von der amerikanischen Luftwaffe verwendet wurde.

Zanusos Forschen mündete in die Erfindung von mit neuartigen Materialien und Technologien hergestellten Objekttypen: dem Stuhl *Lambda* (1960), inspiriert von der Karosserietechnik der Autoindustrie; dem tragbaren Rundfunkgerät *TS502* (1964), bestehend aus zwei mit einem Scharnier verbundenen Kuben; dem für Siemens gestalteten Telefonapparat *Crillo* (1966), Vorläufer des heutigen Mobiltelefons; dem ebenfalls gemeinsam mit dem deutschen, in Italien lebenden Produktdesigner Richard Sapper entwickelten tragbaren Fernsehgerät *Black ST 201* (1969) oder dem Sessel *Lombrico* (1977), ein wandelbares Modulmöbel.

Seine erfinderische Gabe machte Zanuso zu einem der führenden Designer Europas. Die Architektur gab er deswegen nicht auf. Das Fabrikgebäude für Olivetti in Buenos Aires (1959), ein für Zanusos ganzheitlichen Ansatz charakteristisches Projekt, in dem sich die Einheit von Bauprojekt, Planung und Produktdesign zeigt, verbindet Architektur und Industriedesign.

Der in Indonesien geborene Niederländer Hans Gugelot, dessen systematischer Ansatz noch heute das Design *Made in Germany* charakterisiert, ließ sich in der Schweiz zum Bauingenieur und Architekten ausbilden. Seine Projektphilosophie bildete er nach rationalistischen Forschungen in den Bereichen Architektur und Objektdesign des Alltags heraus. Zuerst bezog er sich auf die Arbeitsweise des Deutschen Werkbunds zu Beginn des 20. Jahrhunderts, dann auf das Bauhaus der 1920er Jahre. Am engsten war jedoch seine Verbindung zu Max Bill in Zürich, in dessen Büro er von 1948 bis 1950 tätig war. Im Jahr 1950 eröffnete Gugelot in Zürich ein eigenes Büro und entwarf für die Züricher Wohnbedarf AG das Möbel-Element-System

M 125, bestehend aus jeweils 125 Zentimeter breiten Einzelteilen, aus denen er eine komplette Büromöbellinie und eine Serie kombinierbarer Kleider-Wäsche-Schränke herstellte. Die Idee eines einheitlichen Grundelements war in hochindustrialisierten Ländern wie den USA und Großbritannien bereits in den 1940er Jahren Anlass für Experimente gewesen. Doch war bislang noch kein mit einer derartigen Präzision, Perfektion und Vielfalt produziertes Programm dieser Art auf den Markt gebracht worden.

1955 wurde Gugelot von Max Bill als Rektor der neu entstandenen Hochschule für Gestaltung in Ulm zum Leiter der Abteilung Produktentwicklung berufen. Gugelot wusste sich mit seinem Systemdesign die industrielle Entwicklung in Westdeutschland und die dortigen optimalen Forschungsbedingungen zunutze zu machen. Ihm kam eine Industrie zugute, die neueste Techniken anwendete – und dies in einem Land, das nicht nur Unternehmen, die Spitzentechnologie nutzten, sondern auch innovatives Handeln unterstützte. Besonderes Augenmerk wurde auf die Langlebigkeit der Objekte auf dem Markt gelegt.

In den folgenden 15 Jahren entwickelte Gugelot verschiedene Objektgruppen, die eine ganze Epoche prägten, darunter die zahlreichen für die Firma Braun gestalteten Rundfunk- und Fernsehgeräte sowie Audioanlagen. 1961 entwarf er ebenfalls für Braun den Rasierapparat *Sixtant* und ab 1963 eine Linie von Haushaltsgeräten. Kodak verdankt ihm den Fotokopierer *Luminor L250* (1962) mit herunterklappbarem Deckel und den berühmten Diaprojektor *Carousel 5* (1963), der die Projektionstechnik revolutionierte.

Der Begriff Systemdesign war von dem US-amerikanischen Kybernetiker Norbert Wiener eingeführt worden und Ergebnis von Forschungen im Bereich der Exakten

Wissenschaften und der Technologie. Deren neueste Entdeckungen und Thesen wurden von der Hochschule für Gestaltung in Ulm in die Lehre einbezogen - eine Offenheit, die dem Avantgardisten Gugelot entgegenkam. Während Zanuso auf die Anpassungs- und Improvisationsfähigkeit sowie den Einfallsreichtum bei der Suche nach der Form setzte, profitierte Gugelot von der Rationalität, der Systematisierung und der Hinwendung zu einem von Anfang an für die Serienproduktion gedachten Objekt.

Radical Design in Italien und Neues Design in Deutschland

Die politisch-gesellschaftlich motivierte Strömung des italienischen Contra Design, auch *Radical Design*, die sich von der Doktrin des Funktionalismus und des etablierten Geschmacks lossagte, entstand gegen Ende der 1960er Jahre als Reaktion auf eine Industriegesellschaft, die unbegrenzten Konsum anstrebte. Das *Radical Design* und die Parallelbewegung der Radikalen Architektur versuchten, die Idee eines Fortschritts zu entmystifizieren, der durch Industrialisierung mehr Freiheit und Wohlbefinden schaffen sollte. Zugleich wurde über neue Wege der Beteiligung von Designern und Architekten an der gesellschaftlichen Entwicklung nachgedacht, frei von der Unterdrückung durch eine Industrie, die ihrerseits von Markt- und Konsumförderung abhing. Abgelehnt wurde eine zu rationale und systematische Planungsweise. Durch Gestaltungsprinzipien zum Beispiel der Pop Art gewannen künstlerische Gesichtspunkte an Bedeutung.

Die Vertreter des *Radical Design* kehrten zwecks Neudefinition der Grundbedürfnisse zu den anthropologischen Ursprüngen zurück. Sie brachten ihre oppositionelle Haltung durch Happenings, Performances und Aktionen zum Ausdruck, bedienten sich des Films, der Fotomontage und der Projektion. Realität und Virtualität vermischten sich in ihren Kreationen; Inspiration kam aus orientalischer Religion und Mystik, aber auch aus dem Comic. Der Freiheit, sich auszudrücken, sollten keine Grenzen gesetzt werden.

Vor diesem Hintergrund entstanden in der Folge Gruppen wie die 1977 von Alessandro Guerriero in Mailand gegründete *Alchimia*, eine der vitalsten Gruppierungen in der Entwicklung des italienischen Designs der Postavantgarde, sowie die 1981 von dem italienischen Architekten Ettore Sottsass als Folgebewegung von *Alchimia* initiierte Gruppe *Memphis* (1981), welche die internationale Designszene nachhaltig verstörte. Besonders die von *Memphis* entwikkelten phantasievollen, schockfarbenen Objekte fanden in den Medien enorme Beachtung, zunächst jedoch ohne sich kommerziell auszuzahlen. Wenige Jahre später machten genau diese offenen und wendigen Unternehmer Italien zur führenden Designnation: Ab Mitte der 1980er Jahre wurde das Design *Made in Italy* zu einem gefragten Markenzeichen. Der *Memphis*-Stil beeinflusste schließlich auch die Architektur, insbesondere dank der Projekte und der Leistungen von Sottsass und des ferraresischen De-signers und Architekten Michele De Lucchi.

Unter dem Einfluss des *Radical Design* entstand in den 1980er Jahren in Deutschland – zuerst in Hamburg, dann in Berlin und schließlich in Düsseldorf – das *Neue Design* und mit ihm eine Bewegung, die in Europa fast alle Hochburgen des Designs erfasste. Für die Verbreitung dieser neuen Alternative zum traditionellen Design, deren Objekte den Status von Unikaten annahmen, sorgten vor allem die Galerien.

Im Gegensatz zum italienischen Vorbild erhob das deutsche *Neue Design* nie den Anspruch, politisch zu sein. Es strebte vor allem nach Befreiung von dem funktionalistischen Pathos, welches das pragmatische Design in West- und Ostdeutschland dominierte, und von einer allzu eng gefassten Theorie, die nur auf Produkte angewendet wurde, die sich für die industrielle und serienmäßige Herstellung eigneten. Das *Neue Design* verband sich mit der Idee vom künstlerischen Anspruch und machte sich Ausdrucksformen der bildenden Künste zu eigen. Sein Versuch der Öffnung und Enttabuisierung des Designs, der auf beiden Seiten der Mauer als Verrat am Kodex der für das *Made in Germany* typischen *Guten Form* aufgefasst wurde, stieß in Deutschland innerhalb des Berufsstands auf scharfe Kritik.

Da in Deutschland das Handwerk nicht so lebendig war wie in Italien und keine Tradition in einer Zusammenarbeit mit Designern bestand, suchten diese im Bereich des Industriedesigns alternative Wege und Nischen. So entstand ein Recycling-Design aus handgefertigten ökologischen Produkten oder aus halbfertigen, zusammensetzbaren Materialien aus dem Baumarkt, ergänzt durch ausgefallene Einzelteile. Zu nennen wären hier Gruppen wie die von dem Designtheoretiker und Produktdesigner Jochen Gros bereits 1974 initiierte *Des-in* in Offenbach und *Pentagon* in Düsseldorf oder die Architekten- und Designergruppe *Kunstflug*, die 1980 die 1980 in Düsseldorf unter anderen von Hardy Fischer und Harald Hullmann gegründet wurde, die beide 1978/79 bei Rodolfo Bonetto in Mailand und als Design-Consultants bei Fiat gearbeitet hatten. Diese Zusammenschlüsse konnten nur deshalb überleben, weil ihre Mitglieder an Hochschulen unterrichteten. Die Initiative *Designwerkstatt Berlin* (1988), die ein komplettes Möbelprogramm schuf, ging trotz Unterstützung durch den Berliner Senat nach zwei Jahren in Konkurs.

Im Gegensatz zum italienischen *Radical Design* war die deutsche Bewegung strukturell so organisiert, dass ein Designer in erster Linie Angestellter eines Unternehmens war, was ihr sehr zum Nachteil gereichte. In Italien dagegen handelte es sich meist um freiberufliche, über einen größeren Spielraum verfügende Designer. Die Produktgestalter in Deutschland hatten jedoch durch die Freiheit von den Zwängen einer nahezu illusorischen Produktion viel Raum zum Experimentieren und somit für die Schaffung neuer Ausdrucksmittel, die von der Innenarchitektur der 1990er Jahre zum Teil aufgegriffen wurden, aber schließlich in der Anonymität des Labels *Made in Germany* verschwanden. Dieses Label war nach wie vor den Prinzipien des funktionalistischen Designs unterworfen, angepasst an die von den neuen Technologien und den Konzepten eines amerikanischen Marketings diktierten Bedingungen. Das allem übergeordnete Ziel lautete, die durch die Globalisierung geweckten – überall auf der Welt identischen – Bedürfnisse zu befriedigen.

7.

Spiel und Innovation

Bemerkungen über neuere Tendenzen im italienischen Interieur-Design

→ 1982

Meine langjährigen Verbindungen zu Designern und Architekten in Italien und mein Interesse an der Kultur in diesem Land ermöglichten mir, das IDZ Berlin zu einem Ort der Vermittlung der Design- und Architektur-Avantgarde zu machen. Der Deutsche Werkbund Niedersachsen organisierte 1982 eine retrospektive Ausstellung der neuen Tendenzen im italienischen Interieurdesign. Der Text leitete den Katalog ein.

Spiel und Innovation

Bemerkungen über neuere Tendenzen im italienischen Interieur-Design

Es wird nicht einfach sein, einen fruchtbaren Boden für die Rezeption der neuesten Tendenzen im italienischen Interieur-Design in der Bundesrepublik zu schaffen. Es ist Ziel dieser Ausstellung, den Boden vorzubereiten, d.h. zu versuchen, einen Zugang zu dieser Entwicklung zu finden, zu zeigen, daß solche Phänomene nicht zufällig sind und ihren *Fahrplan* haben; zu beweisen, daß solche Tendenzen auf begründeten Thesen und Theorien aufbauen, auch wenn diese erst einmal diametral den in der Bundesrepublik etablierten Normen entgegenstehen; zu beweisen, daß es in Italien wie in der Bundesrepublik um die gleiche Sache geht: um das Hinterfragen des Verhältnisses des Menschen zu seiner Objektwelt.

Die Gegenstände, die uns täglich umgeben, sind mehr als nur Gebrauchsgüter. Dieses *Mehr* besteht in den Attributen, die die Objekte bereichern und die Vielfalt ihrer Funktionen erkennen lassen. Die Rezeption der Ausstellungsobjekte ist deswegen für deutsche Verhältnisse schwer, weil das deutsche Design gewohnt ist, den Maßstab für die Gültigkeit von Lösungen in der Objektivität wissenschaftlicher Erkenntnisse zu suchen. Maßstab aller Bewertungen ist eine aus der rationalistischen Philosophie entstandenen Theorie der Rationalität, die längst zur reinen Zweckrationalität verkommen ist. Angesichts dieser Tatsache wurde in den letzten 25 Jahren in der Bundesrepublik Deutschland kaum Freiraum für andere Konzepte gelassen. Aber sobald die Mängel der herkömmlichen Systeme so deutlich werden, daß nach Alternativen gesucht werden muß, offenbart sich die Einseitigkeit von Theorie und Praxis im deutschen Design - dies gilt übrigens gleichermaßen für die DDR - als äußerst verhängnisvoll. Neue Produkte, wie sie uns hierzulande vertraut sind, haben einen so hohen Grad an Neutralität in der Gestaltung erreicht, sind so austauschbar und beliebig geworden, daß sie jede symbolische Kraft, jede Assoziation und jede Bindung verlieren und gegenüber den menschlichen Bedürfnissen defizitär werden. Dies können auch hohe technologische Vorteile nicht kompensieren.

Wir dürfen nicht vergessen, daß der Zugang des Menschen zu den Objekten durch die Ikonographie vermittelt wird, weil durch sie die entscheidenden Impulse auf die Empfindungen ausgelöst werden. Insofern verlangen die Objekte eine starke Gestaltung, die Emotionen auslöst.

Und genau dies kennzeichnet in höchstem Maße die neuesten Produkte aus Mailand im Bereich des Interieur und macht sie bei uns besonders interessant: Ihre Gestalt, von den Autoren mit Lust entworfen, erweckt den Eindruck des Lüdischen, und auch ironische Züge sind in den Arbeiten nicht zu übersehen: Ironie als *Schein-Ernst*, als Hilfe zur Einsicht, daß das, was sich als unumstößliche Norm aufführt, ein großes Lachen verdient. So wird die funktionalistische Regel - „Löse die Aufgabe dem Zweck entsprechend! Wähle die Konstruktion, die ihn am besten im vorgegebenen Material verwirklicht, und die Schönheit wird sich von selbst einstellen!" (Julius Posener, *Anfänge des Funktionalismus*) - ad absurdum geführt, wenn zum Beispiel Sottsass dieser statischen Logik in der Konstruktion nicht folgt und sie gar umkehrt: dicke Beine eines Tisches stützen eine dünne Glasplatte. Aber solche Möbel sind keineswegs dysfunktional; sie stellen vielmehr andere Prioritäten in den Vordergrund: z.B. das Dekorative, das Symbolische, das Rituelle. Hier sieht sich das deutsche Design mit der Umkehrung seiner Regeln konfrontiert.

Es wäre nun falsch zu glauben, daß alles schnell, locker und improvisiert zustande kam und daß diese neuen Tendenzen aus Mailand nur eine flüchtige Mode sind und nur eine Saison lang ihre Gültigkeit behalten. Wer die Geschichte des italienischen Designs verfolgt, weiß, daß sich seit Anfang der Sechzigerjahre in zunehmendem Maße Reaktionen auf die etablierten Kreise des sogenannten *Italian Style* feststellen lassen. Die Forderung nach einem Design, das sich nicht dem Verdacht systemerhaltender Tätigkeit aussetzt, tauchte als Randerscheinung im Schatten der industriellen Produktion schon Mitte der Fünfzigerjahre auf. Der Wirtschaftsboom und die Konsumexplosion weckten bei einer Reihe von Designern einen starken Widerstand gegen die Industrieproduktion, der Ende der Sechzigerjahre seinen Höhepunkt erreichte.

Um Ettore Sottsass gruppierte und konstituierte sich in Mailand die Bewegung des *Radical Design*, die zum Anziehungspunkt weiterer Zirkel aus Neapel, Turin und Florenz wurde. Aus dieser Bewegung kristallisierten sich im Laufe der Jahre Gruppen und Persönlichkeiten, die heute die Trends eines *anderen Designs* in Mailand setzen. Sottsass unternimmt in diesen Jahren den Versuch, eine Gesellschaft vorzustellen, die anders beschaffen ist und sich durch andere hierarchische Strukturen, Organismen und Beziehungen auszeichnet. „Es entstand Mißtrauen gegenüber konzeptionellen Methoden und die Auswirkungen intellektueller Arbeit. Die Bewegung machte Halt vor den Produktionsmechanismen und blieb außerhalb jeder sensitiven Erfahrung, während sie diese eigentlich einschließen wollte.“ Diese sensitiven Erfahrungen versucht ein Teil der Autoren über die Kunst zu vermitteln.

Besonders Alessandro Mendini setzt sich gerne mit einer Reihe von Gegenständen hoher Kulturen auseinander. Zum Beispiel entstand unter dem Einfluß der Wiederentdeckung des böhmischen Kubismus und Interieurs das Kandissi-Sofa, die Kandissa-Spiegelserie, der Proust-Sessel. Der Einfluß des Seurat-Pointillismus, Kombination von Möbeln der Vierzigerjahre, mit Kandinskys abstrakten Motiven übermalt, sind Beispiele für Mischformen unterschiedlicher Kulturen, die - so zusammengetragen - eine noch nicht gemachte Aussage bilden. Objekte ohne besonderen künstlerischen Wert werden durch künstlerische Applikation von Elementen hoher Kulturen aufgewertet. Das Thema der Mischform deutet an, wohin die Bewegung zu gehen versucht: die Aufwertung der Fälschung. Solche Vorgänge erinnern an die Malerei des Surrealismus. Durch solche Entfremdungen entsteht eine Poetik der Bilder, die Faszination auslöst und hier ihre Parallele hat in der Aufwertung des *Falschen*.

Die Referenzen an die Kunstszene der Zehner- und Zwanzigerjahre des 20. Jahrhunderts multiplizieren sich. Branzi entnimmt dem Purismus eines Oskar Schlemmer Sprachformen, was auch in verschiedenen Arbeiten der Gruppe *Alchimia* auftritt, wie an den Toren für die Linzer Forum-Design-Ausstellung deutlich wird. Thun scheint in seinen *Keramiken für Memphis* auch an kubistischen und expressionistischen Arbeiten orientiert zu sein, und nicht zufällig bezeichnet Raggi diese Bewegung als *Neo-Moderne*.

Zu zeigen ist, daß es nicht stimmt, daß es *gute* und *schlechte* Formen gibt, und daß das, was für viele das *Gute* ausmacht, für andere noch lange nicht das *Gute* ist. Dies ist

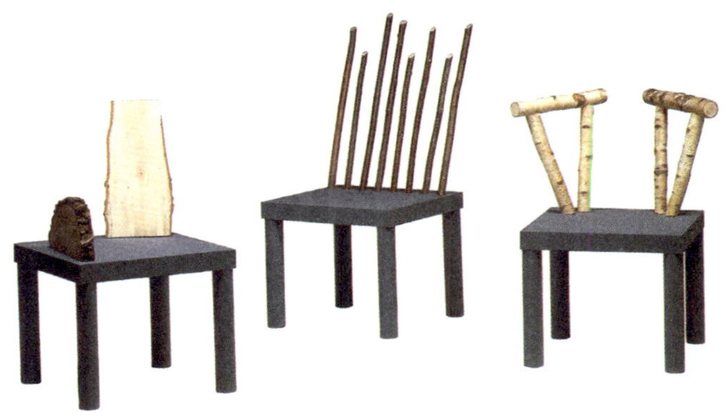

↑ Andrea Branzi
Sitzgruppe Animali domestici • 1985

ein Leitfaden, den wir in allen Arbeiten wiederfinden. Es geht um den Abbau moralischer Ansprüche und abstrakter Vorstellungen in den Köpfen von Designern, die gern das eine als *good design* deklarieren, während sie den Rest als *Kitsch* denunzieren. Dinge, die der sogenannte *gute Geschmack* als Kuriosität abzutun geneigt ist, werden für sie zum Bezugspunkt ihrer Arbeit. Hierzu gehört z.B. die Einsicht, „daß ein Dekor mit Blumen und ein geometrisches Dekor gut zusammenpassen können." (Raggi)

Der nächste Schritt einer solchen Assoziation von Ideen ist die Aufwertung dessen, was für den *guten Geschmack* schlechthin das *Nicht-Gute* ausmacht. Der Beginn einer Stiltheorie der Zwischenkultur, also von Zeichensystemen, die zwischen Hochkultur und Trivialität liegen, wird das vorrangige Ziel werden. Diese Ebene bezeichnet Mendini als die *Ästhetik des Banalen*. Aus dieser Ästhetik werden Elemente entnommen, um sie neu zusammenzustellen. Mendini vertritt die Ansicht, daß elementare Objekte einer *Entwurfsrevolution* dienen könnten, deren Ziel es ist, das reaktionäre und elitäre Design zu erschüttern. So werden falsche Materialien (z. B. Marmorfolien) verwandt, für unseren Geschmack schillernde Farben aneinandergereiht, unpassende Materialien und Formen assoziiert, was zu verblüffenden Elementverbindungen und Proportionen führt.

Eine solche Entwicklung erfaßt nicht nur den Design-Bereich, sondern auch die architektonischen Entwürfe. So war kürzlich unter dem Thema *Sommerliche Architekturen* eine Reihe von Entwürfen zu sehen, die sich an die banale Architektur adriatischer Pensionen anlehnt. Diese Transformation ist nicht überraschend, wenn man berücksichtigt, daß sich Architektur und Design in Italien schon immer parallel entwickelt haben und man weiß, daß fast alle italienischen Designer auch Architekten sind.

Die Bewegung besteht aus verschiedenen Strömungen unterschiedlicher Herkunft, aus Persönlichkeiten unterschiedlicher Generationen, die zudem unterschiedliche Interessen verfolgen. Es sei zuerst Bruno Munari genannt, der zwar nicht zur Gruppe gehört, jedoch auf Sottsass und die Gebrüder Castiglioni seinen Einfluß ausübte. Seine *macchine inutile* (unnützliche Maschinen) waren, wie er selber sagt, „Entwürfe, die gemacht wurden, um den Schwanz fauler Hunde in Bewegung zu setzen." Das *Unnötige, Überflüssige* wird immer bei solchen Randerscheinungen eine wichtige Rolle spielen. Das Spielerische, das, was Spaß macht, muß als sinnbildendes Moment im Design angesehen werden, in einem Design, in dem sonst weitgehend Entfremdung vorherrscht.

Dieser Spezies von fröhlichen Charakteren gehören die Brüder Achille und Pier Giacomo Castiglioni an, deren unerschöpfliche Phantasie aus einer Kombination von spielerischem Trieb und hohem Innovationsgrad besteht und deren ungewöhnliche Lösungen den Designern selbst großen Spaß machen. Ihnen gebührt zweifellos das Verdienst, ihre Ideen in die Realität der industriellen Produktion eingeführt und sich nicht in marginale Bereiche zurückgezogen zu haben. Sie gehen in ihrer schöpferischen Welt auf und übertragen diese Freude auf ihre Produkte. Die Lampen für Artemide oder Flos, die Sitze für Zanotta, sind Beispiele hierfür.

Ettore Sottsass ist seit zwei Jahrzehnten die Vaterfigur der in Italien in regelmäßigen Abständen wiederkehrenden Oppositionsschübe gegen das *offizielle* Design. Im Unterschied zu seinen jüngeren Kollegen jedoch sieht Sottsass in seinen letzten Entwürfen einen vorläufigen Abschluß von Überlegungen, die er seit Ende der Fünfzigerjahre systematisch verfolgt hat. Wer die Möbelserie für Poltronova von 1964 bis 1965 genau ansieht, die daraus entstandenen Programme für Abet-Print von 1966 sowie die Möbel für Croff von 1978, wird bald merken, daß es Sottsass immer wieder um die gleichen Botschaften geht: die Symbolkraft, darum, Objekte herzustellen, die einem Ritual dienen sollen, um die Umkehrung des Funktion/Form-Verhältnisses: Die Form bestimmt die Funktion, und das Dekorative steht mehr im Vordergrund. Die einfache Art des Nebeneinander- und Aufeinanderstellens der Elemente bleibt die Basis seiner Entwurfsmethodik, die sich auf archaische Grundformen bezieht.

„Bei diesen Möbeln geht es mir darum, eine Art Ikonographie der Nicht-Kultur vorzuschlagen, einer Kultur, die niemandem angehört (also auch keine Kultur des Anonymen), vielmehr die Ikonographie einer nicht gebräuchlichen und nicht brauchbaren Kultur. Ich schlage sie vor, nicht etwa, weil es sie noch nicht gäbe, und auch nicht, weil man sie nicht gebraucht, sondern vor allem, weil sie von uns nicht gesehen wird, weil niemand sie in Betracht zieht, weil sie uns nicht betrifft. Und weil es so scheint, als ob sie in der uns bekannten Kultur nicht existiere, ja vielleicht sogar, weil sie nicht wieder Kultur produziert." Sottsass sucht keinen direkten Anschluß an die Alltagsästhetik im Sinne des Banal-Design von Mendini. Er nennt den Bereich zwischen *Hochkultur* und *Trivialität* ein *Niemandsland*, das von den Hochkulturen noch verschont geblieben ist. Er will seine Arbeiten deutlich von diesen *Zwischenkulturen* abheben. Er benützt ihre Elemente als Zitat, versucht jedoch gleichzeitig, sich davon abzulösen, „um sich dem Kitsch der kleinbürgerlichen Einrichtungen zu entziehen". (Sottsass) Sottsass ist die dominierende Figur dieser Bewegung. Die Entwicklung des Phänomens Alchimia und Memphis ist so eng mit seiner Person verknüpft, daß sie sich an dieser ablesen läßt.

Zu den vier genannten Persönlichkeiten gehören noch weitere, deren Anteil an der Entwicklung des *Radical Design* maßgeblich war, u. a. *Archizoom* mit ihrem anthropologischen Ansatz für ein Design des Notwendigsten, mit ihren rituellen Räumen und Objekten in Pop-Manier: die Gazebi. Gaetano Pesce mit seiner Theorie des Ruinösen. Die Arbeiten und Untersuchungen Ugo La Pietras im Bereich der Anthropologie, Sozial-, Wahrnehmungs- und Verhaltenspsychologie haben ihn zu einer Reihe interessanter Experimente geführt, die in diesen letzten Entwicklungen zwar unsichtbar geblieben sind, doch zweifellos ihren Einfluß ausgeübt haben. Das Gleiche gilt für die Bürgerbefragungen von Ricardo Dalisi. Beide sind stark beteiligt an der Bewahrung von Volkskulturen.

Es darf in diesem Zusammenhang nicht der Weg von Enzo Mari vergessen werden, der am konsequentesten Munaris Aufforderung, Freiräume für lüdische Aktivitäten innerhalb der Industrieproduktion zu schaffen, befolgt hat. Daß seine politische Einstellung zur Produktion ihn bestärkt hat, sich mehr der Gestaltung des Kunsthandwerks zu widmen, wo er noch Freiräume sieht für eine Gestaltung, die Hand- und Kopfarbeit vereinigt, ist Folge seiner jahrelangen Bemühungen, gegen die Entfremdung des Designs anzugehen.

Ohne diese Persönlichkeiten wäre eine Entwicklung, wie wir sie hier vor uns haben, nicht zustande gekommen. Es soll uns nicht darum gehen, solche Tendenzen nachzuahmen, wie es bereits Sympathisanten in Spanien und Frankreich und Italien tun, sondern zu verstehen, daß auch Alternativen solide Grundlagen benötigen, die getragen sind von Persönlichkeiten, die nicht ihr Tun in den Dienst einer kurzfristigen Politik stellen.

Wer Munari, Sottsass, Mendini und Castiglioni kennt, wird wissen, daß es sich bei ihnen um die Untrennbarkeit von Gestaltung und Leben handelt. Objekte, die sie gestalten, sind daher Ausdruck und Beschreibung von Lebensformen. Es geht um mehr Möglichkeiten zur Entfaltung der Freiheit der eigenen Person - ein alter Wunsch der Avantgarde, dem nachzugehen sich immer noch lohnt und an dem auch diese Produktion gemessen werden sollte.

8.

Wie ein Stil entsteht

Am Beispiel von Ettore Sottsass

→ 1985

Seit Ende der Sechzigerjahre verfolgte ich mit besonderem Interesse die Arbeit von Ettore Sottsass Junior und zeigte 1976 eine Ausstellung seiner Arbeiten im IDZ Berlin mit dem Titel *Ettore Sottsass – Leben und Werk*. Sie war als Wanderausstellung konzipiert. Es war der Versuch deutlich zu machen, dass die Inspirationsquellen eines Gestalters auch im eigenen Leben liegen können und nicht notwendigerweise ausschließlich das Resultat eines rationalen Prozesses sind, der aus der Berücksichtigung von Marketingstrategien, Produktionsprozessen und technischen Innovationen resultiert. Die Entwurfsmethode von Sottsass wirkte auf mich wie eine Befreiung des Designs aus ausschließlich funktionalen und rationalen Zwängen. Die inhaltlichen Schwerpunkte der Ausstellung im IDZ Berlin wurden von deutschen Designverbänden und den Kritikern schlecht aufgenommen, während sie auf allen weiteren Stationen im Ausland als Beispiel eines sich erneuernden und humanen Designs gefeiert wurden. Der Text entstand 1985 zum Forum-Kongress *Stilwandel – Was ist das?*, der im IDZ Berlin stattfand, veröffentlicht im Buch *Stilwandel*.

Wie ein Stil entsteht

Am Beispiel von Ettore Sottsass

Wenn heute von neuen Stiltendenzen im Design die Rede ist, dann spielt der Name Ettore Sottsass immer eine wichtige Rolle. Was in den vergangenen Jahren durchschlagend als vehemente Überwindung des oder zunächst als fröhliche Opposition zum funktionalistischen Design oder zur *guten Form* empfunden wurde und weithin in das Bewußtsein von Fachwelt und interessierter Öffentlichkeit drang, ist nur die letzte, unter publizistischen Aspekten die erfolgreichste Demonstration einer Arbeit, die ohne Zweifel das Prädikat *stilprägend* verdient.

Vor genau zehn Jahren habe ich als damaliger Leiter des Internationalen Design Zentrums in Berlin die erste umfassende Sottsass-Ausstellung gezeigt. In der relativ festgefahrenen Situation, in der sich das Produktdesign in der BRD damals befand, erschienen mir sowohl Sottsass' Methodologie als auch seine Arbeitsresultate einen Hinweis auf mögliche andere Wege im Design zu geben. Die Kernaussage, um die sich Ausstellung und Katalog gruppierten, war die erstaunliche Identität zwischen Leben und Werk von Ettore Sottsass.

Sottsass' Denkprozesse und ihre Umsetzung, beziehungsweise Vergegenständlichung in Design-Objekten riefen damals publizistische Abwehr und Vorwürfe hervor, deren mildeste Form das Belächeln seiner Arbeit war. Die schwerwiegendsten Vorwürfe richteten sich gegen Sottsass' Grundgedanken einer versuchten Einheit von Leben und Werk, denn darin wurde eine künstlerische Attitüde gewittert, welche mit der Ernsthaftigkeit von Design-Prozessen unvereinbar sei. Umso erstaunlicher muß es erscheinen, daß die Kritik einige Jahre später eine Kehrtwendung gemacht hat und ihn nun angesichts seines weltweiten Erfolges und Einflusses als den entscheidenden Erneuerer für das Design der Siebzigerjahre erkennt.

Allerdings wird dabei meist übersehen, daß Sottsass in den vergangenen Jahren nicht etwa eine Wende vollzogen hat, sondern seiner Hauptidee von der für ihn lebenswichtigen Verbindung von Lebenserfahrung und Arbeit treu geblieben ist und sie sowohl in Industrieprodukte als auch in individuelle Schmuckstücke eingehen läßt. Wo liegt die Erklärung dafür, daß Sottsass' Methodik oder auch seine Produkte als beispielgebend und stimulierend betrachtet werden können?

Es müssen vielerlei gesellschaftliche Wandlungen stattgefunden haben, die Defizite der rational-funktionalistisch orientierten Designproduktion müssen so zugenommen haben und so übermächtig geworden sein, daß ein bisher oppositionelles Verhalten als Vorbild gefeiert werden kann.

Eine weitere Erklärung ist die, daß die gesamtgesellschaftliche Erschütterung durch vielfache Veränderungen unserer wissenschaftlichen, sozialen und gesellschaftlichen Umwelt auch im Designbereich Fragestellungen ermöglicht hat, die vorher entweder tabu waren oder als ketzerisch angesehen wurden. Ettore Sottsass hat die Design-Szene zum ersten Mal 1956, im Alter von etwa 40 Jahren, mit seiner anders gearteten Designkonzeption konfrontiert. Zu dieser Zeit dominierten in Italien *Neo-Liberty*, *Neo-Barock* und *Stil Nuovo*. Sottsass überraschte mit einer Mischung aus kalligraphischen Zeichen und strukturalistischen Elementen, die er zur Neugestaltung von Interieurs einsetzte. Zu Beginn der Sechzigerjahre werden seine Möbel bekannt, die außer ihrer alltäglichen Gebrauchsfunktion auch psychische Bedürfnisse ins Spiel bringen. Durch den Einsatz von Symbolen gibt er seinen Möbeln überraschende Aspekte, die von totemistischen bis zu sakralen Assoziationen reichen.

Parallel zur Popbewegung schafft Sottsass Objekte, die teilweise, wie zum Beispiel der Spiegel-Ultrafragola – in kleiner Serie produziert werden und andere, die, wie zum Beispiel die Schreibmaschine *Valentine*, in die massenhafte Produktion gegangen sind.

Zu Beginn der Siebzigerjahre ist er die Integrationsfigur für eine Gruppe jüngerer Designer. Die Produkte, die zu jener Zeit entstehen, sind gekennzeichnet durch eine radikale Infragestellung der blindlings den Konsum fördernden Produktionsmaschinerie. Diese Bewegung wurde als *Radical Design* bekannt.

Ende der Siebzigerjahre ist es wieder Sottsass, der der *Neomoderne* im Design Form gibt. Mit dieser Bewegung versucht er wieder, auf breiter Ebene Avantgarde und Produktion zusammenzubringen.

Zu Beginn der Achtzigerjahre gründet er die berühmt gewordene Gruppe *Memphis*. Mir scheint, daß die besondere Aufmerksamkeit und Wirksamkeit, die Sottsass und seinem Werk jetzt entgegengebracht werden, damit zusammenhängen, daß er für Fragestellungen, die zwar in der Luft liegen, aber noch nicht in aller Munde sind, offen ist und Antworten anbietet, beziehungsweise Wege bahnt. Sottsass' Sensibilität führt wiederholt zu Fragestellungen, die er couragiert aufgreift, mit seiner Designtätigkeit in Verbindung bringt und keineswegs als anderen Bereichen zugehörig betrachtet. Sein Vorgehen erscheint vergleichbar dem von Künstlern, die in dem am stärksten individualistisch orientierten Bereich möglichst viel von der Auseinandersetzung mit ihrer Zeit und ihrer Lebensumgebung verarbeiten und anschaulich werden lassen.

Dieses Vorgehen erscheint dem *klassischen* Designer als ungeeignet zur Lösung von Designfragen. Sottsass beansprucht für sich die weitgehende Identität von Leben und Werk. Es ist deshalb fast selbstverständlich, daß er Fragen, die ihn selbst stark beschäftigen, auch auf seine Arbeit bezieht und sie zum Ausdruck kommen läßt. Meines Erachtens liegen darin seine Beispielhaftigkeit und sein Erfolg begründet. Denn angesichts unserer sich wandelnden, sich rasch ändernden Umwelt ist sein nachdenkliches, in Frage stellendes und nach den verschiedenartigsten Antworten suchendes Verhalten ein zeitgemäßes, offenes und nicht ein sich abkapselndes und auf früher etablierte Autoritäten sich berufendes.

Fragt man sich, was denn bei Persönlichkeiten wie Ettore Sottsass den Stil ausmacht, dann muß man nach der Kontinuität von Arbeit und Lebensart fragen. Stil ist bei Sottsass nicht das Ergebnis einer Designpraxis. Die Designpraxis ist sichtbarer Ausdruck von weltanschaulichen Konzeptionen. Es ist notwendig, sich diesen Anschauungen zuzuwenden, die ihren Niederschlag in Formen gefunden haben.

Welche ethischen, sozialen und kulturellen Modelle beschäftigen Ettore Sottsass? Wie geht er mit diesen Modellen um?

1. Die Auseinandersetzung mit den Lebenserfahrungen, den Erfahrungen mit dem eigenen Körper und der Wahrnehmung von Natur

„Einen jungen Mann wie mir, mager und durch den Krieg und Konzentrationslager abgeschreckt, ohne einen Pfennig Geld in der Tasche und ohne richtig zu wissen, was man tun konnte, erschien das ‚Große Nationale Problem' als ein so riesiges Problem, das praktisch unlösbar war oder nur durch unbeschränkte und unannehmbare Kompromisse gelöst werden konnte. Deshalb blieb einem jungen Mann wie mir nichts anderes übrig, als auf eigene Rechnung, in einem reduzierten privaten und einsamen Bereich, die Lösung von kleineren, ja sogar privaten, reduzierten und in Raum und Zeit isolierten Problemen zu suchen. Ich glaube, daß man heute deshalb sagt, daß ich Designer bin, weil ich Keramiken statt Wolkenkratzer oder Tische statt Ministerien gemacht habe, weil ich eben kleine Dinge entworfen habe für private Handlungen, statt große und monumentale Dinge für öffentliche Handlungen, auch wenn für mich der Unterschied zwischen dem Designer und dem Architekten vor allem immer ein quantitativer, dimensionaler Unterschied bleibt: es geht immer um Handlungen, die vollzogen werden, um die Szene und darum die Werkzeuge zu entwerfen, mit denen die menschliche Komödie aufgeführt wird; manchmal weiß man, wie diese Komödie aussieht, manchmal weiß man es nicht und so fort. So heißt es nun also, daß ich Designer bin, auch wenn es mir sehr schwer fällt, richtig zu verstehen, was das heißt, Designer zu sein." (Sottsass)

Ettore Sottsass überträgt - vor allem seit 1957 - einen Teil seiner Erfahrungen als Künstler, Architekt und Gestalter auf die Welt der industriellen Produktion. Dabei überträgt er Formen und benutzt Materialien, mit denen er Erfahrungen gesammelt hat, und sucht nicht nach neuen, dem Fertigungsprozeß und der Produktion in der Serie angepaßten. Sein spezifisches Formenrepertoire führt Sottsass bis auf seine Vorliebe beim Malen oder gestalterischen Tun in der eigenen Kindheit zurück. Sottsass möchte

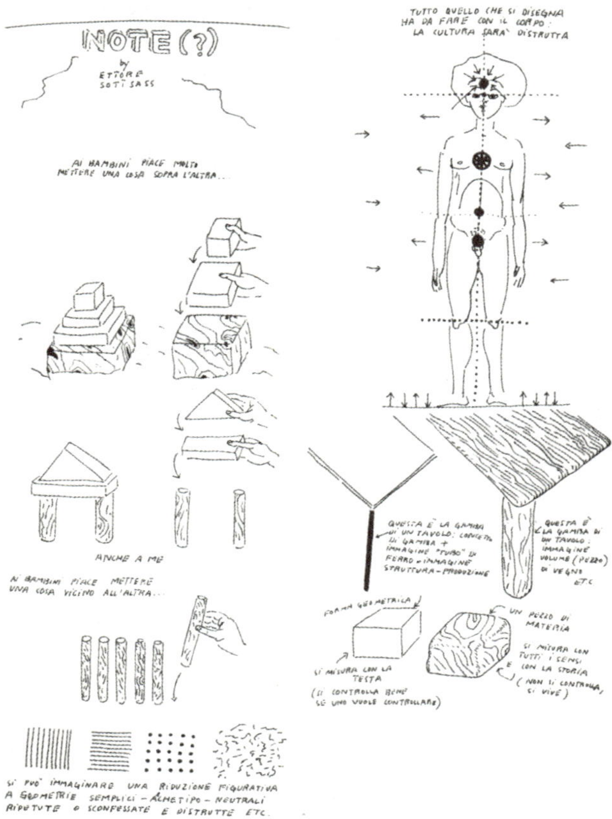

↑ Ettore Sottsass
Note · 1976

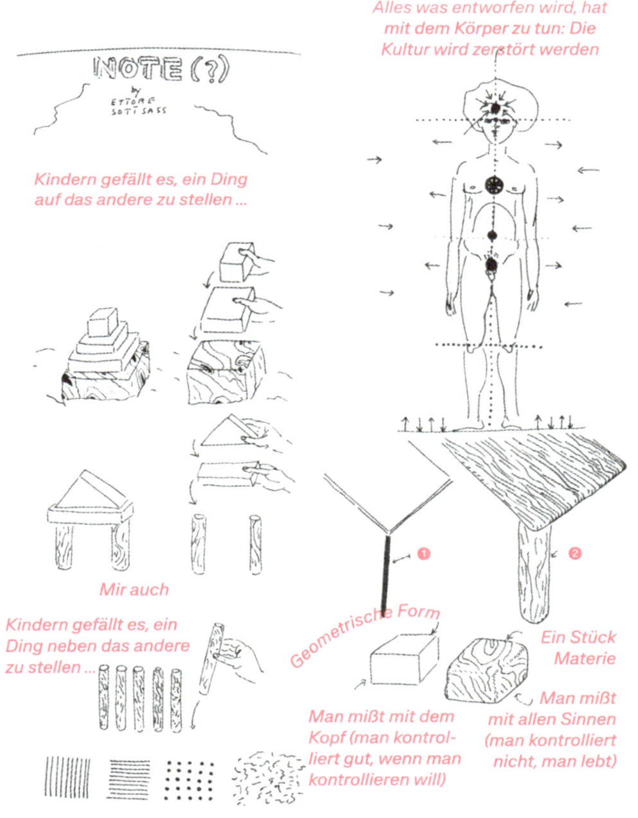

❶ Dies ist das Bein eines Tisches: Konzept Bein + Darstellung ‚Rohr' aus Stahl = Darstellung Struktur-Produktion

❷ Dies ist das Bein eines Tisches: Darstellung Volumen (Stück) Holz etc.

sich seinem Schicksal bewußt stellen, Beziehungen zu diesem entwickeln, Verinnerlichtes heraufholen und Ausdruck gewinnen lassen. Sottsass nähert sich den Dingen voller psychologischer Implikationen. Die intuitive Aneignung der Welt wird durch die intensive Begegnung mit den indischen Kulturen so sehr verstärkt, daß sie auch seine Lebensart bestimmt.

Zwar sind in seiner Arbeit davon nur wenige Zeichen übriggeblieben, aber sie dokumentieren eine innere neue Dimension, die Sottsass in Indien erworben hat. Daraus resultiert für ihn eine veränderte Auffassung von Raum und Leben. Diese neue Sensibilität wird bald in seinen Arbeiten spürbar.

Ettore Sottsass wird krank, seine Krankheit scheint unheilbar. In Ungewißheit über sein Schicksal verbringt er Monate in einem kalifornischen Krankenhaus. Aus dieser Erfahrung heraus entstehen die Keramiken der Finsternis (1962), später die Enzyklopädie für den, der das Leben liebt (1963), die seine Genesung ankündigt. In diese Arbeiten mischt er abstrahierte, folkloristische Zeichen und mystische Symbole aus religiösen Bereichen. Seine Reaktion auf die erlebte Nähe des Todes ist die Verherrlichung des Lebens. Es entsteht die Reihe der Yantra-Keramiken (1970). Es sind Objekte, die das Ritual der Weihehandlung bei Meditationen symbolisieren sollen. Sie symbolisieren auch *Körperkulturen*, die es dem Menschen möglich machen sollen, in höhere Stadien des Daseins überzuwechseln. Durch Kombination von Dreiecksarten, die das Weibliche mit dem Männlichen vereinigen, soll Shiva als Gott des Lebens dargestellt werden, er symbolisiert die Sexualität, die aus Sottsass' Sicht das Leben zumindest zeitweise von Entfremdungen befreit. Von zweckbestimmten Objekten geht

Sottsass zu Objekten über, die in ihrer symbolisch-totemistischen Erscheinung sakralen Charakter bekommen.

Mitte der Sechzigerjahre beschäftigt er sich mit den sozialen und politischen Ereignissen in Amerika. Es wächst in ihm die Überzeugung, daß die von einer Person geschätzten Werte sich auch in den Gegenständen ausdrücken sollten, mit denen sie sich umgibt, das heißt, daß gedankliche Welt und reale Lebensumgebung möglichst weitgehend übereinstimmen sollten. Themen dieser Jahre sind Gewaltlosigkeit, die Befreiung vom Konsum und von politischem Druck.

Er reichert das Leben mit Bedeutungen an. Den Objekten gibt er die Rolle, Bedeutungen symbolisch darzustellen. Ende der Sechzigerjahre werden seine Gedanken Thema und Programm der *Radical Design*-Bewegung, die sich um ihn versammelt hat. Wichtigster Punkt ist das Bestreben, die Kommunikationsstrukturen so zu verbessern, daß sie bessere Beziehungen zwischen den Menschen ermöglichen sollen. Sottsass' Alternative zu überall erlebter Gewalt und politischem Druck steuert auf ein Design der Toleranz hin, das einer Kultur der Toleranz Vorschub leisten soll. Sottsass weiß, daß man die Verhältnisse im Großen nicht durch Vernunft alleine ändern kann, aber eine wachsende Sensibilität könnte vieles ändern helfen. Seine Gestaltungstätigkeit versucht er deshalb in den Dienst einer zunehmenden Sensibilität zu stellen. Die Formen, die er bei seiner Arbeit einsetzt, erschließen sich nicht allein durch semantische Analysen.

Sottsass möchte den Menschen nicht nur Objekte anbieten, er möchte ihnen Situationen anbieten, die ihnen bei der Gewinnung eines höheren Grades an Freiheit gute Dienste leisten. Er möchte erreichen, daß die Industrie solche Gegenstände produziert, die geeignet sind, unsere Selbstreflexion zu stimulieren. Das geschieht nur, wenn produzierte

Gegenstände uns aus dem Alltag herauslösen können und uns zu beweglicheren Formen des Denkens und des Lebens führen.

2. Die kulturellen Einflüsse und ihre Aneignung

„Diese Art von Existenz erzeugt Gedanken und Entwürfe, Programme und Utopien, Worte und Revolten, Respektlosigkeit und Ironie, Anfälle von Paranoia und engelhafter Höflichkeit, unhaltbare Irrtümer und Intuitionen, und die Leute nennen das dann zum Spaß *Radical Design*."

Sottsass ist mit vielen historischen Bewegungen der Moderne in Kontakt gekommen. Aus diesen schöpft er während seiner Reifungsjahre. Sein Vater war Architekt und Schüler von Otto Wagner, bringt ihm die rationalistische Architektur nahe und weckt sein Interesse für Dekor und Handwerk. Über seinen Freund, den Maler Luigi Spazzapan, kommt er mit dem Expressionismus in Berührung. Seine Sensibilität wird dadurch stark angeregt. Das expressive Moment erscheint bisher in allen Arbeiten von Sottsass.

Aber auch der Konstruktivismus beschäftigt ihn, er findet durch ihn Zugang zur Abstraktion. Über Max Bill gelangt er zur Minimalität und zu den reinen Formen. Sein Interesse für Raumstrukturen führt ihn an die Arbeiten der Bildhauer Gabo, Pevsner und Calder. Aber besonders fasziniert ihn Carlo Mollino durch sein unermüdliches Experimentieren mit technischen Formen, die er in ungewöhnlicher kreativer Freiheit verwendet, um die widersprüchlichen Aspekte der aerodynamischen Raumempfindungen und des Kunsthandwerks zu verbinden.

Hinzu kommen die Einflüsse aus dem oben erwähnten indischen Kulturraum, aus Japan und den USA. Von besonderer Bedeutung sind seine Erfahrungen in den Vereinigten Staaten, wo, wie Sottsass selbst sagt, er seinen Beruf als Designer bei George Nelson erlernt hat, bei dem er 1956 arbeitet. In den USA kommt er auch in Berührung mit der Popbewegung und führt als erster im Bereich des Produktdesigns Zeichen aus dieser Kultur ein.

Alle diese Erfahrungen werden von Sottsass sorgfältig ausgewertet. Seine heutige Methodologie kann als Synthese all dieser Erfahrungen gesehen werden, wobei das Resultat nicht in eine Montage von Elementen aus verschiedenen Stilrichtungen mündet, sondern gefiltert wird durch seine Lebenserfahrungen und Eindrücke, die seine innere Dimension ausmachen. Sottsass spricht eine eigene Sprache und gibt den Dingen eine stark ausgeprägte persönliche Dimension. Hochkulturen werden gemischt mit Elementen aus trivialen Lebensumgebungen, wie dem Chaos der Vorstädte, den bunten Katalogen der Warenhäuser und der exotischen Atmosphäre der Supermärkte. Diese Aufwertung des Banalen ist ein letzter entscheidender Schritt dieses umfangreichen Katalogs von Referenzen, die Sottsass sich angeeignet hat, um daraus seine eigene Sprache zu entwickeln.

3. Sottsass' Methode des Entwerfens

„Ich habe zum Beispiel viel gearbeitet, um zu versuchen die geometrischen Formen der Mathematik der geistigen Strenge zu entreißen und sie auf die möglichen archaischen Bedeutungen, die möglichen mythischen Urformen zurückzuführen, auf Zeichen, in denen die Geschichte sich wiedererkennt in der Dicke ihrer ältesten Schichten, wie sich die Erde erkennen läßt durch die Deutung der Geologie. Ich habe auch viel gearbeitet, um zu versuchen die Struktur der entworfenen Dinge aus ihrem Produktionsursprung herauszulösen, ich meine die Art und Weise, in der die entworfenen Dinge konstruiert und produziert werden. Stattdessen habe ich mich sehr bemüht, den Dingen, die ich entwarf, eine möglichst direkte, sensorische Bedeutung zu geben, dadurch, daß ich zum Beispiel manchmal die Volumen vergrößerte, die Kanten abrundete und, immer wenn es möglich war, auch durch sozusagen rhetorische Übertreibungen und Verformungen das Vorhandensein innerster Strukturen, den *Kern* des von mir benutzten Materials betonte." (Sottsass)

Trotz der beschriebenen persönlichen Aneignung gesellschaftlichen Geschehens und dessen Interpretation und trotz der vielfachen kulturellen Einflüsse findet Sottsass zu einem Formen- und Dekor-Repertoire, in dem eine Entwurfsmethodologie erkennbar ist.

Die Prinzipien, die seine Methode definieren, werden schon früh in seinem Werk sichtbar. Schon 1938, in seiner Examensarbeit an der Architekturfakultät Turin, sind expressive Momente enthalten, sind primäre Strukturen, einfache, aufeinandergesetzte Formen, elementare, geometrische Volumen erkennbar. Seine Gestaltungsprinzipien werden ab 1957 systematisch, also zu dem Zeitpunkt, da seine Auseinandersetzung mit der Industrieproduktion beginnt. Seitdem werden seine Prinzipien mit wenigen Variationen auf Architekturen, Gegenstände für Inneneinrichtungen, Maschinen oder Schmuck gleichermaßen angewendet.

Diese könnte man als ein System von primären Strukturen beschreiben, die auf ihre wesentlichen Komponenten reduziert werden, so daß dieser Vorgang als Minimalisierung empfunden werden kann. Es entstehen so archaische Grundformen, die unterschiedlich einander zugeordnet sind. Das Ganze wird von wenigen *besonderen* Elementen unterstrichen. Die Einheit des Objekts wird durch eine Synthese von Farbe und Dekor, die oft wiederholt werden, gesichert. Sottsass' Methode ist durch Beziehungen bestimmt, die zur Syntax seiner Sprache führen:

1. Das Mandala soll deutlich machen, daß der Mensch immer Zentrum der Entscheidungen, des Geschehens und deshalb auch der Objektsysteme sein sollte.
2. Sottsass liebt und favorisiert die additive Konstruktion und empfindet darin eine Art kindlichen Genuß wie bei frühen Spielen.
3. Der Materie, den verwendeten Materialien, möchte er Ausdruckskraft geben.
4. Materialien und Strukturen sollen so eingesetzt werden, daß sie eine einfache Rezeption sichern.

Semiotisch ließe sich Sottsass' Sprache durch diese ablesbaren Zeichen definieren. Aber zum Stil gehört ein Umfeld an integrierten und verarbeiteten Kulturmerkmalen unterschiedlicher Zeiten und Regionen, die in seiner Methode synthetisiert in reduzierter Form wiederzufinden sind.

1971 hat Vittorio Gregotti die Faszination beschrieben, die Sottsass' Werk auf uns ausübt. Er führt sie vor allem zurück auf die starke Persönlichkeit von Sottsass, in welcher diese erstaunliche Kontinuität zwischen Arbeit und Lebensart ständig präsent sei. Diese Einschätzung ist zwar umstritten, aber ich meine, daß sie doch dem Kern der Sache sehr nahe kommt.

Sottsass scheint mir deutlich zu machen, daß Stil nicht primär eine Sache des Ausdrucks, der Ikonographie ist, sondern das Resultat von Lebensformen, die man sich erarbeitet und zur Grundlage für ein eigenes Lebensprogramm gemacht hat.

9.

Geschwindigkeit in Gestalt und Fortschritt als Propaganda

Streamline und Stromlinie in Amerika und Europa

→ 1990

Die Veröffentlichung des Buches *Raymond Loewy – Pionier des amerikanischen Industrie-Designs* gab mir 1990 die Gelegenheit deutlich zu machen, dass das sogenannte Styling nicht ausschließlich in den USA entstand, um die Weltwirtschaftskrise von 1929 zu überwinden und so den Konsum zu fördern, sondern dass das Styling vielmehr dem Wunsch der amerikanischen Konsumenten entsprach. Bemerkenswert ist, dass die Organisation des Berufs Designer in Europa ohne die Popularität der Pioniere des Styling und deren Erfolg in Industrie und Handel in den Dreißigerjahren in den USA sich in Europa wohl kaum entwickelt hätte. Gleichzeitig haben die europäischen Berufsverbände das Styling heftig kritisiert.

Geschwindigkeit in Gestalt und Fortschritt als Propaganda

Streamline und Stromlinie in Amerika und Europa

Den dogmatischen Designhistorikern und -kritikern Europas hat Raymond Loewy einen regelrechten Streich gespielt. Als Pionier des Industriedesigns in der Neuen Welt sollte er dem Beruf des Designers in den Augen amerikanischer Industrieller jene Seriosität verleihen, die die junge Profession brauchte, um Fuß zu fassen und Ansehen zu erringen. Gerade aber die Art und Weise, Design zu propagieren, erregte Anstoß bei den meisten europäischen Kritikern, ebenso wie die obligate Kooperation mit der Industrie. Die Zankäpfel heissen Styling und Streamline, zwei Weisen, ein Produkt zu entwerfen, das für die Kritiker nur Verkaufswert hatte und dem fragwürdigen Geschmack ungebildeter Verbraucher entgegenkam. Das funktionalistische europäische Design wiederum wurde von amerikanischen Kritikern als Unterwerfung des Industrieprodukts unter seine technologischen Zwänge empfunden, die aus der Funktion etwas Emblematisches gemacht hatten. Dieser Unterschied zwischen amerikanischem und europäischem Design äußerte sich in fast moralischen Haltungen. Der Ausdruck *Gute Form* oder *Good Design* diente als Kriterium für die europäischen Institutionen zur Designförderung und die Berufsgenossenschaften. Daran läßt sich aber nur deren engstirnige Politik ablesen, die den Spielraum der Designer einschränkt und ihnen die Möglichkeit nimmt, die Aktualität der Produkte zu steigern. Die gut gemeinten Eingriffe der Fachverbände machen nämlich die Umwelt bloß homogen und monoton.

Im Lichte der von der Moderne aufgeworfenen Grundfragen und angesichts der Antworten auf die Postmoderne hat sich die Haltung gegenüber den Entwürfen des Styling und Streamlining freilich verändert. Offenbar werden sie nun nicht mehr nur als Symbole eines vom Marketing erfundenen Mythos aufgefaßt, sondern als wichtige Erscheinung in der Geschichte des Designs. Ja, die Stromlinienform wird von jungen italienischen Designern wieder aufgegriffen, wenn sie ihre Entwürfe nach dem *Boliden* benennen, sie also als Feuerkugel und Rennwagen zugleich bezeichnen. Natürlich muß man bei allem berücksichtigen, daß sich die historische Entwicklung des Designs in Europa von der in Amerika stark unterscheidet. Erinnern wir zunächst daran, daß die gesellschaftliche Entwicklung der europäischen Länder während der Dreißigerjahre in keiner Weise dem amerikanischen Liberalismus der Ära Roosevelt ähnelt. Europa hatte zu dieser Zeit mit barbarischen Diktaturen, monumentaler Rhetorik und exhibitionistischem Militarismus zu kämpfen. Die demokratisch gebliebenen Staaten drückten sich vor allem durch geometrische Strenge und klassische Reinheit der Formen aus. Trotzdem sind hier auch Fälle zu erwähnen, wo totalitäre Regimes aus wirtschaftlichen wie kulturellen Gründen sich einer Ästhetik bedienten, die mit den fortgeschrittensten Ansätzen in den freien Ländern durchaus vergleichbar ist. Der italienische Funktionalismus unter dem Faschismus ist kein Einzelfall, die Biotechnik im Nationalsozialismus ein weiteres Beispiel.

Daß die Streamline in Amerika allein aus wirtschaftlichen Gründen erfunden wurde, ist kaum wahrscheinlich; man denke nur an die Rolle, die italienischer Futurismus, deutscher Expressionismus und französisches Art déco für die Entwicklung der aerodynamischen Form gespielt haben.

Schwer einschätzbar sind auch die antifunktionalistischen Tendenzen, erschienen sie doch als Gegenbewegung zu den in Europa, vor allem in den angelsächsischen Ländern, allgemein angewandten Techniken. Und nach 1968 folgte die Kritik der Warenästhetik mit dem Antikonsumismus, der in Italien das *Radical Design* entstehen ließ. So wurden auch die Maßstäbe für die industrielle Formgebung in den Achtzigerjahren gründlich überholt. Das *Good Design* verschanzte sich währenddessen hinter einer Sozialpolitik des funktionalen Gegenstands und verteidigte stur seine Gültigkeit.

Der Funktionalismus beruhte auf der Idee der Minimalwohnung, ausgestattet nur mit den allernotwendigsten Gebrauchsgegenständen. Aber spätestens um die Mitte der Fünfzigerjahre war diese Zielvorstellung überholt und sollte von da an bloß in den Köpfen derer weiterleben, die an den Schaltstellen der Institutionen saßen. Man denke nur an die neopositivistischen Anstöße der Hochschule für Gestaltung Ulm; seit 1955 propagierte man hier eine Ästhetik, die nach Otl Aicher, einem ihrer Rektoren, lediglich das Wirkliche zur Erscheinung bringen sollte.[1] Am Ende der Sechzigerjahre schienen alle Bedingungen zusammengekommen, um den Begriff des Styling auf Autokarosserie und Kleidermode zu beschränken. Erst durch antifunktionalistische Strömungen erhielten Alternativen eine neue Chance; in einer Atmosphäre der Aufgeschlossenheit konnten die Ziele von Styling und Streamlining überprüft werden.

Renato De Fuscos *Geschichte des Designs* widmet diesem Sachverhalt ein langes Kapitel. Er stellt fest, daß das Styling die Produkte ansprechender machen und ihren Absatz fördern sollte. Doch darauf beschränkt es sich nicht; es kann mit Fug und Recht die Bezeichnung Industriedesign in Anspruch nehmen. Nicht erst die Wirtschaftskrise 1929 hatte dazu geführt, daß man wieder auf die Faszination des Konsumenten setzte. De Fusco bezieht sich im Folgenden auf Henry Dreyfuss: „Wer glaubt, daß die industrielle Massenproduktion in einer völlig zerrütteten sozialen Umgebung mit ihren finanziellen Zusammenbrüchen, ihren bankrotten Banken und Millionen von Arbeitslosen etwas ändern könne, wenn sie sich darauf beschränkt, Gegenstände herzustellen, die nur *besser aussehen*, irrt sich wahrscheinlich."[2] Man mußte erst die Jahre danach abwarten, den New Deal, der die Überproduktion durch Steigerung der Kaufkraft ausgleichen sollte. „Nachdem die Konkurrenz allein den Preisen überlassen wurde", fährt De Fusco fort, „beginnt man später auch auf die formale Qualität der Produkte zu achten. Dies geschieht durchaus nicht auf Kosten ihrer Funktionalität und Haltbarkeit. Der Blütezeit des Styling wurde oft eine Verkaufspolitik unterstellt, welche die Produkte zugleich ansprechend und kurzlebig machen wollte. Dabei läuft man jedoch Gefahr, eine Strategie vorwegzunehmen, die sich erst in der Nachkriegszeit mit dem sogenannten Massenkonsum durchsetzen wird."[3]

Schließlich weist De Fusco darauf hin, daß manche dieser scheinbar so unwirtschaftlichen Artikel immer noch im Handel sind, darunter auch ein paar von Loewy. Filiberto Menna[4] wiederum läßt diesen selbst zu Wort kommen und erinnert an manche seiner Slogans über die neuen Bedürfnisse der Verbraucher; danach mußte man an zwei Fronten kämpfen, in der Herstellung wie im Vertrieb. Loewy selbst schreibt, die Industrie müsse überzeugt werden, daß Häßlichkeit sich schlecht verkaufe, wenngleich auch das schönste Produkt sich nicht verkaufen lasse, wenn der Käufer nicht felsenfest davon überzeugt ist, daß es das schönste ist.

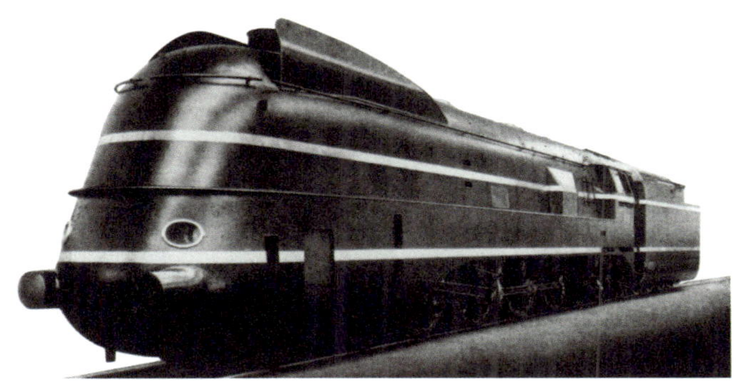

↑ Lokomotive N 2000 von der Firma Friedrich Krupp A.G. · 1939

Die Schönheit, um die es hier geht, hat nichts mit der europäischen *Guten Form* zu tun. Menna weist darauf hin, daß Werbung nicht nur auf einer Konkurrenz von Unternehmen derselben Branche beruht, sondern auch auf verschiedenen Dienstleistungen. Er führt Flugzeug, Automobil und Lokomotive an und zeigt, daß die Werbung hier in den Händen der besten Designer lag. „Außerdem will das Styling den Geschmack der Verbraucher mit Hilfe der Werbung nicht psychologisch beeinflussen", fährt er dann fort, „sondern eher deren Neigungen und Sehnsüchte interpretieren. Denn beim Entwurf, der auf visuellen Konventionen beruht, die allen Verbrauchern gemeinsam sind, sollte Styling gleichsam zu einem Werkzeug werden, das den Produkten neue Bedeutung verleiht, und zwar nicht nur mit Zielen, die von oben kommen, etwa aus den Designlaboratorien und der Werbepsychologie, sondern auch von unten, aus den Neigungen des Verbrauchers."[5]

Eine Deutung jener Symbole gibt Reyner Banham in seinem berühmten Artikel über Industriedesign und Volkskunst.[6] Er begreift Styling als eine Art Volkskunst und – in den Worten von Gillo Dorfles – als eine Art Untergruppe von Objekten, denen eine besondere Bedeutung zukommt, weil sie den Bedürfnissen der Massen entsprechen.[7]

„Die Volkskunst des Automobilismus in einer mechanisierten Gesellschaft gehört zu den Kulturerscheinungen wie der Film, pseudowissenschaftliche Romane, der Comicstrip, das Radio und das Fernsehen", schreibt Banham. „Der Buick mit seinen unter der glitzernden Kühlerhaube schlummernden PS, seiner ausgesuchten Eleganz und auffallenden Erscheinung erfüllt in wunderbarer Weise die Definition der Pop-art von Leslie A. Fiedler."[8] Banhams Thesen, die vielleicht einer glücklichen Intuition entsprungen sind, gelten nach De Fusco mehr noch für die heutige Produktion von Stromlinienautos. Und es würde sich lohnen, diese Thesen im Lichte jener Untersuchungen zu verfolgen, die Robert Venturi und Denise Scott Brown für den *Strip* angestellt haben.[9] Denn so zeigt sich ein roter Faden, in dem die drei Tendenzen von Styling, Pop-art und jeweiliger regionaler Ästhetik wieder zusammenlaufen. Dabei wird deutlich, wie sehr seit den Dreißigerjahren die Verknüpfung von Design und Architektur mit populären Tendenzen einer weit verbreiteten Erwartung entsprechen konnte, die nichts traditionell Folkloristisches an sich hatte. Auch hier bedarf es einer kulturellen Neuinterpretation der Volkskunst, die sie zur repräsentativen Tendenz macht und jene symbolischen Dimensionen einbezieht, welche für die Masse der Konsumenten Bedeutung gewinnen. Der gemeinsame Nenner könnte sich hier aus der Nachfrage der kollektiven Vorstellung ergeben.

Die angeführten Positionen scheinen denen Recht zu geben, die heute fordern, die Kriterien des Industriedesigns zu überprüfen. Seine Definition soll erweitert werden, um so die verschiedensten gesellschaftlichen und kulturellen Schichten berücksichtigen zu können. Olivier Boissière wiederum führt an, daß die neue amerikanische Kultur gerade in den „Laboratorien der Werbung" entstanden und daß die Reklame der Zwanzigerjahre stets mit dem „Streben nach Erfolg, dem Gefallen an der Macht"[10] verbunden gewesen sei. Die Agenturen verliehen den Reklamebildern sehr schnell jenes Raffinement, das ihnen so deutlich fehlte, und billigten ihnen damit eine kulturelle Komponente zu.[11] Geht man die Liste der großen Designer der Streamline durch, so stellt man fest: Norman Bel Geddes hat seine Karriere in der Werbung begonnen, nachdem er am Art Institute von Chicago studiert hatte; Walter Dorwin Teague erhielt seine Ausbildung in einer Werbeschule; und auch Loewy arbeitete, bevor er sich der Technik zuwandte, für Modezeitschriften. Gewiß hat diese Verbindung von Marketing, Reklame und Mode bei den amerikanischen Designpionieren jenes Einvernehmen mit den Industriellen hergestellt, das ihren Entwürfen großen Erfolg auf dem Markt ermöglichte, wie es ihre Auftraggeber verlangt hatten.

Selbst für Sigfried Giedion „ist der industrielle Designer keine neue Erscheinung", gibt es ihn in anderer Gestalt doch bereits seit 1850. Nun, in den Dreißigerjahren, zählt „für ihn nur eine einzige Instanz: der Verkäufer, der Geschmacksdiktator in den Vereinigten Staaten. (...) Jetzt, in der Zeit der Vollmechanisierung, vollzieht sich die Reform unter der Diktatur des Marktes; alle anderen Überlegungen sind sekundärer Natur."[12] Giedion hebt hervor, daß der Einfluß, den die Werbeagenturen auf die Gestaltung der Produkte nehmen, in Amerika und Frankreich durchaus unterschiedlich ist. Denn schließlich machten gerade die amerikanischen Agenturen nach dem Börsenkrach wieder konkrete Vorschläge zur Belebung der Wirtschaft, und die Industrie entdeckte im Styling der Produkte ein entscheidendes Instrument zur Absatzförderung. Das Phänomen des Styling erklärt sich in erster Linie aus der Notwendigkeit, die Produkte *aufzumachen*, um die langfristigen Investitionen für eine Serienproduktion besser zu sichern. Das Styling begründet sich vor allem durch die häufig wechselnde Aufmachung der Produkte und entspricht damit den Erfordernissen der Massenfertigung.

Antonio d'Aura[13] sieht in der Loslösung der Streamline von bloßer Anhäufung die Möglichkeit vielseitiger Funktionen, und in ihrer Konzentration auf Gebrauchsgegenstände sieht er die Erwartung der Käufer erfüllt, die mit dem Erwerb des Produkts zugleich den eines sozialen Status verbinden. Es geht nicht so sehr um Bedarfsdeckung wie um die Herstellung einer Art Fetischobjekts. In seiner Metakritik des Styling hält Cesare De Seta[14] fest, daß zum ersten Mal in der Geschichte der Waren das Produkt nicht für einen anonymen Abnehmer bestimmt ist, der davon mehrere Exemplare erwirbt, die dann auf Bestellung nachgefertigt werden können. Diese Situation entstand nicht erst in den Dreißigerjahren; vielmehr existierte sie nach De Seta bereits bei der Londoner Weltausstellung 1851. In den Katalogen erschienen die Vorformen von Design und Styling wie zwei Seiten einer Medaille. De Seta zitiert aus dem Prospekt der Sesselfabrik Brustolon, die weder einzelne Manufakturstücke noch Serienfabrikate herstellte, sondern Möbel, die aus festen Grundelementen bestanden, zu denen sich austauschbare Zusatzteile hinzugesellten. Genauso wird Ende der Zwanzigerjahre auch in Amerika produziert, was nun Styling genannt wird. In der Kritik am Styling sieht De Seta nur die Angst vor neuem Design. Diese Betrachtungen soll ein Satz von Enzo Fratelli beschließen: „Als absatzförderndes Verfahren ist das Styling der Preis, den die Geschichte des Designs zahlen mußte, um sich nach einer europäisch geprägten, noch ideologischen Phase endlich durchsetzen zu können: ein notwendiges Übel, will man sich der Realität des wirtschaftlichen Wettbewerbs stellen."[15]

Unter dem Aspekt der Übersetzung von Geschwindigkeit in Industrieform sind nun vier Tendenzen zu betrachten: Futurismus, Biotechnik, Streamlining und Bolidismus. Diese vier haben zu verschiedenen Zeiten in der Designgeschichte ihre Höhepunkte erlebt. Als Darstellung der Bewegung war der Futurismus die erste Kunstströmung, die sich mit Verkehrsmitteln befaßte. Er drückte den Willen aus, die Realität durch einen Enthusiasmus zu beherrschen, der zum Träger einer universellen Dynamik wird und sich über die alten Schemata hinwegsetzt. So wurde das Automobil zu einem wichtigen Symbol, verkörperte es doch die Grundideale des Futurismus, wie sie anhand der Erfahrung der Geschwindigkeit formuliert waren, und gleichzeitig den technologischen Fortschritt. Das Wesen der Wirklichkeit bestand für den Futuristen in der Bewegung des Gegenstands im Raum. Also wurden die Formen auf die Begriffe der Geschwindigkeit und des Fließenden bezogen, die ihrerseits durch einen ständigen Wandel gekennzeichnet sind. Das Interesse des Futuristen ging so weit, die Form des Gegenstandes zugunsten der Durchquerung des Raums zu tilgen. Die Geschwindigkeit sollte alle Objekte so sehr verwischen, daß man Formen und Volumen nicht mehr unterscheiden konnte; sie drückten im Fluß der Linien nur die

Umwandlung von Materie in Energie aus. Die Aufmerksamkeit richtete sich auf den Gestaltwandel, der die Gegenstände umgab. Alles sollte den Eindruck eines schnellen Laufs erwecken, der die Vektoren von Fläche und Raum konvergieren ließ. Der Ort, an dem sich die Geschwindigkeit manifestierte, war natürlich die Metropole; dort explodierte die Gleichzeitigkeit der sich bewegenden Körper. Die Liste der *Werkzeuge zur Herstellung von Geschwindigkeit* trug unverkennbar den Stempel der Technik. Die *Religion der Geschwindigkeit* der Futuristen stellte einen regelrechten Hymnus dar. Die göttliche Ordnung der neuen Fortbewegungsmittel würde, so hoffte man, alle Bereiche des Alltags verändern. Angepriesen wurden diese neuen Techniken des Verkehrs in den verschiedensten Manifesten, meist einer Mischung aus Friedrich Nietzsches *Zarathustra* und der Lebensphilosophie Henri Bergsons.

Mit der Bionik, einer interdisziplinären Wissenschaft, die technische, besonders elektronische Probleme nach dem Muster der Funktion von Körperorganen zu lösen sucht, schien man dem idealen Gegenstand nähergekommen zu sein: Er gehorcht den Gesetzen der Aerodynamik. Die Technik sollte dann jedoch mit Windkanalversuchen beweisen, daß die Natur nicht jenes Idealmodell abgibt, dem zufolge ein in den Raum katapultierter Gegenstand beim Durchgang durch ein Material den geringsten Widerstand hervorruft. Zum Streitpunkt für die Experten wurde die Form des Gegenstands: natürliches Modell des Wassertropfens versus berechnetes Modell des Luftstroms, Beobachtung der Natur versus wissenschaftlicher Versuch; hier schieden sich die Geister.

In Deutschland fand am Beginn der Zwanzigerjahre eine Debatte um die Biotechnik statt, die alle mit Formgestaltung befaßten Disziplinen einbeziehen sollte. Die Diskussion begann mit dem Expressionismus; sie drehte sich um die gerundeten Architekturformen, deren repräsentativstes Beispiel Erich Mendelsohns Einsteinturm bei Potsdam darstellt. Die Spannungen verschärften sich, da es um Prinzipien ging: den Rationalismus mit seinen vernünftigen, wissenschaftlichen Erklärungen und die Romantik, die sich auf innere Empfindungen beruft. In der expressionistischen Architektur schienen beide eine Synthese gefunden zu haben. Das Industriedesign aber konnte kaum beanspruchen, die Subjektivität auszudrücken, zumal es gerade in Deutschland auf der Tradition reiner Sachlichkeit beruhte.

Im Dritten Reich sollte man dann versuchen, beiden Prinzipien Rechnung zu tragen, und zwar mit einer Ideologie, die historische und wissenschaftliche Forschung mit dem deutschen Blut-und-Boden-Mythos verband. Dem Nationalsozialismus ging es um eine Definition der Formgebung, die dem Regime ästhetische Argumente dafür lieferte, bestimmte Sparten der Wissenschaft als genuin deutsche auszugeben. Die Nutzung der Biotechnik ist dafür ein typisches Beispiel. Biologische Forschungen und darwinistische Ideen wurden hier geschickt miteinander verbunden.[16] Der Darwinismus diente als Gegenideologie sowohl zum Liberalismus als auch zum Marxismus; für den Nationalsozialismus bot er dazu den Vorteil, seine Rassenlehre auf die Vererbungsgesetze stützen zu können. Den Übergang zur Technik vollzog man mit der Wissenschaft; sie umfaßte einerseits die biotechnische Forschung und war andererseits mit der Natur über das Prinzip der Gesetzmäßigkeit verbunden.

Die Biotechnik hatte in der Forschung absoluten Vorrang, da sie Technologien in den Naturzyklus einführen konnte. Und die Biologie insgesamt gehörte durch Verfügung der NSDAP seit 1939 zur *neuen Ordnung deutscher Technik*, der ein genaues Programm vorlag. Es wurde vor allem auf technische Geräte angewandt. „Die Ablösung des Primats der Wirtschaft in der Führung der Technik ist im totalen Staat eine politische Notwendigkeit", schrieb Karl Meyer[17] zur Rechtfertigung der Produktionskontrolle durch das Regime. Als „nationale Technik" entstanden während der Dreißigerjahre Eisenbahnen und Autos in Stromlinienform, während zur gleichen Zeit in Amerika die Streamline entwickelt wurde. Der berühmte Volkswagen von 1935, der Mercedes-Benz-Rennwagen von 1936, Krupps Lokomotive 2000 von 1939, sie alle beruhten auf der Notwendigkeit, die Biotechnik zu popularisieren, um die Überlegenheit der deutschen Technik zu beweisen. Im Idealfall entstanden dabei neue, auf rationalen Prinzipien beruhende Produkte aus der Technik. Planung und Organisation der Gebrauchsgegenstände sollten zugleich die unbewußten Wünsche der Käufer berücksichtigen; schließlich hat auch der menschliche Organismus keine rechten Winkel, sondern nur gerundete Formen. Für den Nationalsozialismus gesellte sich also die Nützlichkeit zur natürlichen Form, um den *Geist der Schönheit* zu erwecken.

Die industrielle Formgebung, die auf technologischer Forschung beruhte, blieb nicht zuletzt aus Exportgründen das einzige Gebiet, auf dem sich die Gestaltung mit ausländischen Entwürfen messen konnte. Technische Geräte und funktionale Gebrauchsgegenstände der deutschen Industrieproduktion profitierten noch lange von den Möglichkeiten, die das Bauhaus eröffnet hatte. Daran zeigt sich, daß die Vorstellung, das Dritte Reich habe den Geist der Moderne ersticken wollen, zumindest in diesem Fall nur zum Teil zutrifft.

Die Streamline oder die amerikanische Version der aerodynamischen Form kann als wichtiger Beitrag zur Geschichte des Designs im 20. Jahrhundert gelten. Sie hat alle Bereiche des Produktdesigns und der Dienstleistungen verändert und auf die Märkte großen Einfluß ausgeübt. Sie hat die Aufmerksamkeit der Forschung auf sich gezogen, indem sie eine Sprache hervorbrachte, die von Modernität und Popularität zeugt. Der Anklang, den die deutsche Stromlinie gefunden hat, geht nach De Fusco[18] auch auf die Wiener Werkstätten und die französische Art déco zurück. Giedion sieht eine andere Ursache im Einfluß, den die Ausstellung *International Style* im New Yorker Museum of Modern Art 1932 gehabt hat; dort wurden die damals berühmtesten Bauwerke mit gerundeten Formen gezeigt: Entwürfe von Erich Mendelsohn, J.J.P. Oud und Le Corbusier.[19] Ihre Verbundenheit mit der modernen Architektur sollte einige Meister schließlich auch zum *Neuen Bauen* führen, von dem sich die dogmatischen Funktionalisten lossagten. Die Stromlinie betrifft nach De Fusco auch die gewöhnlichen Haushaltsgeräte und die Verkehrsmittel. Sie verdankt sich den aerodynamischen Untersuchungen ebenso wie der Einführung neuer Technologien und Materialien: Plastik, Kunstharz, neue Methoden der Pressung und Nietung, die Erfindung des Dieselmotors. Wenn auch die Forschungen vor allem bei Flugzeug, Automobil und Schiff Anwendung fanden, so sind doch bei den Eisenbahnen die besten Beispiele zu finden.

1932 veröffentlichte Norman Bel Geddes, der Theoretiker der Streamline, sein Buch *Horizons*, das zum Manifest der Bewegung wurde. Er entwickelte darin sein Konzept der nahen Zukunft, die der Geschwindigkeit ein neues Gesicht verleihen würde. Seine Stärke liegt darin, bereits früh erkannt zu haben, wie sich Vollmechanisierung und Werbepsychologie zugunsten der Industrie, aber auch zugunsten der öffentlichen Dienstleistungen verbinden ließen, die in den Vereinigten Staaten ja in privater Hand waren. Bel Geddes gelang es, die nach 1929 wieder im Aufschwung befindliche amerikanische Industrie erneut zu verpflichten und ihr den Glauben an eine bessere Zukunft wiederzugeben. Die Eisenbahngesellschaften und die Automobilfirmen verbreiteten als erste den neuen Traum: Elektrolokomotiven, Güterwaggons, Speisewagen mit Bar, Bahnhöfe, Warteräume, Fahrkartenschalter und die Büros der Gesellschaften, überall zeigte sich eine Ideologie der Geschwindigkeit. Im Umfeld des Autos veränderten sich Tankstellen und Verkaufssalons. Auch jene Produkte, die nichts mit Geschwindigkeit zu tun hatten, erhielten aus Gründen stilistischer Einheit ein Stromliniendesign. Walter Dorwin Teague schreibt dazu, daß man in der Zeit, aus der diese Gegenstände stammen, bestrebt war, die Geschwindigkeit auf alle Formen anzuwenden. Hier seien auch die Gründe für die aerodynamische Formgebung der unbeweglichen Gegenstände zu suchen.[20] Und wie die Futuristen strebten die Stromliniendesigner nach Dynamik und Energie: „Geschwindigkeit ist das A und O einer Gesellschaft der Telekommunikation", schreibt Henry Dreyfuss.[21] Bel Geddes führte seine Vision der Sechzigerjahre im Pavillon von General Motors vor; bei der New Yorker Weltausstellung 1939 nahm er zukünftige Verkehrsmittel und Stadtbilder vorweg und zeigte den totalitären Staaten Europas die Verdienste der amerikanischen Demokratie. Erst mit dem Kriegseintritt der USA 1941 endete der Traum vom großen Glück, das eine auf zivile und militärische Objekte angewandte Ästhetik der Schnelligkeit bringen sollte.

Wie die Streamline entstand auch der Bolidismus am Schnittpunkt zwischen Architektur und Werbung. Er wurde 1983 gegründet, im Umkreis einer Gruppe von jungen Architekten aus Florenz; bei einer Ausstellung entschlossen sie sich, eine neue Bewegung ins Leben zu rufen. In der ersten Phase waren ihre Formen lediglich von der Schnelligkeit bestimmt, in der zweiten jedoch zeigte sich schon klarer, was sie wollen. Die Futuristen arbeiteten mit der Wirkung, die sich aus der Verwandlung von Objekten in Energien ergab, während die Biotechnik versuchte, Formen zu schaffen, die einer natürlichen Dynamik angepaßt waren. Der Bolidismus thematisiert seinerseits die Schnelligkeit, jedoch nicht im natürlichen Sinne der Streamline oder der Stromlinie. Vielmehr muß hier von einer immateriellen Geschwindigkeit im Zeitalter elektronischer Vernetzung gesprochen werden; Massimo Iosa Ghini und andere möchten die Schnelligkeit jener Maschinen darstellen, die uns - im Zuge der Dritten technologischen Revolution - Allgegenwärtigkeit verleihen: Telefon, Telefax, Computer.

Im Unterschied zu den Avantgarden der Moderne, die ihrer Zeit einen Stempel aufprägen wollten, beschränkt sich der Bolidismus auf Zeichen, die sogleich wieder verschwinden. Man setzt auf das Vergängliche. So schreibt Paolo Rizzi[22], „der Bolidismus ersetze in seinem Programm das System durch den Prozeß." Das Programm werde dabei als eine Handlungsweise aufgefaßt, nicht mehr als Methode. Dieses Verfahren finde seine Rechtfertigung in den neuen Technologien des Zeichens.

Das Problem der Auflösung des Raums durch Geschwindigkeit war immer schon ein von den Avantgarden behandeltes Thema, man braucht hier nur an die Studien der Kubisten zu denken; hier wird es nun in enger Korrelation zum

System interpretiert. Die Kunst der neuen Medien sollte den Begriff der Geschwindigkeit im Vergleich zum Futurismus, zum Kubismus und zur Elektrizitätspoesie des Rayonismus noch einmal steigern. So bildet der Bolidismus das vorläufig letzte Glied einer Kette, die sich im Zuge der wissenschaftlichen Entdeckungen und der technologischen Forschungen noch verlängern wird. An den Objekten des Designs zeigt sich der Wandel, dem die Geschwindigkeit selbst unterliegt.

Der Bolidismus hat mit seinen Entwürfen eine ganze Reihe von bereits an anderer Stelle vorgetragenen Argumenten wieder aufgegriffen. Sie alle gehören zu einer Suche, die vom Begriff der Geschwindigkeit geleitet wird. Man will die Dynamik der Materie darstellen, will darstellen, wie sich Materie durch Geschwindigkeit in Energie verwandelt, in Ströme, durch die die Form bestimmt wird. So erinnern die neuen Entwürfe, obwohl sie die spezifischen Zeichen des elektronischen Zeitalters ausdrücken wollen, an frühere Ikonen. Da sind die Prinzipien der Kontraktion und Expansion sowie der geschwungenen Formen. Und alles wird in leuchtenden Materialien empfunden. Von den Bewegungen der Mailänder Avantgarden und des Counterdesign übernimmt der Bolidismus dabei das Antifunktionalistische als einen Schritt zur Befreiung der Gestalt. Er versteht sich als schmückendes Instrument, nicht im Sinne einer Verschönerung, die der Struktur Elemente anfügt, sondern durch die Plastizität seines Ausdrucks. Dabei geht er zuweilen sogar bis zur Verformung des Gegenstandes und damit zur Verwandlung seiner Funktion. Insofern er die Technologien und Materialien der postindustriellen Gesellschaft nutzen will, rückt er in die Nähe des Kunsthandwerks.

Futurismus, Biotechnik, Styling, Stromlinie und Bolidismus sind Tendenzen, die alle mit der Gestaltung der

Geschwindigkeit zu tun haben. Mit ihrer Dynamik prägten sie die Moderne; mit ihrer Popularität sind sie aus der Industrie nicht mehr wegzudenken.

1 Otl Aicher, *Bauhaus und Ulm*, in: Herbert Undinger (Hg.), Hochschule für Gestaltung Ulm. *Die Moral der Gegenstände*, Berlin 1987, S. 124ff.
2 Renato De Fusco, *Storia del design*, Bari 1985, S. 203
3 De Fusco (Anm. 2), S. 204
4 Filiberto Menna, *Design, communicazione estetica e mass media*, in: *Edilizia Moderna*, Heft 85, 1965
5 Menna (Anm. 4)
6 Reyner Banham, *Machine aesthetics*, in: *The Architectural Review*, Heft 14, 1955
7 Gillo Dorfles, *Im Labyrinth des Geschmacks. Kunst zwischen Technik und Kansum*, München 1987
8 Banham (Anm. 6)
9 Robert Venturi u.a.; *Lernen von Las Vegas. Zur Ikonographie und Architektursymbolik der Geschäftsstadt*, Braunschweig 1979
10 Olivier Boissière, *Streamline, le design americain des annees 30-40*, Paris 1987, S. 20
11 Boissière (Anm.10), S.12
12 Sigfried Giedion, *Die Herrschaft der Mechanisierung*, Frankfurt am Main 1982, S. 658
13 Antonio d'Aura, *Styling eil design contemporaneo*, in: *Modo*, Heft 44, 1983
14 Cesare De Seta, *E solo questione di styling?*, in: *Modo*, Heft 44, 1983
15 Enzo Frateili, *Design e civiltà della macchina*, Rom 1969, S. 30
16 Hans Scheerer, *Gestaltung im Dritten Reich*, in: *form*, Hefte 69, 70, 71, 1975
17 Karl Meyer, *Deutsche Technik*, o. O. 1941, S. 436
18 De Fusco (Anm. 2), S. 192
19 Giedion (Anm. 12), S.655ff.
20 De Fusco (Anm. 2), S. 201
21 Boissiere (Anm. 10), S. 76
22 Paolo Rizzi, *Design come vuoto*, in: *Modo*, Heft 87, 1986

10.

Der tschechische Kubismus heute

→ 1991

Es kommt selten vor, dass ein Historiker oder Kritiker mit seiner Arbeit direkt Einfluss auf die Entwicklung und Darstellung der Geschichte nehmen und diese sogar korrigieren und aktualisieren kann. Ab 1980 habe ich zwei Mal durch Ausstellungen und entsprechende Publikationen einen Beitrag zur Revision der Architektur- und Designgeschichte des 20. Jahrhunderts geleistet. Der erste Beitrag befasst sich 1980 mit der Neubewertung des tschechischen Kubismus. 1987 machten der Architekt Boris Podrecca, der Kunsthistoriker Damjan Prelovšek mit mir den noch weithin unbekannten slovenischen Architekten Jože Plečnik der Architekturgeschichte zugänglich. Der Text für die Publikation zur Ausstellung *Tschechischer Kubismus – Architektur und Design 1910–1925* entstand 1991. Ich versuche, die Aktualität der Bewegung für die zeitgenössische Kultur darzustellen.

Der tschechische Kubismus heute

Das große Verdienst der kubistischen Bewegung ist es, an dem Bruch der Kontinuität der traditionellen figurativen Kunstauffassung mitgewirkt und im gewissen Sinne alle Voraussetzungen für die Erneuerung in sich aufgenommen zu haben, die für die ersten dreißig Jahre des 20. Jahrhunderts in der europäischen Kultur charakteristisch waren. Eine ihrer grundlegendsten Aufgaben war die Neugliederung der dargestellten Volumen, die der Geometrie ihre eigentliche Flächendimension nahm, um ihr eine plastische Darstellungsstruktur zu verleihen. In der Tat, es war das erste Mal seit der Renaissance, daß eine künstlerische Bewegung auf die Abbildung eines Gegenstandes von einem einzigen Blickpunkt aus verzichtete und sie durch eine von den einzelnen Teilen ausgehende Darstellung ersetzte, aus denen sich der Gegenstand zusammensetzt. Durch diese neuen strukturellen Eigenschaften wird eine Dynamik entfesselt, in der ein neues Element, die Zeit, denselben Stellenwert erhält wie Breite, Höhe und Tiefe - daher auch der Gedanke der vierten Dimension. Die Studien orientierten sich an den neuen Größen, der Möglichkeit der Erweiterung des Forschungsfelds, und das zum einem Zeitpunkt, als sich Mathematik, Physik und Philosophie mit denselben Problemen auseinandersetzten.

Eine der bedeutendsten Errungenschaften des tschechischen Kubismus ist es, einzigartig in seiner Suche nach einer theoretischen Basis gewesen zu sein und die Übertragung der vierten Dimension in die Bereiche der Architektur und der Innenarchitektur verwirklicht zu haben.

Keine andere Bewegung als die kubistische kann sich rühmen, so viel Einfluß auf die Entwicklung einer neuen

Auffassung von Kunst und Raum ausgeübt zu haben. Aber nur der tschechische Kubismus bezog in seine Reflexionen und Studien die Problematik der Gegenstände des täglichen Lebens mit ein.

Wer hätte gedacht, daß die Studien der Kubisten, die doch so unmittelbar mit den modernistischen Positionen der Avantgarde verknüpft waren, einen zweiten Atem finden und gar eine ausschlaggebende Rolle in der Diskussion um eine Architektur der Nachmoderne spielen könnten, wie wir es gegenwärtig in der *dekonstruktivistischen* Bewegung erleben? Diesen zweiten Atem kann man ohne Bezugnahme auf Konstruktivismus und Kubismus nicht verstehen.

Die *Kondition der Postmoderne*, der Übergang von der Moderne zur Nachmoderne, wird es erlauben, aufs beste die Elemente zusammenzuführen, die notwendig sind, um der tschechischen kubistischen Bewegung erneut Aktualität zu verleihen. Es geht nicht nur darum, die Renaissance des Kubismus zu betonen, sondern vielmehr um die von der postmodernistischen Position gebotene Freiheit, die es ermöglicht, die grundlegenden Faktoren wiederzugewinnen (von Stilproblemen abgesehen), damit in einer stark bewegten historischen Periode dem Schaffen neue Impulse gegeben werden können. Der Kubismus bewahrt auch unter diesen neuen Bedingungen die Quintessenz seiner Geschichte: eine Kraft des Bruchs zu sein, der Strenge und der Methode. Um seine Bedeutung über die Moderne hinaus zu erweitern, fügt sich noch die Dimension des Sensitiven hinzu, die sich mit der neuen postmodernistischen Sensibilität berührt. Der tschechische Kubismus bewahrt bis heute seinen Wert und seinen Daseinsgrund:

a) wegen seiner typisch tschechischen Besonderheit, sich in einer für sie charakteristischen gnoseologischen Tradition abzuspielen (im Sinne einer vorteilhaften Kenntnis anderer Kulturen), die *fremde* Tendenzen integriert, um sie in spezifisch *regionale* Tendenzen umzugestalten,
b) wegen seiner symbolhaften Aufgeschlossenheit, die eine volkstümliche Identifizierung von Politik und Architektur erlaubt,
c) wegen seiner Entwicklung von Ausdruckstendenzen, die aus dem kubistischen Konzept hervorgehen und es ermöglichen, zu einer neuen *dekonstruktivistischen* Ästhetik zu gelangen.

Diese drei Aspekte scheinen mir das heutige Interesse für den tschechischen Kubismus geweckt zu haben und begründen seine Aktualität. Sie zeigen, daß eine Revision des historischen Konzepts des Kubismus die Aspekte zu reaktualisieren ermöglicht, die erst durch die aktuelle Situation entstanden sind, ohne die es sie nicht geben könnte. Auf eine moderne, geradlinige Geschichte des Kubismus folgt eine Parallelgeschichte, die aus Fragmentierungen und Montagen besteht und die ihre Aufwertung je nach den ihre Aktualität auslösenden Umständen erreicht.

1. Mehr denn je können wir nach den politischen Veränderungen der vergangenen Monate mit Karel Čapek bestätigen, daß, „wenn es möglich wäre, eine Demarkationslinie zwischen West- und Osteuropa zu ziehen, verliefe diese ungefähr in der Mitte unserer Republik“, der Tschechoslowakei. Wir müssen beachten, daß dieses Mitteleuropa, das nach dem Zweiten Weltkrieg an die Peripherie abgedrängt wurde, nun erneut seine Daseinsberechtigung als Zentrum des kulturellen Austauschs wiederfindet. Um noch einmal auf Čapek zurückzukommen, es wird auf dieser „kleinen Insel sein, wo sich alle großen Strömungen der europäischen Entwicklung kreuzen und manchmal zusammenprallen", wo es erneut dazu kommen könnte, daß die auf dieser Erde sich kreuzenden Konzepte aufgenommen und neuerlich bereitgestellt werden, um „keinen anderen Anspruch zu erheben, als auf einige allgemeine Eigenschaften der tschechoslowakischen Kunst hinzuweisen".

Zu allen Zeiten wurde die Kunst in Prag empfangen, um sie zu transformieren. Dies geschah auf eine autonome Weise, die die progressiven Aspekte anderer Kulturen aufnahm, um aus ihnen eigenständige, erstaunliche Werke zu gestalten, wie es Parler, Ried, Dientzenhofer oder Santini-Aichel, aber auch die Kubisten zu vollbringen verstanden, die sich so in diese Tradition einreihen.

Nehmen wir einige Beispiele: zuerst die Kirche der *Heiligen Barbara* in Kutná Hora. Dieses imposante Werk der Spätgotik, dessen Bau zwei Jahrhunderte dauerte, kann selbstverständlich nicht homogen wirken. Dagegen zeugt es von der Fähigkeit, die Grundsätze gotischer Bauweise in eine dem Ort angepaßte Sprache zu übertragen, indem fremde Bauelemente absorbiert wurden, wie die von Matthias von Arras aus Frankreich nach Böhmen exportierten Dekors und Motive des nachklassischen gotischen Kapellenkranzes. Der Schlußstein des Gewölbes über dem Kirchenschiff mit seinen monumental profilierten Pfeilern ohne Kapitelle, die das flache und in ein dekoratives Netzwerk von elliptisch gebogenen Rippen aufgeteilte Gewölbe tragen, ist eine persönliche Interpretation Benedikt Rieds. Auch das einzigartige Zeltdach verleiht der Kathedrale ein Profil, das weder in Böhmen noch anderswo eine Entsprechung findet.

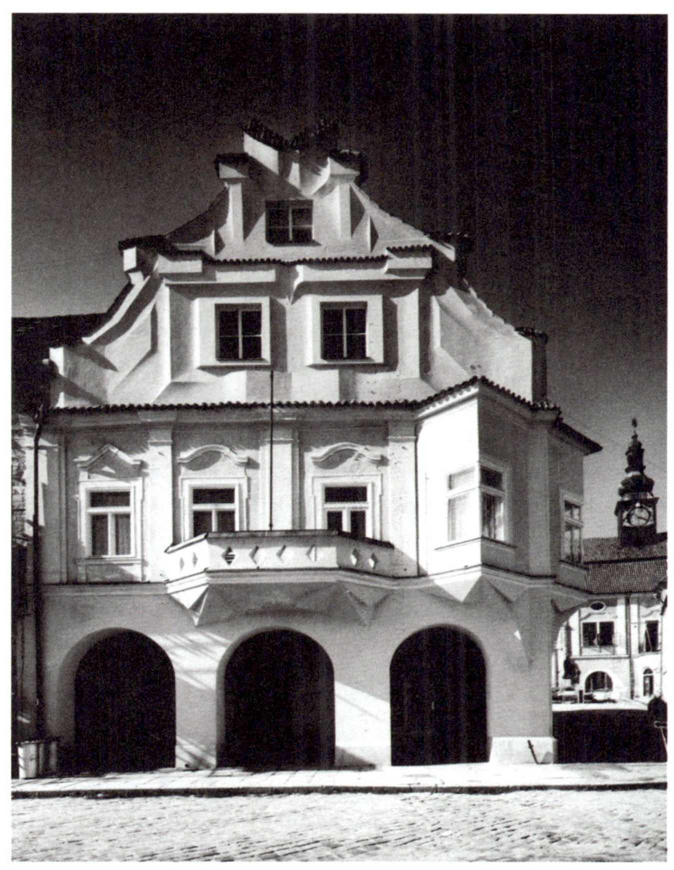

↑ Pavel Janák
Umbau eines barock Giebelhauses in Pelhřimov · 1913

Das zweite Beispiel ist die originelle Wallfahrtskirche in Zdár von J. B. Santini-Aichel. Dieser erstaunliche Architekt wußte die Lehren des piemonteser und des römischen Barocks der Guarrini und Borromini zu interpretieren: Bogenlinien, eine alternierende Sequenz von konkaven und konvexen Bewegungen, die zusammen mit den vorspringenden Kanten dem Bau Raumaggressivität und Dynamik verleihen, aber auch das Eingreifen in die Raumtiefe, in der sich gedrungene Baukörper mit dünnen Membranen abwechseln. Die Baumasse der Kirche ist auf eine ganz spezifische Weise bearbeitet. Beim Betreten können wir vom Erdgeschoß aus eine gewaltige Kuppel mit anlehnenden Nebenräumen erblicken, deren verschiedenartige, übereinandergelegte Elemente die indirekten Lichtquellen stets verdecken und so den plastischen Effekt hervorheben. Das Spezifische dieses Ortes ist der barocke Grundriß, ein Pentagramm (oder fünfzackiger Stern), zu dem in jeder Etage eine andere geometrische Form hinzutritt, Kreise und Dreiecke, die sich um ein gotisches Spitzbogensystem verteilen. Der Architekt hat auf die Sprache des Baustils verzichtet, um einen dekorarmen und in seinem leuchtenden Weiß absoluten Raum zu gestalten. Im Gegensatz zu den italienischen oder deutschen Meistern des Barocks verzichtete er auf die Vorrangigkeit der symbolischen Botschaft und benutzte ein in seiner Struktur sehr nüchternes Dekor. Der Baukomplex *Kirche, Friedhof und Chorumgang*, ein religiöses, auf einem Hügel situiertes Ensemble, bereitet in seiner Gesamterscheinung die deutsche expressionistische Architektur vor.

Das dritte Beispiel, das den tschechischen Kubismus am unmittelbarsten berührt, ist die Fertigkeit, die spätgotischen *Zellengewölbe* zu verwenden, die im 18. Jahrhundert unter der Bezeichnung *Diamantschnittgewölbe* bekannt waren. Dieses mitteleuropäische Spezifikum hat uns in Südböhmen erstaunliche Werke hinterlassen. Dieser Bautypus ist zum letzten Mal in den Achtzigerjahren des 19. Jahrhunderts in Erscheinung getreten. Pavel Janák war von der formalen Leistung dieses Bausystems besonders beeindruckt, das eine der kubistischen Ästhetik analoge Konzeption beinhaltet, die er in seinem berühmten Text *Hranol a Pyramida* (Prisma und Pyramide) von 1910 beschreibt. Beherrscht vom Ausdruck der geometrischen Anordnung, den spitzen Graten, den sich ständig streifenden Schräglinien, sind die *Zellengewölbe* vom Standpunkt einer formalen Analogie am ehesten mit den kubistischen Konstruktionen zu vergleichen, mit ihren prismatischen Körpern und kristallinen Formen, ihrem System der geneigten Flächen und schrägen Ebenen. Man muß hier die Interpretationsfreiheit der kubistischen Schöpfer vermerken, die das Zusammenfügen von unterschiedlichen Stilen und Epochen erlaubte. Die von Historikern vorgenommene Bezeichnung des Phänomens als Barockgotik ist ein auf den ersten Blick widersprüchlicher Begriff, der jedoch sehr gut den eklektischen Geist der Einstellung der Architekten zur Geschichte zeigt: Alles ist möglich, wenn man sich von den gerade herrschenden Dogmen befreit. Diese Technik der historischen Montage finden wir in vielen Projekten Janáks wieder, der sich um eine empfindsame Eingliederung der traditionellen Barockfassade in die kubistische Konzeption bemühte. Der Umbau des barocken Wohnhauses auf dem Hauptplatz von Pelhřimov ist in dieser Hinsicht das einzige Beispiel einer geglückten Ehe, das der Verbindung zweier Stile zustimmt, ohne die Konzeption des gesamten Stadtbildes zu beeinträchtigen.

Zum Einfluß des französischen Kubismus auf seine tschechische Variante muß angemerkt werden, daß die Prager Studien ganz auf den Pariser Errungenschaften basierten: Auf den analytischen Kubismus folgte der synthetische - mit dem für die Entwicklung der bildenden Kunst entsprechenden Zeitabstand. Die tschechische Eigenleistung bestand darin, eine Anwendung dieser Studien auch auf die Gegenstände der angewandten Kunst und die Architektur gefunden zu haben.

Das einzige Beispiel einer Entsprechung in der Architektur ist das kubistische Haus von Raymond Duchamp-Villon aus dem Jahre 1912. Es ist möglich, daß es von den ersten Arbeiten und Reflexionen der tschechischen Architekten beeinflußt war. Vermittelt durch Kupka, der zu dieser Zeit ein Ateliernachbar von Duchamp-Villon war, und durch die Zeitschrift Umělecký měsíčník (Monatsschrift für Kunst), die in den Galeriekreisen der kubistischen Maler zugänglich war, ist ein Ideenaustausch zwischen Franzosen und Tschechen höchst wahrscheinlich, zumal die von Duchamp-Villon an seinem kubistischen Haus über dem Eingangsportal angebrachten Motive jenen von Janák sehr ähneln. Eine eingehendere, noch anzufertigende Studie müßte diese Annäherung detailliert aufklären. Persönlich schließe ich nicht aus, daß den tschechischen Architekten eine wichtige Rolle in der Entwicklung der dekorativen Kunst zufiel, die unter anderem von kubistischen Elementen durchdrungen ist. Wie ein Manifest der Anpassung des Kubismus an die Architektur wirkt die doppelte Zeichnung eines kubistischen Fassadengiebels und eines Interieurs, die Janák 1912 anfertigte. Janák betonte hier die Idee des barocken Giebels dermaßen, daß er ihn gänzlich in eine Fassade umwandelte, um ihm eine pyramidale Form zu verleihen und so völlig in die kubistische Thematik zu integrieren.

Es ist evident, daß diese Dialektik, diese angebotene Form der Umgestaltung nur innerhalb einer entsprechend eingestellten Kritik Anerkennung finden konnte, die diesen Vorgang positiv wertete. Dies ist einer der Gründe für das lange Schweigen der Historiographie zu dieser Bewegung. Es ist sicher, daß in der postmodernen Kritik diese Art des Eingreifens gewürdigt wird, die die Differenzierung und Anerkennung einzelner Regionalpolitiken ermöglicht. Sie erlaubt heute die Bejahung des ambivalenten und eklektischen tschechischen Kulturpotentials, das man trotzdem im Kontext einer rationalen Ästhetik definieren kann. Es ist in der Tat diese zwiespältige Stellung zwischen dem kontrollierbaren Rationalen und dem expressiven Gefühl, die den tschechischen Kubismus zum Träger eines Kulturklimas macht, das er widerspiegelt und das durch drei dominierende Phänomene gekennzeichnet ist:

a) Studien im Bereich der Bewegung der Materie nach dem Physikkonzept Albert Einsteins,
b) das Prinzip der Abstraktion bei Wilhelm Worringer,
c) die neue Konzeption der visuellen Wahrnehmung, basierend auf den Entdeckungen Theodor Lipps.

So wird der Kubismus zu einer angrenzenden Theorie der Disziplinen Physik, Mathematik, Epistemologie und natürlich auch Philosophie. Zusammenfassend kann man von gleichzeitig verlaufenden, intuitiven und pragmatischen Studien sprechen, von einer figurativen Projektion der zeitgenössischen Wissenschaften:

Es ist das erste Beispiel dieser Art in der Geschichte der modernen avantgardistischen Bewegungen.

2. Der zweite Punkt bezieht sich auf die Renaissance des nationalen Symbolismus und der regionalen Ästhetik. Ausgiebige Diskussionen haben in den letzten Jahren zu diesem Thema stattgefunden. Sie behandelten den Regionalismus als Ausdruck lokaler Kulturen – im Gegensatz zum zentralistischen Charakter der internationalistischen Ästhetik, zum Beispiel des *style international* oder des *good design* – der von einer Rückbesinnung auf lokale Wurzeln ausgeht, um sich von politischer Unterdrückung zu befreien.

Trotz den reaktionären nationalistischen Intentionen, die er beinhalten könnte, muß man sich im Falle des tschechischen Kubismus auf das Modell des kritischen Regionalismus berufen, um zu einer Aufwertung seiner regionalen Tradition zu gelangen.

Man muß berücksichtigen, daß das Interesse für die kulturelle Erneuerung unmittelbar mit den Bestrebungen um die nationale Befreiung verbunden war, die sich in den ehemaligen Gebieten der österreichisch-ungarischen Monarchie ausbreiteten. Böhmen, Mähren und die Slowakei erlebten einen Ansturm von Forderungen nach Freiheit und Unabhängigkeit, die nur durch die Autorität des Kaisertums gedämpft werden konnten: Das Spektrum reichte von Forderungen, die für ein industriell entwickeltes Land wie Böhmen typisch waren, über Forderungen nach sozialen Reformen im Zusammenhang mit dem schweren Problem der Auswanderung in den ärmsten landwirtschaftlichen Gebieten bis hin zum Kampf um eine eigene Sprache und Kultur. Gleichzeitig mit der tschechischen und deutschen Bourgeoisie entwickelte sich auch das industrielle Proletariat. Die Tschechen sammelten mit der Zeit politische Erfahrungen in Wien und entwickelten ein intensives intellektuelles Leben in Prag, das ein fruchtbares kulturelles Klima gewährleistete und das Aufblühen einer an Kontakten mit Deutschland und vor allem mit Frankreich reichen Prager Kultur begünstigte.

Man muß in der Passion der Prager Kulturzirkel um 1910 mehr sehen als nur ein Interesse an der Entwicklung der kubistischen Bewegung - in der Orientierung an einer fortgeschrittenen und weniger konservativen Nation offenbarte sich der Widerstand gegen die österreichisch-ungarische Monarchie und die Suche nach einer offenen und freien kulturellen Opposition.

Das regionale Empfinden stand im Mittelpunkt der Tätigkeiten tschechischer Patrioten. Der Philosoph Paul Ricœur sagt, der Regionalismus des kritischen Typs oder ein vorausschauender Regionalismus beruhe auf der gegenseitigen Befruchtung von einerseits stark verwurzelten und andererseits universalistischen Kulturen. Diese anhaltende Dialektik ist, wie der Historiker Friedrich Achleitner behauptet, die eigentliche Basis der kulturellen Erneuerung einer Region oder eines Ortes. Achleitner sagt weiter, daß sich der Regionalismus in zentralisierten Staaten entwickele, besonders in deren Randgebieten. Genau dies kennzeichnete die politische Entwicklung im tschechischen Staat bis zur Bildung seiner ersten Republik.

In den ersten Jahren der neuen Republik versuchte man, eine vereinende nationale Ästhetik und einen adäquaten künstlerischen Ausdruck zu finden. Das Ergebnis war eine neue Architektur und ein neuer Stil, dessen Keime man allerdings schon in einigen Arbeiten von Gočár und Janák aus den Jahren 1914 und 1915 finden kann. Er wurde unglücklich als *Rondokubismus* bezeichnet und hat theoretisch nichts mehr mit dem Kubismus zu tun, nur daß er von den Protagonisten des Kubismus angewandt wurde:

Sie verwenden nun plastische Elemente, die nicht mehr auf Drei- und Sechsecken beruhten, sondern auf Kreisen und Zylindern. Die Kunsthistorikerin Marie Benešová sieht darin einzig und allein ein dekoratives Vorhaben, das zuerst als kubistisches und dann als *rondokubistisches* Dekor auf die Fassade aufgetragen wurde. Durch eine solche Fehleinschätzung könnte die Idee entstehen, daß die kubistische Architektur vor allem oberflächlich sei.

Man muß das Streben des Rondokubismus nach Inhalt beachten, der versuchte, die populär-architektonischen Elemente der drei, nun in der neuen Republik vereinten Gebiete zu vermitteln. Das Krematorium von Pardubice von Janák bleibt in dieser Hinsicht ein symptomatisches Werk: Er benutzte bestimmte Zeichen und Techniken, um eine Einheit zu erlangen, und verwendete dabei eine verständliche, nicht mehr abstrakte Sprache; es ist der Übergang von einer avantgardistischen Einstellung zur populären Mundart, um dem Volk näher zu sein.

Der Rondokubismus erlebte Phasen, die sehr gut zeigen, womit sich seine Protagonisten vorrangig beschäftigten, und die sich ganz anderen Fragen zuwenden: zunächst - parallel zum Kubismus - die Suche nach Elementen der skulpturalen, plastischen und abstrakten Transfiguration; dann das Bestreben, im Volkstum den populären Ausdruck für die nationale Einheit zu finden, um schließlich zu viel entwickelteren, überschwänglichen, monumentalen und heroischen Resultaten zu gelangen, in denen sich klassizisierende Tendenzen vermischen, realisiert durch die Technik der Vergrößerung von bestimmten Elementen im Verhältnis zu den raffinierten Elementen von symbolischem Gehalt, die überraschen. Man muß einen üppigen Eklektismus verzeichnen, reich an Phantasie und mit ungewöhnlichen Eigenschaften ausgestattet – wie die Legiobank von Goćár.

Die offenen Kontakte zum Ausland ermöglichten nach einer Periode der Konsolidierung den Zugang zum Rationalismus und internationalen Funktionalismus. Diese Aufgeschlossenheit war ein logisches Ergebnis einer nationalen Bestrebung, die sich zu internationalisieren versuchte und die Weltoffenheit als Zeichen eines aufblühenden, industriell expandierenden und kontaktfreudigen Landes empfand.

Zwei Sachen faszinieren mich an der Biographie der Protagonisten der tschechischen modernen Architektur: auf der einen Seite ihre Fähigkeit, die Ästhetik als Instrument im Dienst eines kollektiven Ausdrucks aufzufassen, getragen von dem Willen, mit Hilfe ihrer Architektur Änderungen, Fortschritt und Freiheit zu vermitteln, je nach den Ausdrucksmitteln, gegeben durch den Zeitgeist und die eigene Geschichte; auf der anderen Seite, daß die Tatsache, sukzessiv ausgezeichnete Architekten der Sezession, des beginnenden Modernismus, des Kubismus, des Rondokubismus und des Funktionalismus gewesen zu sein, im Falle eines Janák, Goćár oder Novotný keineswegs als Zeichen der Unterwerfung oder Schwäche gedeutet werden kann, sondern als Stärke, weil es gerade diese Autoren waren, die die Geschichte dieser Bewegungen bestimmten und je nach Zeit und Gebiet ihre Änderungen und Neuorientierungen festlegten – und das ohne jegliche akademische Einstellung.

Dieser beispielhafte Ausdruck einer lebendigen Kultur, der eine Unterbrechung durch die Restriktionen der totalitären Regime widerfuhr, hat bei der soeben erfolgten Wiederherstellung der Meinungsfreiheit allen Grund wieder zu hoffen, in ihrer Tradition solche Äußerungen zu finden, die ihren eigenen Bestrebungen entsprechen. Die Zeit der

Nachmoderne mit ihrer Rückkehr zum kritischen Regionalismus kann der Auftakt zur Wiederaufnahme eines Weges werden, der durch die historischen Umstände das Recht auf Verlängerung erworben hat.

3. Das Interesse für die kubistische Bewegung, ihre Reaktualisierung und die daraus resultierende Ästhetik finden nicht zufällig heute einen günstigen Boden. Die Position der Postmoderne, die mit einer rationalen, realistischen und wissenschaftlich kontrollierbaren Konzeption bricht, macht anderen Bestrebungen Platz, die sich mehr auf die Kommunikation konzentrieren, wobei die vielfältigen Sensibilitäten verschiedenste Formen annehmen, ja sogar die marginalsten, und bei denen die sozialen und kulturellen Gegensätze nebeneinander existieren, statt sich zu bekämpfen, was die Konzentration dominierender Ausdrucksmöglichkeiten verhindert. Sicherlich folgt daraus ein Verlust an Ausdrucksstärke im Sinne der Vermittlung von Inhalten, da sie die Tendenz haben, sich im Überfluß anderer Äußerungen zu verlieren. Auf jeden Fall begünstigt dieser Prozeß die Befreiung solcher Äußerungen, die früher als peripher, ja sogar als minderwertig galten, wie zum Beispiel die kubistische Bewegung in der Architektur.

Indem sie noch auf einer humanistischen Basis beruht und sich auf die Entwicklung der Industriegesellschaft stützen kann, bringt die technologische Revolution eine neue Art und Weise der Stellungnahme zu Projekten mit sich und begünstigt dabei das Schwinden interdisziplinärer Barrieren. Das Design beschäftigt sich, so beschreibt es Andrea Branzi, vorrangig mit dem „Schöpfen aus diesem großen Plankton von Technologien, von Strukturen und Dienstleistungen der Informatik und der Sprache“, und die „Autoren stehen wehrlos der vernichtenden Freiheit gegenüber". Er würde zuerst dem Schöpfen aus der Vergangenheit, die er kennt, Vorrang geben und das Erreichte aus einer neuen Sicht betrachten.

So läßt sich die in den letzten Jahren stattfindende Renaissance einer beeindruckenden Produktion *neokubistisch* orientierter Designobjekte auf der einen Seite und architektonischer Werke der dekonstruktivistischen Bewegung auf der anderen Seite erklären. Man findet heute viele Beispiele des Anknüpfens an die Methoden der kubistischen Kompositionen in der Gestaltung des Interieurs. Manche von ihnen, wie das Sofa Kandissi von Alessandro Mendini, sind direkt mit einer persönlichen Betrachtung des Kubismus verbunden, konfrontiert mit der Kenntnis des historischen Materials, das bis dahin keine besondere Beachtung gefunden hatte. Andere Autoren, Tschechoslowaken wie Milan Knížák, haben in der Anknüpfung an die historische kubistische Bewegung eine neue Quelle entdeckt, um auf der Suche nach Anerkennung ihre regionale Identität und ihre Aufgeschlossenheit für die Avantgarde zu bekräftigen. Wir finden auch solche Autoren, die mit Talent ein Revival vollziehen, das sich an Publikationen kubistischer Möbel inspiriert. Die Unterrichtsmethoden scheinen ebenfalls diese neuentdeckte, aber durch die Freisetzung eines in der Ausbildung herrschenden Antifunktionalismus legitimierte Ästhetik in Betracht zu ziehen. Schließlich finden wir auch solche, die sich nach jahrelangen, eigenständigen Bemühungen in der Nachbarschaft einer bereits in die Geschichte eingegangenen Vergangenheit befinden.

Wenn wir die Arbeiten von Zaha Hadid oder der Gruppe COOP HIMMELBLAU betrachten, so scheint sich alles dem Willen nach einer Deformation der Zentralperspektive zugunsten von Simultanperspektiven mit mehreren Zentren unterzuordnen. Es gibt sogar Versuche, den Gegenstand in seiner Raumtotalität darzustellen, zum Beispiel gleichzeitig von außen und von Innen, im Aufriß und im Schnitt, was an die Bildexperimente der Kubisten erinnert. Die Studien konzentrieren sich auch auf das gegenseitige Durchdringen der Räume, auf ihr Zerlegen in Facetten, um das Objekt seiner gewohnten Wahrnehmung zu entfremden und die Referenz auf die repräsentierten Körper zu eliminieren, ja sogar um eine Anspielung auf schwebende Ebenen zu erreichen. Diese Architektur und die korrespondierenden *Objekte des Wohnens* weisen in ihrer Einstellung zum Objekt, beispielsweise in der Komposition, gewisse Analogien zu den Arbeiten tschechischer Kubisten auf.

Durch das gleiche Bestreben, die Regeln der Statik zu destabilisieren, fordern Kubisten und Neokubisten die Gesetze der Konstruktion und der Materie heraus. Bevorzugt wird ein Dynamismus des Ausdrucks, um die Schwere und die Unbeweglichkeit der Materie mittels ihrer formbaren Vielfalt in eine Erscheinung der Leichtigkeit umzuwandeln, ermöglicht durch ein Umgehen der physikalischen Gesetze und durch die Psychologie der Wahrnehmung. Man spürt bei COOP HIMMELBLAU die durch ein *Psychogramm* (eine Art psychologisches Diagramm) vermittelte Einstellung zum Objekt, da die Autoren nach ihren Gefühlen und inneren Pulsationen Gesten aufzeichnen, die einen Raum erbringen, den man in zweiter Phase konstruktionsfähig machen wird. Sie sprechen von einer physischen Kommunikation mit dem Raum, in der die Hand die Rolle eines Gefühlsseismographen übernimmt und die Energielinien als Konstruktionselemente entstehen läßt. Analog zu den Gefühlen der Kubisten, wird das psychologische Näherkommen mit der Materie kombiniert, die den Eindruck macht, durch die Gravitation in Bewegung gesetzt und danach durch die frei angeordnete Geometrie, die die Machbarkeit der Konstruktion bestimmt, angehalten worden zu sein.

Um die ganze Bedeutung der tschechischen kubistischen Bewegung neu zu würdigen, müßte man alle Tabus, die ungerechterweise aufgrund einer Serie ungünstiger Kritiken auf ihr lasten, wieder beseitigen – diese versuchten ihren Einfluß zu mindern und die Bewegung als eine dekorative Kunst *unter anderen* zu deklassieren, als eine bloße *Fassadenübung*, die weiter keine Folgen hatte. Ein böser Fehler – die wesentliche Botschaft und die Verdienste der tschechischen kubistischen Bewegung sind von dreierlei Natur:

1. über eine lange Tradition hinweg die spezifischen Eigenheiten der böhmischen Kultur wiederbelebt zu haben – durch ihre Fähigkeit zur Assimilation, Adaption und Transformation –, bevor sie sich in eine originäre Strömung verwandelte und mit neuen und spezifischen Werten zur Bereicherung der großen Stilbewegungen beitrug;
2. eine Theorie des kubistischen Konstrukts aufgestellt zu haben, die den fortgeschrittensten Forschungen und Gedanken der Zeit entsprachen;
3. der Architektur eine Rolle der Vermittlerin von Inhalten zugeschrieben zu haben, die über die Existenz der Architektur als Disziplin und über ihre geläufigen Funktionen hinausgeht.

Dank den neuen gesellschaftlichen Bedingungen kann der tschechische Kubismus heute ein Modell für die Wiederaufnahme einer schöpferischen Praxis gerade in den Ländern sein, die wie die Tschechoslowakei unlängst die Meinungs- und Ausdrucksfreiheit wieder erlangten: ein Modell, daß dem Wunsch der Öffentlichkeit nach Einheit und Demokratie entspricht.

11.

Álvaro Siza

→ 1979

Im Laufe der Jahre hatte ich wiederholt Gelegenheit, das Werk von Álvaro Siza kennenzulernen. Vor allem die Erkundungsreise mit Álvaro Siza und seinem Lehrer Fernando Tàvora in die Berge des Minho hat mir geholfen, die *Schule von Porto* zu verstehen.

Was mich bei Álvaro Siza sehr beeindruckt hat, ist sein Engagement für die Menschen, für die er baut. Selten habe ich Bewohner getroffen, die dem Architekten so dankbar waren in seinen Bauten leben zu dürfen.

Der Artikel wurde 1976 für die Veröffentlichung des *4. Internationalen Werkbund-Gesprächs Darmstadt* geschrieben, Thema: *Regionalismus im Bauen, Inspiration oder Imitation?* Es ist ein Versuch, Sizas Anwendung seines Humanismus auf das Bauen zu beschreiben und sein positives Verständnis von regionaler Architektur zu beleuchten.

Álvaro Siza

1.

Es ist selten, heute einen Architekten anzutreffen, dessen Arbeit sich auf die Steigerung des Wohlbefindens der Menschen konzentriert und dessen Tun die Entfaltung der Bewohner mit Hilfe der Architektur zum Ziel hat.

Gerade heute, wo das Werk des Architekten nur der Entfaltung des eigenen Egos zu dienen scheint, sein Ausdruck in eine Architektur der Monumentalität, der Multiplizierbarkeit und der beliebigen Austauschbarkeit zu münden scheint, also die Architektur mehr zur Selbstdarstellung und als Mittel der Beeindruckung dient, die zur Unterwerfung des *Wir* führt, mit einem hohen Anteil an Selbstdarstellung und Exhibitionismus, die sich in bunten Blättern und komplizierten Techniken ausdrückt, sind mir Architekten, deren Arbeit Anzeichen einer bewußten Zurückhaltung aufweisen, immer sympathischer geworden. Was heute dringend wieder gebraucht wird, das sind solche Architekturen, die zwar hohe Qualität haben, sich jedoch primär dem Verhältnis von Ausdruck und Wohlbefinden widmen, also Voraussetzungen schaffen für die Entfaltung des Individuums, das sie bewohnt und erlebt. Anders gesagt, Architekturen, die Anteil haben am menschlichen Glück oder mindestens die Absicht dazu, und das Gefühl vermitteln, daß der Architekt Interesse zeigt und Anteil nehmen will an der Entwicklung menschlichen Schicksals. Álvaro Siza gehört mit Sicherheit zu der letzteren Kategorie, zu denen, die leise, fein und subtil Akzente setzen, jedoch die Architektur voll ausschöpfen, um mit ihren Mitteln bewußt das höchste Maß an Progression (im Gegensatz zur Regression) und Freiheit zu geben.

Wer Siza näher kennt, der weiß, daß er sich mit den Besorgnissen, Wünschen und Bedürfnissen derjenigen, für die er baut, ernsthaft beschäftigt. Bei ihm hat man das Gefühl, daß die Menschen im Mittelpunkt seiner Tätigkeit stehen. Eine Ausnahme in der Architekturszene heute.

2.

Menschliche Absichten für eine nicht repressive Umwelt, das sind sicherlich unabdingbare Voraussetzungen für eine menschliche und gute, nicht nur schöne Architektur. Doch eine gute Architektur braucht mehr, und das, was sie zu einer überdurchschnittlichen Architektur macht, das sind unter anderem diejenigen besonderen Aspekte, die im Programm aufgenommen und im Entwurf architektonisch umgesetzt werden. Die Besonderheiten machen den Unterschied zu den anderen aus. Architektur gewinnt also durch die Übernahme zusätzlicher Funktionen. Bevor wir zur Methodik des Entwerfens bei Siza kommen, einige Bemerkungen über das Verhältnis der geschichtlichen Entwicklung Portugals zu der Arbeit von Álvaro Siza. Diese ist eng verbunden mit der Entwicklung der modernen Architektur in Portugal überhaupt und trägt in vielerlei Hinsicht die Spuren der jüngsten Entwicklungen. Für die Kämpfe um die Durchsetzung der Moderne in Portugal kann das Schaffen von Siza als beispielhaft angesehen werden. Beispielhaft, weil er den Versuch unternimmt, die Entwicklung der modernen Architektur Portugals bewußt weiterzuführen und die Kluft, die eine über Jahrzehnte hinweg repressive Baupolitik hinterlassen hat, zu überbrücken. Sein Anteil an der Geschichte ist, daß er in einem Lande, in dem die Moderne erst gegen Ende der 1920er Jahre verbreitet wurde, durch seine Arbeit und Lehre geholfen hat, die Architektur in die vorderste Front zu bringen.

Wir dürfen das schwere Schicksal Portugals allgemein nicht aus den Augen verlieren, und das Schicksal eines Berufsstandes, der mehr als alle anderen, weil länger, um den freien Ausdruck zu kämpfen hatte. Das Land wurde bis vor kurzem streng zentralistisch und diktatorisch regiert.

Die strenge Führung ist dem jungen Siza schon sehr früh unheimlich geworden, ebenso wie der Stil, den die Regierung für ihre Architektur wünschte. Seit Anfang des Jahrhunderts herrschte in Portugal der Fin de Siècle-Geschmack, insbesondere in Lissabon. Neben diesem vorwiegend in Großstädten verbreiteten Stil war ein nationaler rustikaler Stil im Lande zu finden. Die meisten Bauwerke wurden von Ingenieuren oder Bauunternehmern gebaut, Architekten waren Randfiguren.

Die erste Zeitschrift, die die moderne Architektur gründlich einführte, wurde erst 1927 gegründet: *L'Architectura*. Sie stellt ganz besonders die französische und italienische Entwicklung vor. Der Anteil moderner Experimente ist gering und der Kontakt mit der Avantgarde fehlt. Die Avantgarde in der Architektur Portugals hat einen um so schwereren Stand, weil der Berufsstand Architekt ganz unvorbereitet war, im Gegensatz zur Literatur und Malerei, so daß der Vorwurf, das Fehlen moderner Architektur sei nur dem politischem System anzulasten, nicht ganz zutrifft.

Doch der *Neue Geist* wird nicht aus Lissabon kommen, sondern aus Porto, wo es eine Art Zentrale für moderne Experimente seit Anfang der Dreißigerjahre gibt. Einer der aktivsten ist Fernando Távora, Vorbild und Lehrer von Siza, Gründer der *Schule von Porto*. Die Opposition, die diese Gruppe betreibt, ist nicht nur architektonisch sondern auch sozial und politisch. So ist später der hohe Anteil an Architekten aus Porto bei der SAAL-Planung nach der so-

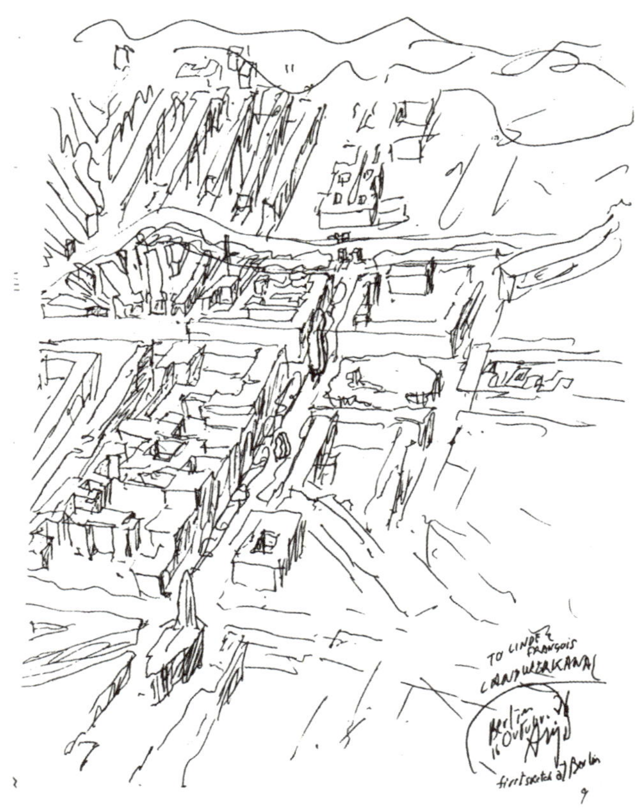

↑ Álvaro Siza
Skizze zur Entwurfswoche „Stadtstruktur – Stadtgestalt", Berlin · 1976

zialistischen Revolution zu verstehen. Das Land gerät immer weiter in Not. Es fehlen Wohnungen und soziale Einrichtungen. Das langfristige Fehlen von Wohnbauten hat kontinuierlich auch die Architekten in Portugal beschäftigt und zu Vorschlägen geführt, so daß es nicht erstaunlich ist zu sehen, wie schnell man in der Lage war, nach der sozialistischen Revolution konkrete Vorschläge zu unterbreiten.

Die unter Druck gesetzte Militärdiktatur entscheidet sich einige Male für Aktionen zur Beseitigung der größten Not. Doch das Regime zieht den nationalen Monumentalismus und provinziellen Popularismus vor. Nationaler Wiederaufbau und staatliche Bautätigkeit sind eng miteinander verbunden, so daß sich der moderne Architekt immer wieder vor dem Zwang sieht, sich der staatlichen Konzeption anzupassen oder auf Aufträge zu verzichten. Durch solche Zwänge wird die moderne Architekturauffassung zurückgedrängt, jedoch nicht ausgeschaltet.

Kurz nach dem Zweiten Weltkrieg findet der erste Kongress des Architektenverbandes statt. Das Anliegen ist vom Staat die Möglichkeit zu freiem Ausdruck zu erzwingen. Staat und Berufsverband stehen sich uneinig gegenüber. Architekten sind in zunehmenden Maß den staatlichen und behördlichen Organen gegenüber mißtrauisch. Diese Entwicklung erklärt, warum nach den 14. April 1975 die erste Forderung der Planungsbrigaden die Kontrolle dieser Instanzen ist. Inzwischen wird die ODEMA (Organisation der Modernen Architektur) gegründet und von aktiven Architekten aus Porto geführt. Der Kontakt zur CIAM wird von Távora gepflegt. Die Ziele sind Kampfansagen an die Normen nationaler Architektur: Durchsetzung einer Stadt- und Landesplanung, die sich auf die Richtlinien der Charta von Athen stützt, Priorität für den sozialen Wohnungsbau und Bekämpfung der Bauspekulationen, Ziele, die Siza insbesondere nennt. Nicht zu vergessen, die Reform der Architektenausbildung und die Durchsetzung von Maßnahmen, die den eigenen Verband gegen Übergriffe der Verwaltung schützen sollen. Auch in Portugal wird sich langsam und etwas später der wirtschaftliche Ausbau durchsetzen, begünstigt durch die koloniale Politik der Regierung. Doch erreicht in diesen Jahren die soziale Diskrepanz ihren Höhepunkt: Mitte der 1960er Jahre fehlen 500.000 Wohnungen im Lande, und die Kindersterblichkeit erreicht die höchste Quote Europas. Die *Wilden Siedlungen* wuchern immer weiter, so daß das Gleichgewicht zwischen Stadt und Land ernsthaft gefährdet wird. Die Regierung reagiert mit der Gründung eines Instituts für Sozialwohnungsbau mit der Absicht, diesen staatlich zu subventionieren. Doch dieser Plan kann nur in Ansätzen realisiert werden, da inzwischen der Kolonialkrieg beginnt. Dieser zwingt zur Aufnahme von riesigen Flüchtlingsmassen im Land, so daß die Wohnsituation noch verschlimmert wird.

Die Zunahme des Fremdenverkehrs und die daraus entstehende spekulative Baupolitik bringen zwar eine Verbesserung, aber nur für diejenigen Architekten, die sich dieser Spekulation anpassen oder anpassen müssen. Dazu kommt noch, daß ausländische Immobiliengesellschaften ihre eigenen Architekten mitbringen und kein offenes Ohr haben für die moderne, experimentelle Architektur. Lokale triviale Ausdrucksformen finden weites Interesse. Der Sozialwohnungsbau, den die engagierten Architekten fördern möchten, bleibt qualitativ wie quantitativ hinter den Erwartungen zurück.

Trotzdem engagieren sich die Architekten weiterhin für die Entwicklung der modernen Architektur. In ihren wenigen und oft bescheidenen Arbeiten verfolgen sie neue Methodologien und Formensprachen. Siza wird unter ihnen eine besonders wichtige Rolle spielen.

3.

Interessante Ansätze für eine Erneuerung der Architektur kommen von Siza und werden ihm, zunächst in seiner Heimat, später im Ausland, Beachtung bringen. Er verstand es nicht nur, auf die lokale Situation zu reagieren und Anschluß an die international inzwischen fortgeschrittenen Bewegungen zu gewinnen. Er wird sich immer stärker für eine fortgeschrittene Architektur einsetzen, die eine Antwort auf örtliche Bedürfnisse gibt, die sich auf ein sozial fortschrittliches Programm stützt und auf eine Architekturform, die Demokratie- und Freiheitsausdruck transportiert.

Siza ist in seiner Denkweise sehr stark von der *Schule von Porto* geprägt. Er führt, wenn auch in veränderter Form, ihre Forderungen fort. Hier lernt er, für eine demokratische und sozial engagierte Architektur zu kämpfen. Er erlebt auch, Anfang der Sechzigerjahre in der Akademie von Porto die Anwesenheit von Sigfried Giedion, der den historischen Funktionalismus und seine Ziele energisch verfolgt und so die Bewegungen in Portugal auf ihren Gipfel brachte, aber auch Bruno Zevi, der die Errungenschaften der organischen Architektur begeistert vertrat, ihr aber auch eine neue Dimension gab, durch sozial-ökonomische, psycho-physiologische, formale, in erster Linie aber räumliche Interpretationen. Gerade diese letztere Interpretation bewegte Siza am meisten. Zwar wird er eine Synthese beider Richtungen versuchen, doch die Lehre von der organischen Bewegung wird ihm wegen der Beschäftigung mit dem *Ort* und der Anpassung der Architektur an diesen den

Ausgangspunkt für weitere Untersuchungen geben. Er wird dadurch zu eigenen Entwurfsmethoden geführt, die bis heute sein gesamtes Werk stark prägen.

Er beschäftigt sich immer stärker mit dem Verhältnis von geplanten Bauten und Landschaften, in der diese Bauten stehen sollen. Nicht Integration wird er versuchen, sondern mehr: aus den spezifischen Gegebenheiten des Ortes Bestimmungen für Architektur zu schaffen. Er dringt so von außen leise in die topografische Struktur des Ortes ein und durch die Zutat baulicher Elemente schafft er eine neue Situation, die dem Ort eine neue Lesbarkeit gibt und versucht, der geschichtlichen Entwicklung der Umgebung Ausdruck zu verleihen. Er verfolgt die Methode, den geografischen Ort als Hauptdarsteller des Entwurfs zu betrachten, ohne auf das *Hinzugekommene* zu stark hinzuweisen. Nichts wird isoliert, sondern es wird immer verwiesen auf den Bezug von *Neuem* und *Vorhandenem* und auf die neue Situation, die eine solche Verbindung schafft.

Der Ort ist ihm so wichtig, daß Siza in seiner Arbeitsweise hauptsächlich mit Skizzen *vor Ort* auf offenem Feld, auf der Straße oder im Café arbeitet. Diese beinhalten meistens die Richtlinien für den Entwurf sowie die gestalterischen Merkmale. Der technologischen Architektur stellt Siza eine neue Architektur entgegen, die die physikalischen Bedingungen des Ortes zur Regel hat.

Vom Ort, den er sich stark einprägt, versucht er, eine Architektur der *Atmosphäre* ausstrahlen zu lassen, die zwar organische und rationalistische Züge beinhaltet, doch spezifisch bleibt, ohne folkloristisch zu werden. Siza ist gegen fertige Rezepte. Er ist für die Analyse, die zu spezifischen Situationen führt. Diese verlangen auch spezifische Antworten.

Auch Urbanitätsprobleme werden spezifisch angegangen und entsprechende Lösungen werden vorgeschlagen. So z. B. geht er von fragmentarischen Situationen und nicht von globalen aus und sein Vorschlag wird sein, zusätzliche Fragmente in die fragmentarische Situation einzuführen und entsprechend einzusetzen.

Der Ausdruck der Architektur ist für Siza von größter Bedeutung. Den visuellen Strukturen gibt Álvaro Siza den Vorrang, denn sie geben der Architektur den festen Charakter, der sie unverwechselbar macht. Auch werden diese Strukturen als Erinnerungswerte angesehen, die Bedeutung für das kollektive Gedächtnis bekommen. So gibt Siza der Architektur gleichzeitig einen sozialen und einen individuellen Wert, indem Identität, Unverwechselbarkeit und Erinnerung durch die Architektur ermöglicht werden.

4.

In der Revolution des Frühjahrs 1975 sah Siza – wie viele seiner Kollegen – Gelegenheit, die Architektur endlich in den Dienst der Gemeinschaft zu stellen. So werden jetzt mit denselben Methoden Sozialwohnungssiedlungen von ihm geplant und gebaut. Der Wunsch, eine marxistische Stadterneuerungspolitik und eine Unterwerfung der Entscheidungsorgane unter Kontrollen zu erreichen, ist eine logische Reaktion eines Berufes, der jahrzehntelang unter der Bürokratie zu leiden hatte und gleichzeitig die Reaktion auf die unangemessene Wohnbaupolitik der jetzt gestürzten Regierung. Man sucht nach neuen, dem Bedarf angemessenen Lösungen.

So findet im Herbst 1975 die Gründung der SAAL (Servicio de Apoyo Ambulatorio Local) statt mit dem Ziel, die Betroffenen und die Vertreter der kommunalen Organe bei der Mitarbeit der Sanierung ihrer eigenen Stadtviertel zu vereinen. SAAL, das ist der Versuch, mehr Kontrolle durch die Betroffenen über technische, finanzielle und verwaltungsmäßige Abläufe in Planung und Durchführung zu erreichen. Jede Organisation von Betroffenen entwickelt mit der Unterstützung von technischen Brigaden ihre eigene Planung. SAAL wird bis Oktober 1976 die Verbindung zwischen den Betroffenen und dem Staatsapparat im Hinblick auf die Legalisierung ihrer Forderungen aufrecht erhalten. Mit der Reorganisation und Durchsetzung bürokratischer Planung endet ein Stück demokratischer Planung auf regionaler und kommunaler Ebene. Siza, dessen Interesse außerordentlich stark auf das Humane gerichtet ist, wird einer der Hauptverantwortlichen für die technischen Brigaden in Porto. Für Siza ist dieser neue Weg zur Architektur willkommen und entspricht seiner politischen Überzeugung. Sein soziales Engagement wird ihm zugute kommen, und nur eine starke Persönlichkeit erträgt langdauernde kollektive Planungsprozesse, ohne daß ihr eigene Methoden und Architekturqualitäten verloren gehen.

Siza widmet sich ab 1975 nur noch Aufgaben kollektiver Planung von Siedlungen, zuerst in Porto, später auch in Évora. Die Erfahrungen mit SAAL erweitern sein methodologisches Instrumentarium. Es ist zu erwarten, daß Siza in den kommenden Jahren neue Methoden und Ausdrucksformen findet, die seine in meist kleineren Objekten gewonnenen Erfahrungen auf den Massenwohnungsbau übertragen und ergänzen, so daß bald eine Theorie des Ortes für kollektive Siedlungen formuliert werden kann und so vielleicht maßgebend den sozialen Wohnungsbau erneuert. Siza kann als Beispiel gelten für den Beweis, daß kollektives Planen von hoher Qualität mit wenigen Mitteln erreichbar ist. Voraussetzung sind hier jedoch die vielen Qualitäten, die eine Persönlichkeit wie Siza beherrscht. Solche sind selten geworden und machen Siza zu einem der interessantesten Architekten, einem der vielfältigsten, menschlichsten und besten seiner Generation überhaupt.

12.

Und wie geht es weiter?

Gespräch mit Dieter Rams über Zukünftiges und Utopisches

→ 1980

Anders als in der Architektur, wo der Begriff Utopie immer wieder auftaucht, hat das Thema Utopie keinen Einfluss auf das Design. Dennoch spielt auch die Zukunft beim Entwerfen eine Rolle, als Idealbild, dessen Aufgabe es ist, den Unterschied zwischen Ist- und Sollzustand deutlich zu machen und die Planung auf ein verbessertes Ziel auszurichten. Für das Buch zur Ausstellung *Design: Dieter Rams &* versuchte ich 1980 in einem Gespräch mit ihm zu erkunden, welchen Sinn Utopien im Design haben können.

Und wie geht es weiter?
Gespräch mit Dieter Rams über Zukünftiges und Utopisches

Utopie, die heute meistens noch und wieder als unrealistische Gedankenspielerei verstanden wird, hat zwar Platz in der Diskussion, jedoch nicht im Alltag des Designs und wird für die konkrete planerische Arbeit als unbrauchbar erklärt. Die Betrachtung von Arbeiten, die utopischen Charakter beanspruchen, wie z.B. in Architektur und Städtebau, bestätigt nur das Unbehagen gegenüber dem Sinn des Utopischen. Was oft als Unsinn hingestellt wird, kann aber durchaus Hoffnungen hervorrufen und wesentlich für die Planung werden.

Jeder Designer, der plant, hat mit der Zukunft zu tun. Jeder Planungsvorgang impliziert, dass man sich vom Standpunkt des Heutigen aus mit dem Morgen beschäftigt, wobei das Heutige als der kurze Augenblick in der Zeitspanne zwischen Vergangenheit und Zukunft zu verstehen ist. So gesehen bedeutet das Zukünftige auch Hoffnung. Wenn jemand einen Plan erarbeitet, so tut er es mit dem Ziel, dass ihm etwas gelingen wird, wenn möglich, etwas Neues. Neu bedeutet hier Verbesserung, und da das Bessere auf eine Vision der Zukunft projiziert ist, ist der Vorgang der Planung immer auf die Zukunft orientiert.

Die Hoffnung, etwas Neues und Besseres zu schaffen, setzt eine optimistische Grundhaltung voraus, denn aus diesem Optimismus heraus entstehen die Idee, der Vorschlag, das Projekt. Optimismus ist in diesem Fall die Hoffnung auf einen positiven Schritt in die Zukunft. Dies ist auch die Motivation, die die Kraft gibt, an der Gestaltung der Zukunft mitzuarbeiten. Aus dieser Position heraus schöpft auch der Designer seine Ideen, denn es wird als seine Aufgabe angesehen, Verbesserungen zu erarbeiten, die wieder auf die Zukunft projiziert sind.

Wer so denkt, ist nicht weit entfernt von den konkreten Utopien, denn konkrete Utopien enthalten den Willen, das in ihnen dargestellte Bessere in einem Veränderungsvorgang durchzusetzen. Utopien sind nicht realisierbar - sie bleiben Leitbilder, die das Bessere darstellen. Utopien sind Orientierungsmerkmale für das Planen, denn sie zeigen, wohin die Planung steuern soll.

Es ist besonders schwer, mit Designern über Utopien zu sprechen, weil der Designer seine Tätigkeit als konkret, pragmatisch und methodisch ansieht und sich oft auf einer anderen Ebene der Reflexion von Zeitabläufen und Zukunftsvorstellungen bewegt. Auch wenn jene Ebene der Reflexion im Beruf des Designers noch selten zu finden ist, hielten wir es für notwendig, Dieter Rams zu diesem Thema zu befragen.

FB: Wie weit denken Sie bei der Planung von Produkten an die Rolle, die diese in der Zukunft spielen können?

DR: Es darf sich kein Designer - also auch ich nicht - dem verschließen, was um ihn herum passiert. Er muss wach sein, er muss alle Dinge verfolgen - auf technischem Gebiet wie auch Veränderungen des menschlichen Verhaltens. Wenn er diese Eindrücke weiterverarbeitet, dann kann er sicherlich durch seine Arbeit Anregungen geben. Er kann Studien machen, die zwar noch nicht perfekt sind, dennoch meine ich, dass solche Studien nützlich und notwendig sind. Sie öffnen uns die Augen dafür, was möglich sein könnte.

FB: Würden Sie die Formel, von der ich ausgehe, bestätigen, dass der Begriff *Gestaltung* schon Utopisches beinhaltet, denn wenn man entwirft, arbeitet man ja an etwas noch nicht Vorhandenem, das noch entstehen muss. So gesehen beinhaltet das Entwerfen Zukünftiges. Entwerfen ist ja die primäre Tätigkeit des Designers.

DR: Ich habe immer wieder betont, dass ich in diesem Sinne kein Utopist bin. Dem letzteren Teil der Frage stimme ich ohne Einschränkung zu. Allerdings operiert man als Designer nicht im luftleeren Raum. Früher war es mehrheitlich so, dass Techniker eine Grundform vordefinierten. Heute ist der Designer vielmehr derjenige, der Inputs frühzeitig filtriert oder koordiniert. Er hat also die Möglichkeit, Dinge in Richtung *Zukunft* zu lenken. Nur würde ich dies nicht auf jedes Produkt übertragen wollen – es ist unterschiedlich: einmal hat er diese Chance mehr und einmal wieder weniger.

FB: Könnte man sagen, dass Sie bei Ihrer Art der Arbeit, die mitarbeitenden Designer und Techniker in diesen Gedanken, sich auf die Zukunft zu orientieren, beeinflussen können? Sie sind doch sehr oft derjenige, der sagt, wir wollen einen neuen Weg suchen und dieser neue Weg beinhaltet ja dann schon das Zukünftige. Also wäre es richtig, davon auszugehen, dass Sie mit Ihrer Arbeit auch die anderen Abteilungen in Hinsicht auf Erneuerung und auf Zukunft stimulieren?

DR: Das kann man sagen. Es gehört mit zu unserem Aufgabenbereich, neue Wege aufzuzeigen und sie im Frühstadium so zu visualisieren, dass die anderen Abteilungen, die bei der Produktentwicklung involviert sind, dadurch motiviert werden.

FB: Welche Vorwegnahme zukünftiger Aspekte sehen Sie in der technischen und ästhetischen Entwicklung heutiger Produkte?

DR: Ich würde bei den Funktionen anfangen, weil ich meine, dass hier immer noch bessere Lösungen möglich und nötig sind. Funktion in diesem Fall auf die Brauchbarkeit eines Produktes bezogen. Ich bin kritisch genug zu sagen, dass bei keinem der Dinge, die ich oder wir in unserem Team verwirklicht haben, ich jemals restlos zufrieden war mit der funktionalen Erfüllung. Das allerdings nicht nur eingeschränkt auf die Brauchbarkeit eines Produktes. Nun bin ich aber auch viel zu sehr Ästhet, um ästhetische Aspekte dabei nicht zu berücksichtigen; sie sind für mich ungeheuer wichtig. Nur mag ich sie nicht immerzu - auch nicht in Gesprächen über Design - in den Vordergrund stellen. Aber für mich persönlich stehen sie im Vordergrund. Ich glaube, dass hier noch sehr viel zu tun ist, nicht nur weil letztlich die gute ästhetische Lösung ja wiederum ein Aspekt der Brauchbarkeit eines Produktes ist. Summa summarum also: Gebrauchsaspekte und ästhetische Aspekte.

FB: Auch die Funktionen sind ja nichts Statisches; sie können, wenn man sie anders formuliert, sich ändern oder entwickeln. So gesehen, enthalten sie ebenfalls Zukünftiges.

DR: Aber sicher. Es müssen auch wichtige Funktionen durchaus immer wieder in Frage gestellt werden. Zum Beispiel, bei der Vielfalt der Dinge, mit denen wir konfrontiert sind, muss man sicher immer wieder fragen - heute und wie ich meine besonders in Zukunft - was ist nötig, was brauchen wir wirklich?

FB: Wir sehen also, der Begriff Funktion, der von vielen als etwas Fixiertes gesehen wird, kann sich ändern.

DR: Ich möchte sagen, er darf nie als etwas Fixiertes, Festgeschriebenes gesehen werden, wenn man sich in die Zukunft weisende (nicht utopische) Produkte zum Ziel setzt.

FB: Wenn man von Vorwegnahmen spricht, bedeutet das, dass man etwas macht, was vielleicht jetzt noch nicht so wichtig erscheint, das aber bezogen auf eine Vorstellung von der Zukunft seine Wichtigkeit bekommen kann – dies sowohl in technischer als auch in ästhetischer Hinsicht. Kommen wir noch einmal zurück auf den ästhetischen Aspekt. Wo sehen Sie heute in ihren Produkten eine antizipierte Ästhetik? Wir können ein Beispiel nehmen, das wir alle von Ihnen kennen: die Hi-Fi-Geräte. Wo sind da schon von Ihnen eingebaute ästhetische Aspekte, die in zehn Jahren vielleicht noch deutlicher werden können?

DR: Bei den Hi-Fi-Geräten ist es die Sparsamkeit in der Anwendung von Gestaltungsmitteln, die bei diesen Geräten immer sehr deutlich geworden ist. Dies wurde durchaus nicht immer akzeptiert. Beispielsweise hatten es diese Geräte in einem Schaufenster immer schwer, sich selbst zu behaupten gegenüber den anderen, den überladenen, vordergründig, eindrucksvollen. Ich meine, dass man diese *Einfachheit* noch weiter treiben muss. Abstrakt gesagt, alles müsste auf einen Knopf reduziert werden. Und das Ästhetische müsste in sich noch viel selbstverständlicher werden. Eben durch Einfachheit.

FB: Also, wenn ich das richtig verstanden habe, wäre die Vorstellung die, einen Plattenspieler vor sich zu haben mit einem Knopf mit zwei Schriften Ein/Aus - oder vielleicht gar keine mehr ...

DR: Alles andere könnte automatisch erfolgen, ohne Eingriff, einschließlich z. B. der Reinigung, die ja heute noch ein ziemliches Problem gerade bei Plattenspielern darstellt.

FB: Jedes Mal, wenn Sie ein Gerät weiterentwickeln, überlegen Sie, ob Funktionen nicht eventuell ersetzt werden können. Im Laufe der Jahre wird sich sicherlich das Gerät dahin entwickeln - das ist die langfristige Konzeption, also als Utopie zu verstehen -, immer weniger Tastaturen, Schriften, etc. zu haben. Insofern könnte man sagen, dass die Utopie, an der Sie kontinuierlich arbeiten, schon eingeleitet ist.

DR: Ich weiß es nicht. Allenfalls angedeutet. Und natürlich ist es mir viel zu wenig erreicht. Das alles ist sehr diffizil und es ist notwendig, es nicht isoliert, sondern allseitig zu betrachten, d. h. alle möglichen ineinandergreifenden, voneinander abhängigen Funktionen zu berücksichtigen.

FB: Sie beschäftigen sich sehr viel - durch Ihren Beruf und Ihre Kontakte, sei es zu Braun AG oder Vitsoe - mit technischen Vorgehensweisen. Wo sehen Sie in dem Bereich der Entwicklung der Braun-Geräte und Vitsoe-Möbel eine gewisse Entwicklung der Technik, die es ermöglichen würde, vielleicht andere Geräte zu machen? Ist Ihre Hoffnung primär auf die Entwicklung der Technik ausgerichtet oder sehen Sie andere Aspekte?

DR: Ich bin schon der Meinung, dass sich die Technik weiterentwickeln wird; das ist ein Prozess, der nicht aufzuhalten ist. Er wird nicht auf dem Sektor, auf dem ich arbeite, revolu-

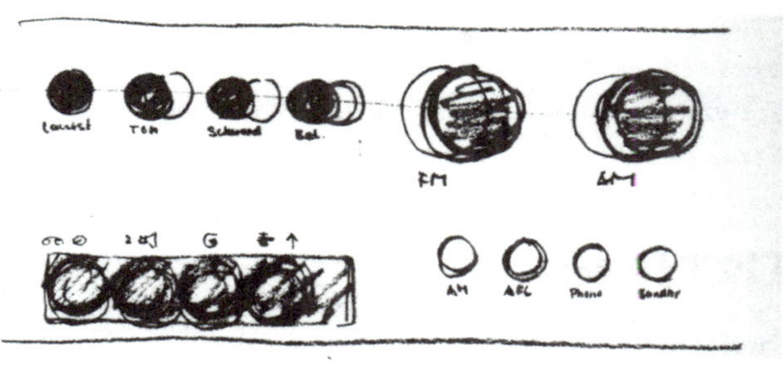

↑ Dieter Rams
Skizze zu Radio – Phono T 1000 · 1963

tioniert, sondern auf anderen Gebieten. Aber die Abfälle von diesen geben auch wieder Impulse für die Dinge, mit denen ich mich meistens beschäftige – und das sind ja Konsumgegenstände und keine hochtechnisierten Dinge. Wir wissen ja, was allein auf elektronischem Sektor in den letzten zehn Jahren passiert ist – und das alles ist noch lange nicht bewältigt. Hier wird eine Menge zu tun sein, zu vereinnahmen, zu sortieren, zu ordnen, gebrauchsfähig zu machen, was wir alles an technischen Möglichkeiten haben. Insofern könnte man fast annehmen, das ist natürlich eine Hypothese, dass mehr als uns lieb ist von der Technik kommt. Sie wissen, wenn man heute – und deshalb tue ich es so ungern – in die Zukunft schaut, muss man ja mit allem rechnen, auch mit den unangenehmsten, unschönsten Dingen. Die Welt sieht ja nicht gerade so aus, als könne man nun wunderbar in die Zukunft planen, wie wir Menschen uns das Leben besser gestalten könnten. Wir haben ja viele andere Konflikte auszutragen. Da verschieben sich natürlich immer wieder die Prioritäten. Ich würde gerne Paraphrasen geben für eine Welt, die tatsächlich für den Menschen da ist und nicht nur gegen ihn.

FB: Sie glauben also, dass in dem Bereich, in dem Sie im Moment arbeiten, eine explosive Tendenz der Möglichkeiten vorhanden ist, die zu neuen Entwicklungen führen kann. Könnten Sie sich vorstellen, wie diese Entwicklung z.B. in zwanzig Jahren aussieht?

DR: Das ist es eben, was so verdammt schwer ist. Ich glaube zwar daran, dass es im Grunde genommen möglich wäre, all das, was wir noch nicht bewältigt haben, zu bewältigen. Aber vorläufig haben wir unbewältigte Technik, die viele – und da muss ich sagen, fast zu Recht – dazu bringt, zu sagen: „Um Gottes Willen, lassen wir doch die Technik überhaupt weg. Ja, zerstört sie uns nicht eigentlich?" Ich möchte mich nicht neuen technischen Möglichkeiten verschließen – hier scheint mir kein Zurück mehr vorstellbar –, und ich halte nichts davon, den Kopf vor der Zukunft in den Sand zu stekken. Wir müssen mit den Dingen, die auf uns zukommen, leben, und wir müssen uns damit auseinandersetzen.

FB: Ich würde ein konservatives Verhalten von einem progressiven dahingehend unterscheiden, eine Bereitschaft für das Neue und das damit einhergehende Risiko zu akzeptieren und zu versuchen, es zu koppeln, um echten Fortschritt für die Menschen zu schaffen. Dies darf jedoch nicht heißen, dass Technik ins Unendliche expandiert und somit die Produkte noch komplizierter und etwaige Gefahrenmomente noch mehr verstärkt werden. Der Mensch erträgt ja in dem Bereich, in dem er tätig ist, nur eine bestimmte Anzahl von Informationen, wenn diese überschritten wird, führt es zu *Störungen*, also zu Fehl-Reaktionen.

DR: Dem ist zuzustimmen. Wie schon angedeutet, wir Designer können ja auch nur an *kleinen Rädchen* drehen.

Wir können nicht alles ändern. Aber wenn ich darüber hinaus eine Prognose wage, dann schätze ich, dass wir in zehn Jahren z. B. keine Einzelgeräte mehr haben, sondern wir werden komplexe Gesamtsysteme haben, die von der Technik sinnvoller aufeinander abgestimmt sind. Also nicht nur formale Zusammengehörigkeit oder Übereinstimmung aufweisen, so wie es bei Braun- und Vitsoe-Produkten von Anfang an der Fall war. Sie bilden bisher ästhetisch eine Familie, sie passen zueinander, sie ergänzen sich gegenseitig optisch, so dass man sie besser zusammen ertragen kann, dass man einfach besser mit ihnen zusammen leben kann.

FB: Kommen wir zurück auf die *idealen* Geräte, die alles vereinfachen, die die Darstellung von Ästhetik, Funktion und Technik gleichzeitig ermöglichen. Meine Frage dazu, wieweit ist das eine Hoffnung, die Vereinfachung technischer Prozesse, die sich durch Ästhetik ausdrücken? Inwieweit berücksichtigen Sie bei diesen Gedankengängen den Benutzer dieser Geräte und seine Belastbarkeit?

DR: Ich sagte ja bereits, dass das vor allem bei technischen Produkten noch nicht erreicht ist. Es ist allenfalls angedeutet. Vielleicht kann man dies daher am ehesten an den Möbeln, die ich gemacht habe, erkennen. Es hat mich immer sehr gefreut, wenn ich hörte, dass die Leute die Mobilität und das sich untereinander Ergänzende tatsächlich genutzt haben. Anfangs oft ohne es bewusst erkannt zu haben, sondern vielmehr erst dann, als sie das erste oder zweite Mal damit umzogen. Vielleicht ein kleiner Hinweis darauf, dass hier eine Chance für die Zukunft liegt.

FB: Wenn man von der Hoffnung der Zukunft spricht, also von Utopien, dann ist ein philosophischer Gesichtspunkt der, sich eine Konzeption des Lebens in der Zukunft zu denken, in der die technischen Geräte bzw. die Technik insgesamt integriert ist. Was halten Sie von einer solchen Vorstellung einer verbesserten Lebenskonzeption, für die man produzieren sollte?

DR: Hinzuzufügen wäre, dass wir sicher auch andere Dinge brauchen werden, als die, die heute angeboten werden. (Darüber hinaus müssen wir die technologischen Möglichkeiten, die uns heute zur Verfügung stehen, wie schon gesagt, zunächst mehr in den Griff bekommen). Es wird sehr darauf ankommen, wenn man diese Integration anstrebt, die Technik menschengerechter zu machen. Und das erfordert unser ganzes Können, unsere ganze Kraft. Früher habe ich vielleicht idealistischer gedacht. Davon geträumt oder wenn Sie wollen, die utopische Vorstellung gehabt, dass man die Welt verändern kann, wenn man sich allgemein darauf konzentriert, die Lebensumstände zu verbessern. Nicht nur politisch, sondern mit und durch entsprechende Gestaltung. Eigentlich bin ich immer noch überzeugt davon, wenn man in einer wirklich gut gestalteten Umwelt lebt, es auch elementares Bedürfnis wird, diese auch zu erhalten und nicht zu zerstören. Wenn ich politisch tätig wäre, was ich ja nicht bin, jedenfalls nicht aktiv, dann würde ich versuchen, darauf einzuwirken, dass weniger Kriegsmaterial gebaut wird, und dafür Dinge, die das menschliche Leben verbessern können. Dabei halte ich nicht viel von der Einstellung *Zurück zur Natur*, was ja öfter gerade bei Architekten anzutreffen ist. Sie ziehen sich in irgendein Bauernhaus zurück und nebenan verbauen sie die Städte. Man muss auch in dem und mit dem leben können, was man macht. Ich glaube, vieles wäre nicht so katastrophal, wenn sich mehr zu dem bekennen würden, was sie machen.

FB: Betrachten wir die beiden Begriffe Zukunft und Utopie einmal näher. Bedeutet für Sie Zukunft etwas, was man demnächst erreichen kann, und Utopie dagegen etwas weit Entferntes, was man unter Umständen nicht erreichen wird?

DR: So könnte man sagen. Aber ich meine schon, dass man immer utopische Träume hat. Ich habe die jedenfalls ...

FB: Nachtträume meinen Sie?

DR: Auch tags. Für mich gibt es einen wesentlichen Unterschied zwischen *in die Zukunft denken* und *utopisch denken*. Utopien sind tatsächlich mehr Gedanken, Träume, was sein könnte. Dagegen halte ich das sich Beschäftigen mit Zukünftigem für etwas durchaus Realistisches. Utopische Gedanken hingegen sollten beinahe unrealistisch sein. Ob von diesen utopischen Gedanken dann letztendlich doch etwas einfließt, steht auf einem anderen Blatt. Ich möchte es nicht ausschließen.

FB: Für einen Designer ist das Zukünftige, meiner Ansicht nach, etwas absolut Notwendiges und hierfür, also für dieses Zukünftige, gilt es, einen Entwurf zu machen. Auch die Beschäftigung mit einer Utopie ist für einen Designer zweckmäßig, denn die idealen Bilder der Utopie sind Orientierungshilfen.

DR: Ich meine, jeder gute Designer muss sich mit der Zukunft auseinandersetzen - ständig, permanent - selbstverständlich. Auch damit, was auf anderen Sektoren erarbeitet ist und wird: der Philosophie, den Naturwissenschaften oder wo immer es Denkanstöße in Richtung Zukunft geben kann. Es darf dann nur nicht in Science-Fiction-Darstellungen ausarten, die uns nicht helfen, sondern nur irritieren.

Wir kennen Leute wie Carne und Jungk, also Leute, die sich mit der Zukunft beschäftigen, die Prognosen stellen oder dies versuchen. Wir wissen auch, dass diese Prognosen oft sehr fraglich sind; sie werden ja auch nicht in dem Maße ernstgenommen. Man nimmt sie als Information. Aber sich total auf sie zu verlassen, wäre vermutlich ein großer Fehler. Es gibt keine Zukunftsvoraussetzungen, die voll zutreffen, höchstens Teile daraus, und die kommen doch wieder anders, als wir dachten.

FB: Wann hat der Designer D.R. Utopien? Ist es, wenn er träumt, wenn er einen Moment Ruhe hat, wenn er spazieren geht im Wald, oder wenn er etwas liest?

DR: Das ist nicht vorausbestimmbar. Wenn ich einfach dasitze und meinen Gedanken nachhänge. Wenn ich draußen im Garten bin oder ein Buch lese. Natürlich auch beim Arbeiten: man arbeitet ja nicht immer voll konzentriert, sondern schweift ab.

FB: Haben Sie ein paar Beispiele von Visionen, die Sie hatten, die Sie an Utopien erinnern?

DR: Ja. Aber ich möchte meine Träume gerne noch mit mir allein herumtragen.

13.

Gedanken über die Bedeutung der moralischen Maßstäbe im Werk Jože Plečniks

→ 1986

Im Herbst 1983 fand in Ljubljana ein Symposium zum Werk von Jože Plečnik statt. Auf Empfehlung von Boris Podrecca, der in Wien die erste Ausstellung zur Wiederentdeckung des slowenischen Architekten gezeigt hatte, habe ich am Symposium teilgenommen. Sehr beeindruckt von den Bauten und den städtebaulichen Konzeptionen von Plečnik für Ljubljana, beschlossen der Kunsthistoriker Damjan Prelovšek, der Architekt Boris Podrecca und ich eine Retrospektive zu seinem Werk zusammenzustellen. Meine Tätigkeit als Direktor im Centre Georges Pompidou in Paris machte diese Ausstellung 1987 möglich. Sie wanderte durch Europa und die USA und wurde von der Kritik als große Wiederentdeckung gefeiert. Der vorliegende Text wurde für die Kataloge der Wanderausstellung 1986 geschrieben.

Gedanken über die Bedeutung der moralischen Maßstäbe im Werk Jože Plečniks

Es hat zu allen Zeiten Künstler gegeben, die einfach deshalb verkannt wurden, weil ihre Werke nicht die Motive der vorherrschenden Strömungen einer Epoche verdeutlichten und man sie deshalb nicht mit der Geschichte ihrer Zeit in Verbindung brachte. Aus diesem Grund gerieten auch wegweisende Modelle der Architektur und Architekten für lange Jahre in Vergessenheit. Einer von ihnen, dessen Werk soeben neu entdeckt wird, ist der Slowene Jože Plečnik, der vielleicht begabteste Schüler Otto Wagners. Dennoch ließ sich das Schicksal vergessen zu werden zu seinen Lebzeiten nicht vorausahnen, denn Plečnik hatte zwei Meisterwerke der Architektur erstellt: Das Haus Zacherl in Wien, das er von 1903 bis 1906 baute und die Universitätsbibliothek von Ljubljana, die er von 1928 bis 1930 errichtete. Diese beiden Meisterwerke sind um ein drittes zu ergänzen. Gemeint ist die Neugestaltung der Prager Burg mit allen Höfen und Gärten, die von 1921 bis 1937 dauerte. Dort ist es Plečnik perfekt gelungen, die neue Architektur in ein historisches Gebäude zu integrieren.

Bei der Betrachtung stellt man fest, daß selbst die für ihren Modernismus so berühmte Wiener Schule die Aufgaben der Architektur niemals so weit gesteckt hatte. So verlieh der Erfolg dieser geglückten Integration von Neuem in ein schon Jahrhunderte altes Bauwerk der Schule Otto Wagners eine bis dahin unbekannte Dimension: Dieser Umbau erfaßt den Erfindungsreichtum und alle architektonischen Finessen des daran gewiß nicht armen Secessionismus in Wien.

Jože Plečnik hätte seinen Platz als Meister der modernen Architektur sicher auch wegen seiner Lehrtätigkeit an der Kunstgewerbeschule in Prag (1911-1920) und an der Fakultät für Architektur in seiner Heimatstadt Ljubljana verdient.

Sie dauerte von 1921 bis zu seinem Tod im Jahre 1957. In dieser Zeit bildete er eine ganze Generation von Architekten aus. Er verpflichtete sie, in ihrer Suche nach einer zusammenhängenden und volkstümlichen Ausdrucksweise einen spezifisch nationalen Weg einzuschlagen, ohne dabei die Elemente des modernen Sezessionismus und der Klassik aus den Augen zu verlieren.

Der letzte Punkt, der für sein Werk spricht, ist seine Betrachtung der Stadtplanung, seine Art, eine Stadt durch punktuelle Eingriffe an strategischen Plätzen gleichsam zur Lektüre anzubieten. Dabei setzte er in dem einzigartigen Stadtbild von Ljubljana eine Reihe spezifisch eigener Zeichen und Orientierungssymbole, um der Stadt ihre historische Identität zu verleihen. Er nahm damit eine Analyse vorweg, die dank der Untersuchungen Kevin Lynchs und Robert Venturis viel später, in den 1960er Jahren öffentliches Interesse erregte: die Darstellung eines Landes anhand seiner Architektur. Venturi versuchte dies an der Ostküste der Vereinigten Staaten und Plečnik in Slowenien.

Um Plečniks Fehlen in der Geschichte der modernen Architektur zu erklären, muß man die Gründe berücksichtigen, welche die modernistische Gedankenwelt beherrschten. Man warf seiner Ausdrucksweise den Mangel an Internationalität vor, auf die er zugunsten einer regionalen und geographisch klar begrenzten Konzeption verzichtete. Auch bekämpften die Rationalisten und Neopositivisten, die die Architektur der letzten 30 Jahre gestalteten, die Verwendung von symbolischen und spezifisch regionalen Elementen. Plečnik hingegen wollte gerade dadurch die soziale und psychologische Dimension der Architektur ausdrücken. Weil also dem Argument des Spektakulären größeres Gewicht beigemessen wurde als der sozialen Betrachtungsweise, war es letzten Endes die antimaterialistische und zugleich zutiefst religiös begründete Ethik Plečniks, die ihn aus jeder Diskussion über die moderne Architektur ausschloß.

Auf dieses letzte Element aber bezieht sich gerade unser Interesse. Das Verständnis des Werkes von Jože Plečnik und die Erklärung seiner Methodologie sind nur möglich, wenn wir uns ihr mit derselben Ethik nähern, die auch ihn dazu brachte zu handeln und sich dem Ziel gemäß auszudrücken, das er sich durch die Architektur gesteckt hatte und das vor allem moralischer Art war.

Es ist sicher, daß die Rückkehr Plečniks auf die Bühne der Architektur mit dem aktuellen Streit um die moderne Bewegung und dem Auftauchen einer postmodernen Bewegung in Verbindung zu bringen ist. Das genügt aber nicht, um das erneut aufblühende Interesse an ihm zu erklären. Die Kritik hatte sich bis vor einigen Jahren nur an den rationalistischen Grundsätzen orientiert, welche die Kriterien einer sogenannten modernen Architektur diktierten.

Paradoxerweise erlaubte es der ethische Aspekt, daß Plečnik in einer, ihm vielleicht wenig genehmen Weise von der Kritik wieder entdeckt wurde: Es war sein Einsatz für eine Architektur, in der das soziale Programm als Instrument der Emanzipation dienen sollte. Wenn also heute grundsätzliches Einvernehmen über das Ziel, dem die Architektur dienen soll, besteht, so herrscht doch eine totale Disharmonie über das Ergebnis, den Einsatz der Mittel und die institutionelle Ausnützung einer solchen Politik. Genauer gesagt hat Plečnik in der Verwendung neuer Technologien nie das allein geeignete Mittel gesehen, um irgendwelche Probleme zu lösen. Deswegen zeichnete seine Architektur stets eine moderne, einfache, eindeutige und doch raffiniert elegante Bauweise aus.

Dabei strebte er aus ethischen und zugleich auch praktischen Gründen die Zusammenarbeit mit den örtlichen Handwerkern an und vermischte die traditionelle Bauweise mit den Techniken des Stahlbetonbaus. Bei der Errichtung der Heiliggeistkirche in Wien, 1910, wendete er ein neues System aus doppelten Balken mit Kassetten aus Stahlbeton an, das eine Tragweite von fast 30 Metern aufwies und ohne Mittelstützen auskam.

Diese Praxis war bis dahin wenig bekannt und erregte die Aufmerksamkeit der großen Stahlbetonbaumeister. Das System der Konstruktion ist kaum zu sehen, weil er sofort eine Reihe dekorativer Elemente hinzufügte, um der Kirche jenen Charakter zu verleihen, der zur Sammlung und inneren Einkehr einlädt.

Der Modernismus Plečniks läßt sich auch im Plan der tragenden Systeme des Hauses Zacherl 1903 in Wien feststellen. Er verdeutlicht eine Konzeption, deren Elemente gleichsam ein quadratisches Netz mit den ebenfalls quadratischen Pfeilern im Schnittpunkt der Achsen bilden, wodurch das System anschaulich und für jeden erkennbar wird. Nicht zufällig feierte Adolf Loos in *Ins Leere gesprochen* Plečnik als puristischen Künstler. Die Fassade desselben Hauses aus Granit, in die sich die Fenster klar einordnen, zeugt gleichfalls von großer Modernität. Sie läßt sogar die Frage aufkommen, ob nicht Plečnik selbst Otto Wagner beeinflußt hat, denn diese Art, Hausfassaden zu gestalten, taucht bei Wagner zum ersten Mal im Jahre 1904 auf, als er die Steinhofkirche baute. Später benützte Plečnik für Standardelemente seriengefertigte Bauteile; aber die Raffinesse in der Ausführung und die Sorgfalt, die er auf Details und Materialien verwendete, zeigen seine Nähe zu den großen Meistern der modernen Architektur. Seine strenge, auf Harmonie bedachte und gleichzeitig mitreißende Bauweise sicherten ihm in den ersten Jahren des 20. Jahrhunderts eine besondere Position im Wiener Secessionismus und siedelte sein Werk zwischen dessen rationaler Steifheit und übertrieben opulenter Ausschmückung an.

Auch im Bereich der Innenarchitektur, insbesondere in der Gestaltung des Salons von Dr. Peham in Wien, bewies er 1905 seine avantgardistische Haltung, indem er die bisherigen Formen zugunsten einer streng geometrischen Linienführung auflöste. Parallel zu diesen Arbeiten finden wir Projekte, die aus einer regionalen, böhmisch-slowenischen Tradition schöpfen. Offenbar vermischte Plečnik stets die verschiedenen Kulturstile miteinander, um sie in einer persönlichen, abwechslungsreich gestalteten Auslegung wieder zu vereinen, die von der Moderne bis zum Klassizismus reichte.

Plečnik läßt sich - in den meisten seiner Werke - nicht mit der modernen Bewegung identifizieren, was die Auffassung der Rolle von Konstruktion und Technik in der Architektur betrifft. Er verwendet die Technik zwar zu ganz bestimmten Zwecken, aber er betont nie das System, nach dem er baut, zum Beispiel aus dem bloßen Vergnügen, die Konstruktion hervorzuheben. Er gestaltete das Material bald als Architekt, bald als Bildhauer frei und maß alle Bedeutung dem Ausdruck bei, der, ihm zufolge, nur aus der vernünftigen Anwendung der Bausysteme entstehen konnte. Er legte auf die Rolle der Wissenschaft und der wissenschaftlichen Methode in der Entwicklung der Bautechnik keinen Wert. Plečnik hat sich auch nie einer Weltanschauung angeschlossen, nach der die Technik und die Produktionsmethoden die dringendsten Probleme der Gesellschaft bezüglich ihres Bedarfs an architektonisch schön gestalteten Objekten lösen können. Folglich identifizierte er sich nicht mit dem radikalen Veränderungsprozeß, der auf dem intellektuellen Modell einer, von den Avantgardisten propagierten Gesellschaft der Zukunft basierte. Sein Bezug zur Welt der Industrieproduktion war von seiner Sicht der handwerklichen Arbeit bestimmt. Diesbezüglich vertrat er eher eine, William Morris vergleichbare Haltung, wonach die Fähigkeit, das Auge zu schulen, mit der Schulung der Hand einhergeht. Wie Morris betonte er in seinem Unterricht übrigens stets einen Punkt, der für alle Gebiete der Kunst gilt, in denen der Dekoration eine entscheidende Rolle zukommt, daß nämlich die Freude an der Herstellung von Gegenständen mit dem Vergnügen bei der Ausübung eines Handwerks verbunden ist. Auch das Element des sozialen Engagements, das in der Verbindung von handwerklich gefertigter Kunst und deren Brauchbarkeit liegt, verband die beiden Männer.

Plečnik stand der modernen Bewegung deutlich reserviert gegenüber, als sie die Geschichte, die Erinnerung und die Tradition abschaffen, und diese Dimensionen durch das Prinzip des *Neuen als absoluter Wert* ersetzen wollte. Einig hingegen waren beide in der Vorstellung (aber nicht in der Methode), die Architektur an eine gemeinschaftliche Anerkennung zu binden und die symbolischen Aspekte der architektonischen Zeichen im Hinblick auf dieses Ziel zu verwenden. Obwohl sich die Ausdrucksweise einer gewissen *modernen Architektur* von der Plečniks unterschied, einte sie doch der moralische Aspekt, in der Architektur eine Mission zu erblicken. Während aber der Fundamentalmodernismus auf einer revolutionären Haltung beruhte, suchte Plečnik die Gründe seiner Mission als Architekt in der Religion und in der Teilnahme am Befreiungskampf der slawischen Minderheiten. Letzten Endes aber ruhte für ihn das Schicksal eher in den Händen einer dem Menschen überlegenen Gewalt als in der kollektiven Einheit, für die die Avantgardisten des 20. Jahrhunderts kämpften.

Nach dem abrupten Ende der österreichisch-ungarischen Monarchie und der daraus resultierenden Situation des politischen Umbruchs, verknüpfte er das soziale Motiv mit dem patriotischen. Im Gegensatz zur modernen Bewegung, die nach der Aufhebung der nationalen Gruppen den Weg zum Universalismus des Einheitsdenkens einschlagen wollte, neigte Plečnik gerade zur Abgrenzung von bestimmten Kulturen und ethnischen Gruppen durch die Architektur, wie Anfang der 20er Jahre auch Pavel Janák, Josef Gočár und Otokar Novotný in Böhmen, Dušan Jurkovič in der Slowakei und Ödön Lechner in Ungarn. Was diese Architekten vereinte, war eine vom angelsächsischen Einfluß befreite Kultur, die sich auf ein *mediterranes* Denken stützte. Daraus zog jeder die unterschiedlichen Auslegungen. Sie waren mit den volkstümlichen Motiven der eigenen Region verknüpft, die sie wiederbeleben wollten. Im gesamten Werk Plečniks finden sich keine stilistischen Spuren der Modelle der modernen Avantgarde, des Kubismus, des Neoplastizismus oder Konstruktivismus, des Futurismus oder Expressionismus und auch keine Elemente des Dadaismus. Je weiter sich die in Wien verbrachten Jahre von ihm entfernen, desto weniger erscheinen in seinem Werk Hinweise auf seine *moderne* Vergangenheit. Stattdessen kommt eine Architektur zur Geltung, die in der eklektizistischen Zusammenstellung klassizistischer Elemente und Zeichen einer volkstümlichen Kultur besteht. Sie wird elegant auf das Niveau hoher Kultur gehoben, um sie uns als Art eines erstaunlich *freien Klassizismus* im Sinne einer universellen und dem breiten Publikum verständlichen Lehre darzubieten.

Die postmoderne Kritik vereinnahmt das Werk Plečniks als das eines Vorläufers ihrer Bewegung. Das ist zwar aus historischen Gründen nicht möglich, denn Plečnik starb fast 20 Jahre vor dem Einsetzen der Postmoderne in der Architektur, aber Parallelen in Bezug auf Absichten und stilistische Elemente lassen sich leicht finden. Tatsächlich aber zeigen seine Absichten und sein Werk, daß er weder vor-postmodern noch modernistisch ist. In ihm finden sich die verschiedensten Aspekte wieder, die ihn als Persönlichkeit zeigen, die man schwerlich mit den großen Bewegungen in der Architektur in Verbindung bringen kann. Was uns heute interessiert, ist gerade der Beweis, daß sein persönlicher Weg zur Architektur und seine individuelle Auslegung das Interesse an seinem Werk ausmachen. Seine wichtigste Absicht war, die Architektur und mit ihr alle künstlerischen Berufe einer ethischen Konzeption der Welt anzupassen, wobei er sich sehr abwechslungsreich, mit der Tendenz zum Pluralismus, auszudrücken verstand. Für ihn bedeutet Stil die Kunst, einen Inhalt anhand der am besten geeigneten Formen zu vermitteln.

Will man eine symbolische Dimension erreichen, braucht man ein Mehr an erkennbaren Elementen. Dazu zieht Plečnik die Abwechslung der Eindeutigkeit vor. Er zögert nicht, seiner Art zu bauen, dekorative Elemente hinzuzufügen, die

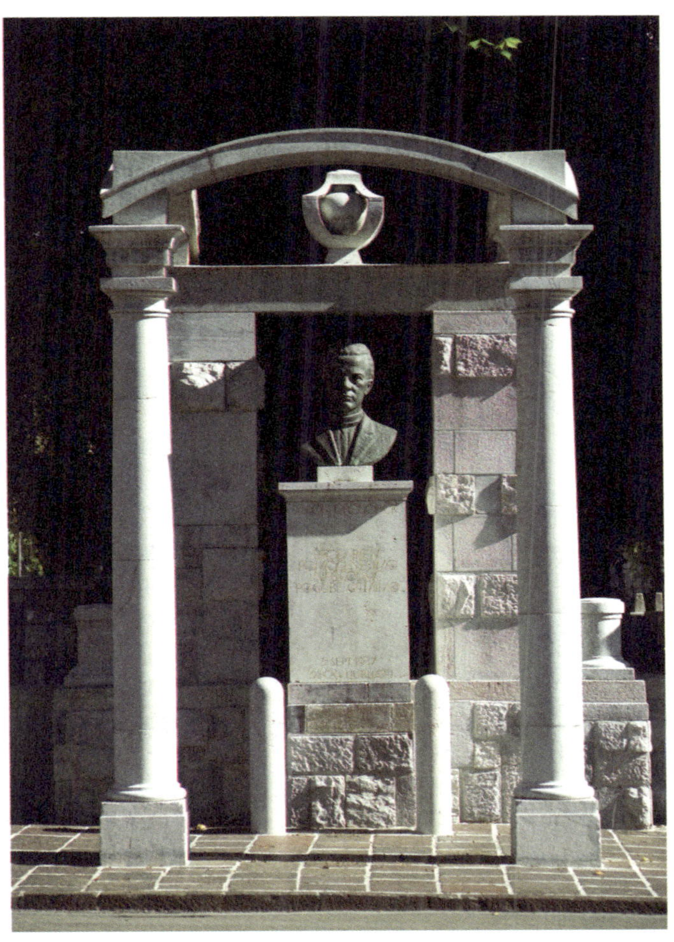

↑ Jože Plečnik
Monument für den Dichter Gregorčič · 1937

eine vielschichtige Ausdrucksweise erlauben. Um dies zu erreichen, verwendet er eine Hierarchie von Einzelelementen, die von der modernen Schule oder aus dem Repertoire der verschiedenen postmodernen Tendenzen stammen. Er verbindet diese Elemente mit Baustrukturen und begründet dadurch eine Architektur auf der Abstufung von Zeichen und Symbolen, die einen bald klassizistischen, bald regionalen Bezug - oder auch beides zugleich - erlauben. Er operiert also mit einem Wertsystem, das verschiedene Bedeutungsebenen besitzt. Dagegen verbirgt er nie die äußere Verkleidung der tragenden Struktur, um pseudo-rustikale oder pseudo-tragende Teile herauszustellen (wie es die Architekten aus der postmodernen Bewegung praktizieren), wenn sie keiner durch den Bau bestimmten Funktion entsprechen. Aus einem tragenden Element gestaltet Plečnik gleichzeitig ein dekoratives - zum Beispiel wird bei ihm aus einer tragenden Säule eine gedrehte Säule - wobei aber das konstruktive Element sichtbar bleibt. Häufig besteht der Unterschied zwischen dem minimalistischen, modernistischen Strukturalismus und der vernunftbetonten Bauweise Plečniks in der Verwendung üppiger Elemente. Mit dieser Üppigkeit fügt er der bloßen Konstruktion die Dimension einer, nicht zusätzlichen, sondern mit dem Ganzen anschaulich harmonisierenden Dekoration hinzu, die aus der Logik einer anderen Bauweise entsteht. Die Wirkung wird dann betont, wenn er zum Beispiel den Balken über einer Eingangstür zu einem Element der Verbindung zwischen Giebel und Tür gestaltet. Es streicht die Funktion *Eingang* heraus, indem es eine Vielfalt von Nebenelementen einführt und daraus ein kohärentes Ganzes aus verschiedenen Funktionen bildet, das die Ausdrucksweise Plečniks bestimmt.

Plečniks Sorge, die Architektur *dienstbereit* zu halten, entspricht einem Wunsch der Postmoderne: Die Architektur soll Bedürfnisse der Bewohner berücksichtigen - Bedürfnisse, von denen er behauptet, sie würden der gefühlsmäßigen Anteilnahme insofern entgegenkommen, als dort jeder die Beziehung zu seiner Identität finden kann. Diese demokratische Formel bleibt zwar ein Lippenbekenntnis ohne wirkliche Anteilnahme, aber sie berücksichtigt durch eine Architektur, welche die Symbole der Verbindung von Bewohnern und Haus trägt, doch wichtige Elemente für das Wohlbefinden der Bewohner: Es ist eine *teilnehmende* Praxis, in der sich die Bewohner wiederfinden und die auch in der postmodernen Architektur gebührend berücksichtigt wird. Dazu verwendet Plečnik eine Ausdrucksweise, die aus der klassischen Architektur stammt und die er um traditionelle Elemente ergänzt, um so die regionale ethnische Identität zu sichern.

Dieser demokratische Gedanke steht in völligem Widerspruch zum *Standard*, den die Architekten des Funktionalismus zu Beginn der 1920er Jahre aus denselben Gründen verwendeten. Sie glaubten, die sozialen Unterschiede durch eine Skala qualifizierter Vorschläge einebnen zu können, mit denen sie sich ebenso an Proletarier wie an das gehobene Bürgertum wendeten; heute wissen wir, daß es der Traum einer elitären Identität war.

Durch die Sprache der Tradition in seiner Architektur wollte Plečnik eine Brücke zwischen Bedarf und seinem schöpferischen Angebot schlagen - ein Konzept, das ihn mit der postmodernen Tendenz verbindet. Säulen, Pilaster, Portale und Ornamente sollten die Erinnerung wachrufen, und weil sich der Künstler und der Verbraucher in diesem Code wiederfinden, ist die Verbindung mit der Vergangenheit erlaubt. Die gemeinsame Formel besteht in der Verwendung eines Verfahrens, in das die persönlichen Erfahrungen des Architekten einerseits und die des Betrachters auf der anderen Seite einfließen und durch eine gemeinsame Geschichte verknüpft sind, die die Architektur mit besonderen Zeichen wiedergibt.

Das verbindende Element ist zunächst die Bauweise der Klassik, dann die Sprache der regionalen Zeichen, mit deren Hilfe sich der Charakter des Ortes und damit auch die Verwurzelung seiner Bewohner feststellen läßt. Auf diese Weise ist die Einheit zwischen den Absichten des Künstlers und den Erwartungen der Benutzer zu erzielen.

Wie bei den Architekten der Postmoderne ist die Bauweise Plečniks ausdrucksvoll: sie dient vor allem der Kommunikation. Durch eine Vielzahl an Anregungen und eindrucksvollen Wirkungen entsteht eine abwechslungsreiche und kommunikationsfähige visuelle Umgebung. Deswegen ist es nicht möglich, einfach an dem Geflecht aus Typologien und Morphologien herumzufeilen und austauschbare Situationen vorzuschlagen. Bei Plečnik ist aus diesem Grunde kein Werk dem anderen ähnlich; jedes bezeugt die Suche nach einer Gestaltung, welche die Wesenseinheit eines Ortes, seiner Traditionen und spezifischen Gruppen betont. Dabei legt er den Akzent durch das bildhafte Zeichen auf die Eigentümlichkeit und nicht auf die Uniformität oder verweist gar auf eine abstrakte und allgemeine Typologie.

Die Postmoderne lehnt sich gegen die *Lektionen der Moral* auf. Sie fordert eine liberale, beinahe freizügige Einstellung bei der Ausführung eines Werkes, in der das Spiel der persönlichen Befriedigung des Architekten vorherrscht. Ganz im Gegenteil dazu Plečnik! Er schöpft die Kriterien einer Architektur, die aus vielen Elementen zusammengesetzt ist und lesbar sein muß, aus der Moral. Diese Lesbarkeit ist mehr als eine einfache semiologische Analyse. Sie sieht vielmehr die Absicht eines sozialen Verhaltens voraus, das von der Weltanschauung diktiert wird, die das Werk nur zum Teil vermittelt. Darin unterscheidet sich Plečnik von der postmodernen Bewegung mit ihrem Hang zum *Sensationell-Kommerziellen*, wo inhaltsleere Formen und Symbole häufig keinen Bezug zu einer philosophischen Position besitzen, die die Symbolisierung eines Inhalts durch den formellen Ausdruck anstrebt.

Plečnik bleibt also in einem bestimmten Sinn modern, weil er stets den Gedanken vertreten hat, daß der dem Wissen verpflichtete Fortschritt möglich ist. Er stellte ihn aber unter die Macht einer höheren Gewalt religiöser Art, welche die Wissenschaft mit Hilfe des Modernismus beseitigen sollte. Plečnik ist auch *vor-modern*, ja beinahe gotisch oder barock. Sein Werk heute zu verstehen, heißt letzten Endes nicht, daß man weiß, ob er ein Vorläufer der Postmoderne war, oder die Anhänglichkeit an die moderne Bewegung seine Sichtweise der Architektur beherrschte. Wer sein Werk erklären will, muß die Beweggründe in den *Antriebskräften* suchen, die ihn veranlaßten, die Architektur in einer bestimmten Weise anzugehen.

Erster Grund: Plečnik wollte mit den Mitteln der Architektur eine *bessere Welt* bauen – ein Thema, das sich in seinen Äußerungen ständig findet. Die Ethik veranlaßt das handwerkliche Tun, die Architektur vermittelt die Botschaft. Wenn Plečnik von dieser *besseren Welt* spricht, verbindet er das Moralische mit dem Materiellen, wo das Wort *besser* eine Architektur von hoher Qualität meint. Wenn die Architektur Trägerin einer sichtbaren Harmonie sein kann, so handelt es sich um eine *innere* Harmonie, das heißt eine geistige Kraft, die er aus der katholischen Religion schöpft. Für ihn kann nur ein Schöpfer, der frei von Tadel ist, eine *perfekte* Architektur entwerfen, wo sich die Geistigkeit in der *Reinheit* der Ausdrucksweise verkörpert, die das Werk übersetzen soll. Deshalb versuchte er, einem vorbildlichen Verhalten so nahe wie möglich zu kommen, das ihm erlaubte, zu diesem Stadium der Geistigkeit zu gelangen. Aus diesem Grund verzichtete er auf jedes Honorar, das man ihm neben seinem Gehalt als Universitätsprofessor gezahlt hätte und arbeitete unentgeltlich für die Kirche – das erklärt auch die Zahl seiner Aufträge und Leistungen in der Sakralkunst. In seinem Hang zur Askese umgab er sich nur mit wenigen, aber symbolträchtigen Gegenständen, die die Beziehungen zwischen seiner Welt, Gott und sich selbst darstellen. Sein Haus in Ljubljana ist in dieser Hinsicht ein Zeugnis von hoher Bedeutung. Die Verwendung von Motiven aus der Natur, von Hieroglyphen, die Gott symbolisieren, oder die Suche nach dem Reinen in der Schönheit der Klassik betonen dieses mystische Trachten nach einer Beziehung zwischen Mensch und Gott, was sich durch die Schönheit, dem obersten Stadium der Reinheit ausdrückt.

Plečnik wollte *menschlich sein.* Diese Einstellung kam bei ihm zugleich aus der Religiosität, die ihm während seiner Kindheit durch die Familie vermittelt wurde und seinen sozialen Erfahrungen im Umgang mit weniger privilegierten Klassen in Wien. Er bemühte die Kirche, um seinen *christlichen Sozialismus* mitzuteilen, einer Verbindung aus sozialen Forderungen und christlicher Ethik: In der Kirche sollte sich die Gemeinschaft treffen, und das erklärt sein sakrales Werk, das so reich an kultischen Objekten und volkstümlichen Ikonographien ist.

Ein anderer moralischer Aspekt des Werkes ist seine hohe Wertschätzung der Arbeit des Handwerkers, des getreuen Begleiters des Architekten, denn seine manuelle Arbeit vermittelt große persönliche Befriedigung. Die *handwerkliche* Qualität macht einen Teil der Qualität im Schaffen Plečniks aus, das die Handwerker an ein gemeinsames Werk band.

Zweiter Grund: Plečnik wollte der slowenischen Minorität dienen. Die Architektur war für ihn ein Mittel, das den Zugang zur Identität erlaubte. Er bediente sich dieses Mittels, um das Aufkommen einer slowenischen Nation zu unterstützen, die damals nach kultureller Unabhängigkeit von der austro-germanischen Vorherrschaft strebte. Gegen diese Vorherrschaft setzte er die Forderung eines Architekturbegriffs, der den kulturellen Unterschied mit dem Ziel markieren sollte, die ethnographischen Grenzen eines Lebensraumes festzustellen. Dieser Raum war für ihn von lebensfördernden Zeichen geprägt, die sich für die Stimulation der nach dem Zusammenbruch der österreichisch-ungarischen Monarchie in den Ländern slawischer Herkunft damals so stark ersehnten, nationalen Haltung eigneten. Diesbezüglich bestand volles Einverständnis zwischen Plečnik und dem ersten tschechischen Staatspräsidenten Masaryk, der ihm ein Werk von nationaler Bedeutung anvertraute: den Umbau der Prager Burg, ein Prestigeobjekt und Symbol für den Kampf um die nationale Befreiung. Plečnik setzte dort sein ganzes Wissen ein und benutzte eine reiche und abwechslungsvolle Sprache, welche die Symbole der volkstümlichen Tradition sehr fein in die bestehende Architektur einzufügen verstand. Die Technik der Integration basierte auf der Verwendung örtlicher Materialien und bediente sich der ethnischen Symbole, der allegorischen Figuren oder der Darstellungen regionaler slawischer Legenden.

Plečnik verstand es, die nationale Umgebung auf ein gehobenes Niveau zu bringen, das seine Ursprünge nicht verleugnete. Die Aufwertung der volkstümlichen Kunst erreichte dank der handwerklichen Ausführung eine hohe Qualität; sie stand der verfeinerten Arbeitsweise der secessionistischen Wiener Schule in nichts nach.

Plečnik fühlte sich dem Karst, einer gebirgigen Gegend zwischen Triest und Ljubljana besonders verbunden, wie er 1918 selbst erklärte. Aus dieser Gegend stammten die Materialien und Motive, die wir in seinen Bauten wiederfinden. Zum Beispiel die Verwendung von Trockenstein, die wechselnde Folge von Werksteinen und Ziegelsteinen im Mauerwerk, die Skulpturen, die Formen der Sitzmöbel, die Motive der Kamineinfassungen, die Symbole für den Türsturz der Hauseingänge oder auch die ziselierten Basreliefs auf den äußerlich sichtbaren Balken, die Einlegearbeiten im Verputz der Häuser, die Sgrafitti und die Mauerfriese.

Dritter Grund: Plečnik verwendete Elemente der architektonischen Klassik. Sein Bezug zu ihrer Kunst und ihren Stilmerkmalen enthüllte sein vom Mittelmeerraum geprägtes Denken. Dem Neoklassizismus angelsächsischer Herkunft zog er die griechische und römische, aber vor allem die etruskische Kunst vor, deren Repertoire er im Detail kannte.

Er befreite sich von jedem dogmatischen Kanon, um seine Suche dem Experiment und der Erfindung von Variationen über das Thema der klassischen mediterranen Kunst zu öffnen. Er wollte das klassische Repertoire durch sehr persönliche Montagen frei benutzen. Er betonte stets, in der klassischen Ausdrucksweise eine Strömung zu sehen, die noch in der Entwicklung begriffen und daher für die Erneuerung frei sei. Das zeigte sich auch in Italien während der 1950er Jahre als Neoliberty und Neobarock.

Plečniks Auseinandersetzung mit der *Moderne* drehte sich um den adäquaten Zugang zur Ausdrucksweise der Architektur durch den Benutzer und vor allem den Betrachter. Dieser Zugang bestand in der Aneignung eines verfeinerten Codes, der es beiden ermöglichen sollte, sich mit dieser Sprache zu identifizieren. Seiner Meinung nach brachen die Avantgardisten die Brücken zu großen Volksgruppen ab. Ihm ging es darum, einen anderen Weg zu bahnen, um den Willen zu Patriotismus und Demokratie besser zu zeigen. Schon im Jahre 1902 schrieb Plečnik: „Ich sehne mich danach, den Faden an der Tradition wie eine Spinne festzumachen und von dort aus mein eigenes Netz zu weben."; dieses Gewebe vereint Elemente aller Tendenzen seiner Zeit. Diese Definition charakterisiert das individuelle Werk eines großzügigen Einsiedlers sehr gut, weil es patriotische, aristokratische und christliche Gefühle mischte und es denen zur Verfügung stellte, die seine Dienste brauchten; das waren vor allem die politischen Behörden, die Institutionen und die Vertreter der katholischen Geistlichkeit.

Wegen der Veränderungen, die bezüglich der Rolle der Architektur in der Gesellschaft in den vergangenen 20 Jahren stattfanden, ist es heute schwierig, von ihr eine ethische Mission zu fordern. Plečnik konnte sich noch auf die Übereinstimmung von Geschmacksrichtungen und Zielen verlassen. Er setzte ein Verständnis der Welt ein, die nun so schwer zugänglich ist, weil sich die Themen und Inhalte veränderten. Mit dem mangelnden Willen zur emanzipatorischen Universalität ist die Idee des Fortschritts durch die Architektur im moralischen Sinn verschwunden. Nach dem Verlust der ethischen Mission wurde die Diskussion um die Architektur auf die Probleme der technischen Anpassung und der Stillehre zurückgeführt, und das charakterisiert die gegenwärtige postmoderne Architektur.

Was bleibt ist eine Persönlichkeit, die ihre ursprünglichen Entscheidungen konsequent verfolgt und es verstanden hat, ihren Stil aus der persönlichen Sichtweite der Inhalte zu bestimmen, denen ihr Werk gewidmet war. Das Fehlen eines ethischen Programms macht die Botschaft der Architektur gewichtslos und oberflächlich. Deshalb sollte die Botschaft Jože Plečniks ihre ganze Aktualität und Bedeutung bewahren.

14.

Leere – Libeskind Jüdisches Museum Berlin

→ 1996

Die Fertigstellung des Jüdischen Museums von Daniel Libeskind in Berlin war für die Zeitschrift *db* Anlass, eine Reihe von Chefredakteuren von Architekturzeitschriften nach ihrer Meinung zu fragen. Als damaliger Direktor der Zeitschrift *Domus* habe ich 1996 diesen Artikel geschrieben.

Leere – Libeskind Jüdisches Museum Berlin

Ein schwieriges Unterfangen, ein so kompliziertes Projekt wie das Jüdische Museum in Berlin beschreiben zu wollen: Es ist in der Tat komplex, als Außenstehender Zugang zu einem der Höhepunkte des Horrors der menschlichen Geschichte finden zu müssen, eine Erinnerung, die nur das jüdische Volk mittels der eigenen Kultur in seiner gesamten Tragweite erfassen kann, denn diese Realität, aller Anstrengungen der Vernunft und der Erkenntnis zum Trotz, bleibt uns fern. Außerdem ist die Art der Besorgnis in der Architektur von Daniel Libeskind ausgesprochen persönlich und fordert eine enorme Verständnisbereitschaft von dem, der sich ihr nähern will. Seine Vorgehensweise ist theoretisch/projiziert, aber auch professionell/konstruktiv abstrakt, gefüllt mit Metaphern und Assoziationen zu Themen, die uns auf den ersten Blick widersprüchlich, ja unvereinbar mit den gewohnten Konzepten der Architektur scheinen (die Leere zum Beispiel). Die libeskindsche Methode ist derart persönlich, daß sie, um vollständig den Sinn und die Dimension zu erfassen, eine erläuternde Unterstützung ihres Autors benötigt.

Bevor sie lesbar werden, organisieren sich die aus vielfältigen Bezugsschichten bestehenden *Körper* um Raster, einer Art Achsen, auf denen das Projekt ruht. Diese Achsen bleiben oft *punktierte Linien*, das heißt, daß ihre Bedeutung ablesbar wird zwischen den Fluchtlinien der Körper. Dieses Verhalten der Achsen, die Strömungen der Gedanken kenntlich machen und die gleichzeitig die Bezüge des Projektes sind, bezeichnet Libeskind als *Between the Lines* (Zwischen den Linien). Durch das Übereinanderlegen dieser sich kreuzenden und das Gebäude durchdringenden *Gedankenlinien* auf dem Gelände, auf dem das Museum gebaut wird, komponiert Libeskind innere und äußere Räume, die miteinander einen Dialog aufnehmen, indem er die Gebäudekörper auf den Abschnitten des aus den verschiedenen *Gedankenlinien* gewebten Rasters anordnet. Diese Herangehensweise an das Projekt verweist auf die kosmologischen *magnetischen Linien*, angewandt beispielsweise in den Kulturen der Maya und Chinesen, deren Bedeutungen je nach Bedürfnissen des Autors geändert wurden.

Diese profunde Kenntnis der Geschichte der Zivilisation, die Libeskind schon in anderen Projekten zur Geltung gebracht hat, verdeutlicht die universale Dimension, die der Architekt seinen Projekten zu geben versteht und verdichtet dadurch ebenfalls die Schichtung des Terrains, auf dem er kulturell arbeitet. Je mehr sich Libeskinds Projekte aus vielfachen Schichtungen zusammensetzen, desto komplexer sind sie und somit schwer entzifferbar, was sie wenig populär macht, ihnen jedoch aufgrund ihrer Bezüge eine ungeheure intellektuelle Kraft gibt.

Ein Beispiel für die von Libeskind angewandte Methode findet sich in seiner Antwort auf die diffizile Frage, wie es möglich ist, ein Museum um einen sinnbildlichen Raum herum zu konstruieren, dem er die Rolle des Rückgrats seines Projektes zuschreibt: die *Leere*, um die herum sich die gebauten Körper und die menschlichen Körper der Besucher versammeln werden. Dieser, der jüdischen Kultur teure *Hohlraum* entspricht in der Tat dem Zeichen des Nichts und findet keine Darstellung.

Er bleibt *leer* und wird in seinem Inneren das Geschlecht der Juden aufnehmen, die in der Nazizeit starben und der Lebenden, die ihn kreuzen.

Eben um diese symbolische Leere herum organisieren sich die drei Funktionen des Museums: ein Ort der Besinnung, eine Art heiliger Ort, ein Ort der Information über das Leben der Jüdischen Gemeinde in Berlin und die Herstellung der Verbindung des Besuchers zu ausgewählten Orten, wie die, an denen berühmte Intellektuelle lebten und die einen zur gewohnten Stadt parallelen Lageplan bilden.

Die architektonische Qualität des Werkes zeigt sich vor allem in der oben beschriebenen, strikten Wegeführung entlang der Achsen. Die Beleuchtung dieser Wege durch schmale, lange Einschnitte, Fenster, die sich, oft schräg gestellt, über die gesamte Fassade und sogar das Dach ziehen, ist das einzige Zeichen von *Komposition* in dieser Architektur, abgesehen natürlich von der globalen Gestalt des Gebäudes in Form eines Blitzes, vom Himmel gefallenes, göttliches Symbol und an diesem Ort das Schicksal der Jüdischen Gemeinde markierend. Daniel Libeskind beschreibt es als „den Versuch, Berlin mit den ausgelöschten Erinnerungen zu vereinen". Drei entscheidende Dinge scheinen mir als eine Veränderung in der Architekturpraxis besonders hervorhebenswert:

Endlich findet die Realisierung der komplexen Methode Daniel Libeskinds statt und dadurch die Kontrollierbarkeit der theoretischen Aspekte, die sie so anziehend machen – trotz der Vereinfachung des Projektes aus Kostengründen.

Diese Methode erhält seine volle Bedeutung durch die Tatsache, daß sie erklärt ist. Es bedurfte der brillanten Präsentation Libeskinds vor der Jury, um sie von der Notwendigkeit einer Thematisierung des Projektes zu überzeugen, die zu einer Architektur des tieferen Sinnes führt, frei von Zwängen, um so die diffizilen Fragestellungen nach der Beziehung zwischen der Berliner Geschichte und der Jüdischen Gemeinde zu beantworten. Es empfiehlt sich daher, diesen Weg der Präsentation von Wettbewerben mit Nachdruck weiter zu beschreiten, indem man auf die kulturelle Bildung der Verfasser vertraut.

Eine Architektur von hoher Qualität, wir wissen es, entsteht nicht durch ein Programm, das die Auslobung erfüllt, gepaart mit Funktionalität und einem *Stil*, sie wird geboren aus der persönlichen Vision der zu behandelnden Themen durch eine hohe, auf Bildung (Kultur) beruhende Komplexität. Es müssen also Freiräume geschaffen werden für die Öffnung der Programme zu Horizonten, die ein höher entwickeltes und komplexeres dialektisches Niveau anstreben.

Das Jüdische Museum von Berlin liefert hierfür ein einzigartiges Beispiel, bei dem man von einer neuen Architektur sprechen kann, die gleichzeitig rational und experimentell ist, kontrolliert, frei und bedeutungsvoll. Es handelt sich hier ohne Zweifel um ein wichtiges Werk in der Geschichte der Architektur am Ende dieses 20. Jahrhunderts.

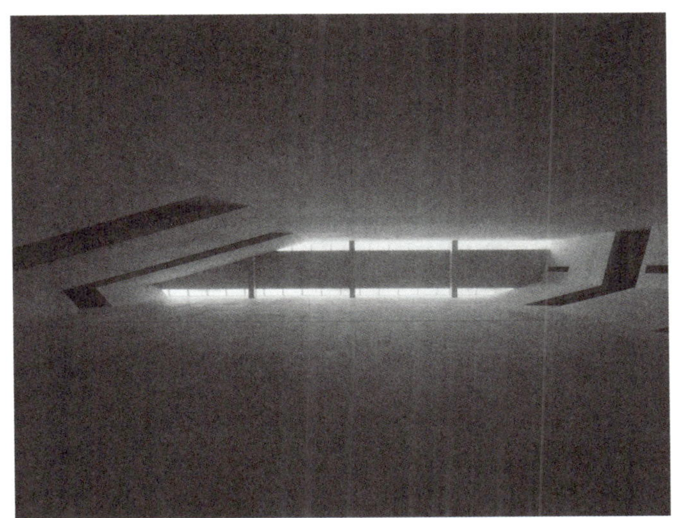

↑ Daniel Libeskind
Jüdisches Museum Berlin: Void · 1996

15.

Kommentar zu Max Bill „Schönheit aus Funktion und als Funktion“

→ 2010

Die Schweizer Zeitschrift *Werk* publizierte 1949 einen der wichtigsten Beiträge zur Funktionalismus-Debatte. Der Autor war Max Bill. Ich hatte von 1962 bis zu seinem Tod 1994 guten Kontakt zu ihm. Für das Buch *Gestalten denken* entstand 2010 dieser Kommentar.

Kommentar zu Max Bill *Schönheit aus Funktion und als Funktion*

Als Max Bill (1908–1994) in der Zeitschrift *Werk* im August 1949 seinen berühmten Artikel *Schönheit aus Funktion und als Funktion* veröffentlichte, befand er sich auf dem Höhepunkt seiner theoretischen Überlegungen zur ästhetischen Formgebung. Im selben Jahr organisierte er im Auftrag des Schweizer Werkbundes die Ausstellung *die gute form*, die auf der Mustermesse in Basel zu sehen war und erheblichen Einfluss auf die Entwicklung des Designs in Europa hatte. Dank seiner Kenntnisse und seiner Arbeit als Architekt, Designer, Künstler und Grafiker, der er gleichzeitig und gleichberechtigt nachging, war er in der Lage, eine umfassende ästhetische Theorie zu formulieren, die auf die gesamte Umwelt anwendbar war. Im Zentrum steht ein zugleich rationaler und universaler Begriff des Schönen, der das ästhetische Empfinden zu mobilisieren vermag und für alle künstlichen Gegenstände gilt, unabhängig davon, ob sie künstlerischen oder industriellen Ursprungs sind. Er geht vor allem auf Bills Nähe zu den Künstlern im Umfeld der Bewegung *De Stijl* zurück sowie auf seine Ausbildung am Bauhaus in Dessau, wo er von 1926 bis 1928 studierte. Max Bill vertrat eine funktionalistische Theorie, die sich am rationalen Gebrauch der Materialien, der von den Funktionen inspiriert ist, orientiert; an der Erschaffung eines neuen Schönheitsideals, für das die Ingenieurisierung eine erhebliche Rolle spielt; und schließlich an der Suche nach einem den Gegenständen eigenen Ausdruck, die auf dem Gesetz der Harmonie basiert, das die Gegenstände des täglichen Gebrauchs entsprechend künstlerischer Referenzen aufeinander abstimmt und ordnet.

Der zweite Teil des Artikels beschäftigt sich mit der Qualifikation von Industriedesignern und gehört zu den wichtigsten Schriften Max Bills. Seine begründete These, dass eine polytechnische und akademische Grundlage auf einer praktischen Ausbildung aufsetzen muss, war höchst umstritten. Bill berührt hier einen zentralen Punkt der Diskussion über die Ausbildung von Designern, der im direkten Umgang mit der Materie an Tragweite und Aktualität gewinnt, vergleichbar mit der heute in der kybernetischen Gesellschaft stetig wachsenden Bedeutung des virtuellen Bereichs.

Dieser Text belegt die Komplexität des Denkens von Max Bill in Bezug auf die Ausbildung in den Designberufen, und er verweist auf die nächste Phase seiner Tätigkeit, als er sich bereit erklärte, das neue Lehr- und Ausbildungsprogramm der HfG Ulm auf den Weg zu bringen.

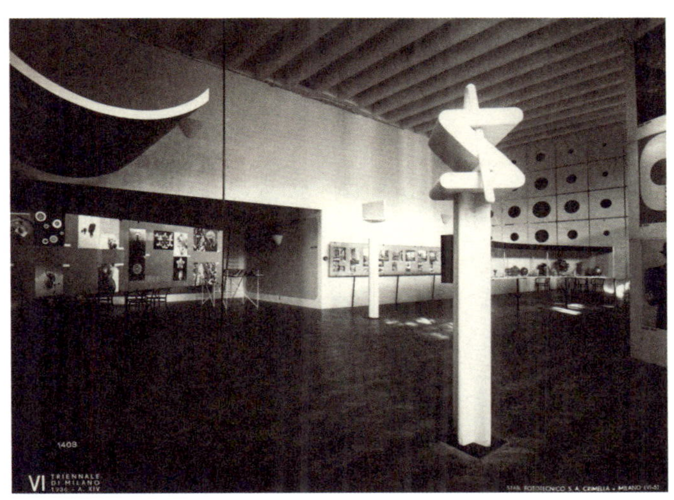

↑ Max Bill
Schweizer Pavillon an der Triennale in Mailand · 1936

16.

Der Designer als Kaufhausflaneur

Über die Arbeit von Andreas Brandolini

→ 2018

Die erste Begegnung mit Andreas Brandolini fand 1976 im Kontext meiner Tätigkeit als Leiter des IDZ Berlin statt. Er war damals Assistent in der Abteilung Produktdesign an der HbK Berlin. Seine Aktivitäten zum *Neuen Deutschen Design* hatten mich auf ihn aufmerksam gemacht. Zwischen 1992 und 2003 waren wir Kollegen als Professoren an der Hochschule der Bildenden Künste Saar. Gemeinsam haben wir am Aufbau des Centre International d'Art Verrier in Meisenthal mitgearbeitet. Für das Buch *Andreas Brandolini – Gestaltung* habe ich 2018 die Einleitung geschrieben.

Der Designer als Kaufhausflaneur
Über die Arbeit von Andreas Brandolini

1. Die Auseinandersetzung mit dem Funktionalismus

Eines der immer wiederkehrenden Themen der zweiten Hälfte des 20. Jahrhunderts ist in der Theorie der Architektur und des Designs in Deutschland die Auseinandersetzung mit dem Funktionalismus, oder richtiger gesagt, mit dem Neo-Funktionalismus. Dieser Begriff ist durch die stetige Anpassung an verschiedenste Wünsche inzwischen nur noch ein Ableger des historischen Funktionalismus der Zwanzigerjahre. Andreas Brandolini absolvierte seine Ausbildung zum Architekten zwischen 1973 und 1979 an der Technischen Universität Berlin, die in den Sechzigerjahren eine der Hochburgen für die funktionalistische Lehre war. Was Brandolini von vielen seiner Studienkollegen unterscheidet, ist seine baldige Reaktion gegen die Verbreitung dieser dort vermittelten abstrakten und pseudo-wissenschaftlichen Tendenz.

Nach einer zweijährigen Praxis im Designstudio von Nick Roericht in Ulm kehrt er nach Berlin zurück und beginnt, neben seiner freiberuflichen Arbeit, am Lehrstuhl von Nick Roericht an der HdK seine Lehrtätigkeit. Nick Roericht lässt ihm in der Lehre sehr viel Freiheit. Mit kritischen und klugen Überlegungen zum Thema Funktionalismus entwikkelt sich Brandolini bald zu einem der schärfsten Kritiker dieser späten aber weit verbreiteten ästhetischen Tendenz.

Im Bereich des deutschen Designs war Brandolini einer der Ersten, der sich vehement und sarkastisch gegen das Diktat des Funktionalismus äußerte. Dies wird nicht nur in den Arbeiten seiner neugegründeten Gruppe *Bellefast* (1982) deutlich. Wichtiger ist, dass er mit seinen Gedanken, die er in die Lehre einbringt, eine der ersten Keimzellen für einen Neuanfang in der Konzeption des Design in der Bundesrepublik begründet. Nur Jochen Gros hatte vor ihm in seiner Lehre in den Siebzigerjahren schon die Notwendigkeit gesehen, den Funktionalismus zu erweitern. Allerdings hat er diese Einsicht nicht mit der Radikalität vertreten, die in Brandolinis Thesen steckt. Die Überlegungen von Gros und seiner Gruppe *Des-in* waren damals vor allem von der Notwendigkeit des Recyclings der Produkte ausgegangen. Er setzte sich für einen sanften, psychologischen und menschlicheren Hintergrund-Funktionalismus ein. Dagegen plädierte Brandolini dafür, den Funktionalismus zunächst völlig in Frage zu stellen. Beide waren mit Sicherheit Auslöser zweier Richtungen, die in das *Neue Deutsche Design* der Achtzigerjahre mündete, ohne sich vom Funktionalismus definitiv zu verabschieden.

Ich habe das Glück, mit dem portugiesischen Architekten Álvaro Siza befreundet zu sein. In den Siebzigerjahren interessierte ich mich bereits für sein Werk, und durch ihn und seine Freunde aus der *Schule von Porto* erfuhr ich, wie und warum der Regionalismus in bestimmten historischen Situationen überaus bedeutsam und wichtig sein kann. Es ging damals darum, gegen den Kitsch der Neubausiedlungen der Algarven, den Spekulations-Funktionalismus der Trabantenstädte und den offiziellen Machtklassizismus der faschistischen Regierung etwas entgegen zu setzen, was die Identität des Ortes mit der Neuorientierung der Gesellschaft in Einklang zu bringen verstand und einen Beitrag dazu leisten konnte, Portugal zu einem freien Land mündiger Bürger zu machen. Je größere Fortschritte die

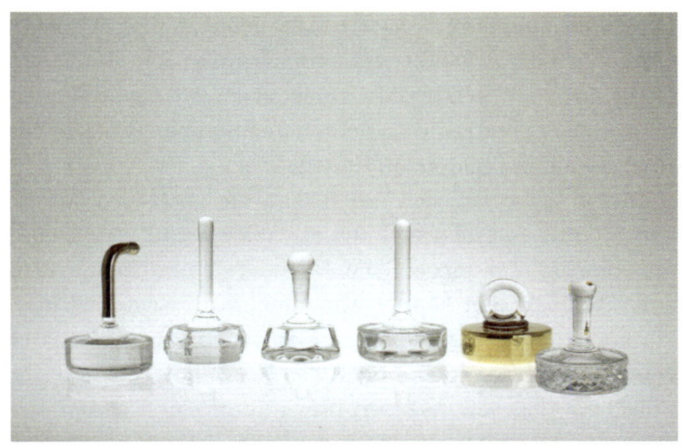

↑ Andreas Brandolini
Serie *Taugenichts, CIAV Meisenthal* · 2008

Demokratisierung des Landes machte, desto mehr verlor der Regionalismus an Bedeutung, und die Anbindung an die internationalen Richtungen in der Architektur wurde vorangetrieben. Auch Siza, der die Entwicklung der funktionalistischen Bewegung in der Geschichte der Moderne gut kennt, wurde von ihr beeinflusst. Allerdings hat er in diese Bewegung, angeregt durch die organische Architektur von Alvar Aalto, eine psychologische und stilistische Note mit seiner Architektur eingebracht, die man als Humanisierung des Funktionalismus bezeichnen kann und so seinen eigenen Stil begründet.

Bei Brandolini kann man den umgekehrten Weg sehen, der aber zur gleichen Feststellung führt. Sein Weg führt aus einer extremen Reaktion gegen den Funktionalismus (*Bellefast*) über eine Annäherung an den Minimalismus, ohne aber zu dessen Vertretern zu gehören (Capellini), zu einer Form des erweiterten Regionalismus (Schullandheim Gersheim), um schließlich einen strengen Funktionalismus ohne dogmatische Absichten anzustreben (Galerie der Hochschule der Bildenden Künste Saar).

Brandolini passt sich flexibel an die gestellten Aufgaben an, mit einer Formel aus abstrakten und gleichzeitig organischen Tendenzen, die faszinieren und gleichzeitig auch ironisch sein können (documenta 8, Kassel). Unbekümmert und frei wandert er in verschiedenen Welten der Ausdrucksformen, die je nach der Notwendigkeit und der Botschaft eingesetzt werden, die er durch seine Werke vermitteln möchte. Diese Haltung möchte ich eine anti-dogmatische nennen. Sie zeugt von Reife in der Auseinandersetzung mit dem Funktionalismus, dessen Lehre *di per se* streng geregelt und genau normierte Abläufe verfolgt. 1996 habe ich über Brandolini geschrieben: „Er ist und bleibt im positiven Sinn ein „Anarcho-Rationalist".

2. Plädoyer für ein Design der Einfachheit

Der große Verdienst von Brandolini ist, dass durch seine Lehre, frühe Schriften und Produkte sich ein ganz anderes Verständnis von Design entwickelt. Ein Verständnis, das nicht den gewohnten professionellen Normen entspricht, aber viel Innovation für ein Design beinhaltet, welches auch dem Konsumenten durch eine ihm verständlichere Logik näher kommt.

Die Tatsache, dass Brandolini 1984, zusammen mit Jasper Morrison, die Aufmerksamkeit auf die Benutzung von halbfertigen Materialien für das Bauen und das Design aus den Baumärkten richtet und sogar fertige Produkte in die Entwürfe zu integrieren versucht, ist ein Hinweis auf die von ihnen empfundene notwendige Integration von Basismaterialien der Industrieproduktion für ein *einfaches* Design (Das *Kaufhaus des Ostens* und *Berliner Zimmer*, Seminare, die Brandolini mit Joachim Stanitzek und Jasper Morrison an der HdK Berlin geleitet hat.) Die vordergründige Einfachheit von Brandolinis Arbeiten unterscheidet sich von der Einfachheit der Anderen. Während Morrison auf die Bedeutungslosigkeit der Form setzt, sind die Formen von Brandolini in ihrer Einfachheit ausnahmslos in Verbindung mit Besonderheiten konzipiert, die eine mehrdeutige Sprache als Ausdruck verlangen. Ein einfaches Beispiel: Aus Sperrholzplatten geschnittene und verleimte Teile werden so miteinander verbunden, dass daraus ein multifunktionales Objekt entsteht, dessen Name sich aus der Beschreibung der Funktionen ergibt (Büchertreppe). Ein komplexeres Beispiel für Einfachheit ist in einem Environment zu sehen, bei welchem in der Mitte eines Teppichs eine Feuerstelle symbolisiert wird. Über dem Teppich befindet sich ein Tisch in Form einer Bratwurst. (*Deutsches Wohnzimmer*, für die documenta 8 in Kassel konzipiert und heute im Museum für Konkrete Kunst in Ingolstadt zu sehen). Hier wird die Assoziation Deutschland-Feuer-Bratwurst deutlich, die Formen der Gegenstände sind klar und einfach zu erkennen. Im Gesamtbild finden wir archaische Elemente (Feuerstelle) kombiniert mit denen des elektronischen Zeitalters (Fernseher und elektronische Medienkonsole). Ein weiteres Element dieses Environments sind die ledernen Satteltaschen an dem Medienmöbel, ein Zitat aus seinem Projekt *Pony-Express*. Hier treffen Objekte aus verschiedenen, weit auseinander liegenden Epochen aufeinander: die lederne, handwerklich hergestellte Satteltasche und der Fernsehapparat aus dem digitalen Zeitalter. Brandolini macht hier den Übergang von der Moderne zur Nachmoderne deutlich. Das Ganze, ein vielfältiges, erzählendes und ästhetisch raffiniertes Bild, vielschichtig, aber auch kritisch und ironisch in seinen Aussagen. Die Ikonographie ist für jeden Betrachter dieses *Neuen Deutschen Designs* verständlich.

Der Höhepunkt der gewollten Einfachheit im Design, ein Leitmotiv im Werk von Brandolini, kommt besonders in zwei Arbeiten zum Ausdruck, in einem Tisch aus standardisierten L-Eisenprofilen, wie sie in jedem Eisengeschäft zu bekommen sind, mit einer integrierten Holzplatte (Sideboard). Nur eines unterscheidet Brandolinis Tisch von einem gewöhnlichen, einfachen Design-Produkt. Genau dort wo die Beine den Boden berühren, läuft das Eisenprofil in eine Spitze aus, ein gewollter, irritierender Aspekt, der häufig seine Produkte kennzeichnet. Die zweite Arbeit ist ein Versammlungssaal, bestehend aus einem riesigen Tisch aus einer furnierten Holzplatte mit verchromten Beinen aus der Serie eines großen Büromöbelherstellers. Rundum stehen zweiundvierzig blau gepolsterte und in Naturholz ausgeführte Armlehnstühle (Sitzungssaal der SPD-Fraktion in Saarbrücken). An den Wänden befinden sich Portraits beliebiger saarländischer Menschen - genauso viele wie Abgeordnete um den Tisch sitzen. Die Auftraggeber (das Volk) schauen den Auftragnehmern (den Politikern) bei der Arbeit über die Schulter! Ein zurückhaltender Raum, charakterisiert durch extrem sparsame Formgebung, der aber trotz minimaler Intervention eine warme und klar geordnete Atmosphäre ausstrahlt.

3. „Intervento minimo" für Stadt und Land

Ein weiterer Aspekt im Werk von Brandolini ist das Empfinden für minimale Interventionen. Das möchte ich an zwei Beispielen erörtern.

Auf dem Land, in einem Kleindorf in Lothringen (Raucourt, 210 Einwohner), wurde Brandolini von der Délégation aux Arts Plastiques in Metz beauftragt, eine künstlerische Intervention für das Dorf zu entwerfen. Was verstand man unter künstlerischer Gestaltung für ein Dorf? Nach längeren Verhandlungen mit dem Bürgermeister und Mitgliedern des Gemeinderates wurde ein Programm definiert, das nicht unbedingt mit Kunst in Verbindung zu setzen ist: Kegelbahn, Pétenque, Kinderspielplatz, ein kleines Fußballfeld, Sitzplatz für die Älteren etc. Es konnte also nur um Kunst mit zusätzlichen sozialen Funktionen gehen. Brandolini versteht darunter eine Kunst im Sinne der sozialen Plastik von Beuys. Die Subventionen des Kunstministeriums wurden so vertretbar. Dann stand der einfache Entwurf, war aber nicht zu finanzieren. Da beschloss die Gemeinde, viele Teile in Eigenleistung zu realisieren, also mit tatkräftiger Beteiligung der Bevölkerung. Mit einem einfachen Bau als Ort für die Kegelbahn, einer Pétenquefläche in *terre battue*, umrahmt von Eisenbahnschwellen aus Holz, einigen Bänken und einer Wiese als Spielfläche für Kinder war das Programm realisiert. Bei dieser Arbeit hat Lucius Burckhardts *intervento minimo* Brandolini, der Burckhardt gut kannte, inspiriert. Er hat alles auf das absolut Notwendige reduziert, kostensparend gearbeitet durch Verwendung von wieder verwerteten Materialien und durch die Beteiligung der Bürger finanzierbar gemacht. Brandolini gab dem Ort den Namen *Franziskus*, der zur Inspirationsquelle wurde, da der Heilige eine Kapelle mit eigener Hand erbaut hat und schon damals die Bevölkerung dafür um Baumaterial und Spenden bat.

In der Großstadt Wien, an einem stark befahrenen Kreisverkehr, gewann Brandolini einen Wettbewerb für eine Platzgestaltung (Gaußplatz). Der Platz liegt mitten in einem preiswerten Wohngebiet, wo sozial schwächere In- und Ausländer wohnen. Der Ort ist ein Sammelbecken für Kinder und Jugendliche; rund um den Platz gibt es Gaststätten und Läden. Hier fand vor dem Wettbewerb ein Pilotprojekt der Stadt Wien mit Bürgerbeteiligung statt.

Brandolini lässt den schwierigen Kreisel bestehen, schwierig, weil er in der Mitte von zwei Straßenbahnlinien durchquert wird. Über die Mitte des Kreisels setzt er einen ornamentlosen Stahlring auf vier Stützen, der von Weitem das Zentrum des Kreisverkehrs signalisiert. Auf einer Seite flankiert er den Kreisel mit einer langgestreckten Pergola, die seitlich eine Grünwand zum Kreisel bildet und auch als Trennung von Verkehr und Ruheflächen gedacht ist. Das Prinzip der Trennwand basiert auf einem Rhythmus zwischen geschlossenen und offenen Teilen, die den Fußgängern vom Bürgersteig aus den Zugang zum Park leicht möglich machen. Hier sind Nischen angeordnet, die das Spielen von Ruhezonen trennen.

Was überrascht, ist die einfache Konstruktion des Ganzen, das aus nur zwei Materialen realisiert wurde: Stahl und Natursteinmauer. Dazu das Grün der Kletterpflanzen, die gezielt eingesetzt wurden. Hier besteht die Minimalisierung im Verzicht auf Effekte durch Gestaltung. Brandolini benützt wenige einfache Standardelemente, die aus dem Baumarkt kommen könnten. Er sagt dazu, dass diese tatsächlich in diesem Kontext entworfen worden sind, mit *grober Eleganz* (Aussage eines Journalisten). In einem anderen Maßstab verfolgt er das Prinzip des *intervento minimo* und erreicht durch Zurückhaltung und Einfachheit in der Gestaltung ein Resultat, das die Bewohner gerne annehmen und nutzen.

4. Zwischen Regionalismus und Globalisierung

Die Tatsache, dass Brandolini sich mit Regionalismus beschäftigt, könnte widersprüchlich erscheinen, da das Regionale als Gegensatz zum Funktionalismus betrachtet wird, der das Globale im Auge hat. Es zeigt, wie stark er sich von der Funktionalismusdebatte gelöst hat und wie er ihn mit aktuellen Themen in seine Entwurfsmethode integrieren kann. Er kannte sicher die Thesen von Ricœur und Frampton zum *kritischen Regionalismus*. Diese sagen aus, dass eine hybride Weltkultur dann entsteht, wenn eine Befruchtung zwischen bodenständigen Kulturen und Weltzivilisationen stattfindet, also zwischen Tradition und Innovation. Ganz in diesem Sinne entwirft er Inneneinrichtungen, die regionale Aspekte aufnehmen (Schullandheim Gersheim). Es entstehen Tische, Stühle, Wandschränke, Etagenbetten, Hocker, Vitrinen und Garderoben, sogar Türen und Wandverkleidungen aus rotkernigem Buchenholz, ein Material aus der Region und bearbeitet von Schreinermeistern aus der gleichen Region. Alles wurde nach ökologischen Produktionskriterien realisiert (keine oder kleine Transportwege, natürliche Behandlung des Materials usw.). Die Intention war, lokale ländliche Traditionen zum Ausgangspunkt des Entwurfs zu machen. Erinnert werden soll an die Entvölkerung und Neubesiedlung nach dem 30-jährigen Krieg als die Saar/Pfalz mit Menschen aus dem Alpenraum neu besiedelt wurde. Die Wahl der Gestaltungsart ist historisch fundiert und aktuell durch den ökologischen Ansatz. Brandolini trifft den Geschmack einer breiten Bevölkerungsschicht, und gleichzeitig ist aus professioneller Sicht das Design gelungen. Wieder kommen hier eine Anzahl von vielschichtigen Aspekten zur Geltung, was das Projekt bereichert und ihm Bedeutung gibt.

Diese Tendenz des Entwerfens, etwas weniger akzentuiert, finden wir in den Interieurs von Brandolini immer wieder (Flötz Cafékantine, Info- und Kundenzentrum der Saarbrücker Stadtwerke), aber auch im Entwurf der einzelnen Möbel (Tisch und Armlehnstuhl für die Vereinigten Saarschreiner) oder akzentuiert spielerisch geformt (Frauen- und Kinderklinik Homburg). Es handelt sich um eine Produktsprache, die als Erkennungsmerkmal für das Eingehen von Brandolini auf die Wünsche seiner Auftraggeber gelten kann, und doch von einer persönlichen und sensiblen Art der Gestaltung geprägt ist.

Die Auseinandersetzung mit dem Regionalismus, nach einer ersten Phase des Radikal- und Avantgardedesign, hat ihn zu einer Mäßigung in der Produktsprache gebracht, ohne dass sein Drang nach Einfachheit verloren ging. Er selbst hat sich in seiner reifen Phase seines Werks gefunden und bringt diese Vollkommenheit jetzt zum Ausdruck.

5. Die Erfahrungen als Artdirektor des Centre International d'Art Verrier in Meisenthal

Die Artdirektion für das CIAV in Meisenthal (einem Projekt, welches wir mit französischen Kollegen gemeinsam aufgebaut haben) fällt in einen Augenblick von Brandolinis kultureller Entwicklung, in der er die Bedeutung der historischen Aneignung eines Ortes konkret wahrnehmen konnte. Meisenthal ist ein Ort, der die Geschichte des Glases der Art-Nouveau-Schule von Nancy geprägt hat und noch heute durch den Besitz vieler großartiger Objekte in seinem Museum große Bedeutung für die Kunstgeschichte zu Beginn des 20. Jahrhunderts hat. Dort experimentierte Emil Gallé, der bedeutendste Glaskünstler des Jugendstils, der zusammen mit Désiré Christian neue Techniken zur Dekoration von Glas und Kristall entwickelt hatte, die den Ruhm der Nancy-Schule mitbegründeten. Meisenthal ist ein Ort, der einmal 450 Arbeiter beschäftigte und 1969 die Produktion aufgab. Teils verlassene Fabrikhallen wurden seit 2001 für Hochschulkurse in Betrieb genommen, zuerst auf nationaler, später internationaler Ebene, und unter Anleitung renommierter Seminarleiter durchgeführt. Als zweites Bein des sich entwickelnden CIAV wurde eine Kollektion produziert, deren Artdirektion Brandolini übertragen wurde. Die neue Einheit von Kursen, Produktion, kulturellen Veranstaltungen und Museumsbesuch gab dem Dorf neues Leben.

Brandolini erlebte in Person das Erwachen dieses kulturell stark von der Geschichte geprägten Ortes, konnte seinen Beitrag dazu leisten und erlebte persönlich, wie Aspekte des Regionalismus noch heute durch die Tradition des Ortes zum lebendigen Material werden können. Er griff unter anderem auf ein Lager mit hunderten Holzformen aus der früheren Produktion der Firma Burgun, Schverer & Cie zurück, ließ sie katalogisieren und restaurieren, so dass sie für die Produktion wieder einsetzbar wurden. Sie dienten als Ausgangsbasis für die Herstellung neuer Glasobjekte. Die Künstler und Designer veränderten die alten historisierenden Holzformen für die Entwicklung neuer Objekte. Diese Besonderheit, die Brandolini in seine eigene Produktion für die Kollektion der CIAV einführte und sie auch den Studierenden in seinen Kursen vermittelte, bildet die Basis der Formensprache seiner Meisenthaler Objekte. Dieses geglückte Experiment und die Tatsache, dass Brandolini seit Jahren in einem Dorf nicht weit von Meisenthal entfernt in Lothringen wohnt, hat ihn mit der Geschichte dieser Region und Aspekten ihrer Tradition im Alltag vertraut gemacht. Sein Verständnis für die Aktualität des Regionalen, unter Berücksichtigung des *kritischen Regionalismus*, hat er verinnerlicht, ohne dafür seine Tendenz zum Vereinfachen von Formen aufzugeben. Auf diese Weise konnte er die Verbindung zum Globalen aufrecht erhalten. Natürlich weiß auch Brandolini, dass der heutige globale Markt mit einer allein auf örtliche Ästhetik ausgerichteten Objektsprache nicht zu gewinnen ist. Seine Kombination von regional und global erschließt ihm globale Märkte, und die Geschichte der Verwurzelung am Ort macht ihn für die lokalen Märkte interessant.

Seine für Kleinserien realisierten Objekte für den CIAV entstehen aus dem Geist der Variabilität des Gleichen in Form und Farbe. Als Standard für das Kunsthandwerk, wenn man diesen Widerspruch annimmt, der die Tätigkeit des Handwerks mit der Industrie-Form des Designs verbindet. So entsteht bei Brandolini die Tendenz aus einer Form, wenn möglich eine Serie unterschiedlicher Objekte zu entwickeln. Dies gilt sowohl für seine eigenen Objekte für die Kollektion des CIAV als auch für manche seiner Mitstreiter, vor allem aber für die von ihm organisierten oder geleiteten Workshops mit Studenten.

6. Sprechende Objekte und integrativer Kontext

Brandolini legt Wert auf den kommunikativen Aspekt der Objekte. Ganz im Sinne des *erweiterten Funktionalismus*. Besonders seine Objekte für das Interieurdesign beinhalten eine narrative Seite, die in Ensembles ganze Geschichten erzählen (Deutsches Wohnzimmer). Tut er dies nicht allein über seine Objekte, so wird das Environment im Interesse der Narration vervollständigt durch weitere Objekte aus anderen Medien, wie zum Beispiel der Fotografie (Sitzungssaal der SPD-Fraktion in Saarbrücken). Die Darstellung narrativer Aspekte in der Gestaltung von Objekten, das können wir von Ettore Sottsass lernen, verweist auf Symbole, die in der Ritualisierung des Lebens zu finden sind und den Sinn für das Sakrale wecken. Überdies dienen Symbole auch dazu, die Intensität und die Tiefe sinnlicher Wahrnehmung zu erleben. Mehr noch, sie erwecken in uns die Welt der Mythen und des Aberglaubens, welche für viele Menschen große Bedeutung hat. Somit sind wir weit entfernt vom *Schmalspur-Funktionalismus* im Design. Die Einbeziehung solcher Aspekte machen Objekte erst menschlich, lebendig, reizvoll und vielfältig. Brandolini hat es verstanden, die Ästhetik seiner Objekte durch deren kommunikative Aspekte den psychologischen Bedürfnissen der Menschen anzupassen. Denn Kommunikation bedeutet in Verbindung setzen. Erst so kann Identität zwischen Personen und Objekten entstehen.

Ein weiterer Aspekt der Entwurfspraxis von Brandolini ist die Suche nach einem bestimmten Kontext, in welchen seine Projekte und Objekte integriert werden. Er sagt, dass der Kontext Priorität vor seinen formalen Vorlieben hat, also die Form, besser die Auswahl des Stils, soll sich der Umgebung anpassen. Besser gesagt, es geht in erster Linie um Integration in den Kontext. Brandolini möchte versuchen, die Differenz zwischen dem bereits Existierenden zum Neuen so zum Ausdruck zu bringen, dass der Unterschied zwischen beiden sichtbar wird, aber er möchte das Neue so integrieren, dass keine harten Kontraste entstehen. Zum Beispiel: Wenn in einem nach dem Krieg wiederaufgebauten barocken Ensemble eine Ausstellungshalle zu bauen ist, wählt Brandolini eine schlichte, dem Funktionalismus angepasste Sprache. In diesem Fall wählt er diese Sprache nicht, weil wie er sagt

„er sich zum Funktionalisten gewandelt habe, sondern weil in diesem Kontext eine Lücke geschlossen werden soll ohne dabei das Ensemble unnötig zu irritieren". Aus diesem Grund arbeitet er mit einer zurückhaltenden, neutralen Sprache (Hochschulgalerie der HBKsaar).

Ein solcher Vorgang zeigt, dass er der Integration die Priorität vor jeder Funktion oder einem Stil einräumt. Er nimmt dafür in Kauf, dass der solchermaßen integrierte Bau nicht ohne weiteres seine Funktion erkennen lässt. In diesem Fall bekommt die *leise Integration* Vorrang vor der Kommunikation.

7. Für ein ideologisch befreites Radikaldesign

Andreas Brandolini ist und bleibt ein Mitstreiter für ein „anderes" Design, welches nicht leicht in die traditionellen Kategorien der Profession zu integrieren ist. In seiner Lehre sowie in seiner täglichen Entwurfsarbeit geht er meist von Lösungen aus, die dem traditionellen Industriedesign entgegengesetzt sind. Sehr früh sagte er dem *sauberen*, *ergonomischen* und *funktionsgerechten* Design den Kampf an (Eins, zwei, drei Eierbecher, HfbK Berlin, 1982). Die Zitate in seinen Schriften machen deutlich, an was er sich orientiert und wovon er sich beeinflussen lässt. Da kommen Paul Virilio, Max Reinhardt, Blixa Bargeld, Moholy-Nagy, William S. Burroughs, Roland Barthes oder Brian Eno vor (*Ins Volle geplappert*, 1984). Seine Kultur, die er sich nach seiner Ausbildung zum Architekten angeeignet hat, wurde durch seine Nähe zum damaligen Berliner Underground der Achtzigerjahre, den sogenannten wilden Jahren, geprägt. Diese Kunst- und Musikszene brachte Maler, Musiker, Modemacher, Schriftsteller und einige wenige Designer zusammen. Diese Begegnungen öffneten ihm den Horizont und machten ihm deutlich, welche Bedeutung der Transversalität im Denken und im Entwerfen zukommt. „Aus den Freizeit-Feierabend- und Unterhaltungsrebellen sind Professionals geworden" (*Die Berliner Designszene hat viele Gesichter*, 1989).

Auch die Bereitschaft, Existierendes zur Seite zu stellen um Neues anzufangen, ist eine seiner oft betonten Maximen. Brandolini plädiert in diesen Jahren für ein ganz anderes Design, sogar für einen Neuanfang. Im Unterschied zu denen, die ihn zum *Neuen Design* rechnen wollen, sagt er über die Bewegung, dass diese „... nachdem man zunächst das Etablierte stürmisch in die Ecke gefeuert hatte, um sich dann nach geraumer Zeit wieder in formalen - natürlich witzigen oder bösen - Bahnen zu bewegen. Denn was hat sich letztlich geändert? Was ist neu?" und weiter „... quält die Elementarformen durch die Objekte, fügt - der Kreativität ein Krönchen aufsetzend - ein paar ‚freie' Formen dazwischen. Die Objekte selbst bleiben zunächst nur der Gegenstand ideologisch determiniert, formal kniebeugend" (*Das reine Herz*, 1986). „Es gibt nichts Neues zu entwerfen; ohne Stift und Zeichenbrett wird nur das verwendet, was die Industrie sowieso ausstößt. Gefördert wird nicht der Schweiß des Fleißigen, sondern das Schlitzohr oder gar Genie eines Kaufhaus-Flaneurs, der mit der Erkenntnis, dass die Faulheit oft Mutter praktischer Erfindungen ist, mit Bedacht das eine oder andere Objekt aus dem reichhaltigen Angebot unserer Verkaufsplätze auswählt. Sei es, weil es ihn durch seine Hässlichkeit in eine kreative Unruhe versetzt, sei es, weil es ihn durch seine Eleganz verzaubert, oder auch nur weil es billig ist." (*Das Kaufhaus des Ostens*, 1984). Diese Zitate machen deutlich, welche radikale Zensur Brandolini für das Design suchte und heute noch als vernünftig für ein *anderes Design* ansieht.

In diesem Sinne hat er immer das heute von der Profession so geschätzte Marketing in Frage gestellt. Er stellt mit Recht fest, dass das Industrie-Design von einer experimentierfreudigen Profession degeneriert ist hin zu einem von Produkttechniken und Marketingstrategien dominierten Handwerk. Er macht deutlich, dass beim Design nicht die Herstellbarkeit oder die Vermarktung im Vordergrund zu stehen haben, sondern das „auf die Spitze treiben eines Gedankens". Er hat recht, denn erst das bringt Innovation. Man sagt uns kontinuierlich, dass Design primär den Markt braucht. Brandolini macht uns deutlich, dass im Vorfeld für die Entwicklung von Design das Experiment steht, aus dem ein interessantes und gutes Serienprodukt für den Markt erst entstehen kann. Das Positive an der Radikalität Brandolinis sehe ich darin, dass er versucht, die Normalität des Gewöhnlichen zur Schau zu stellen. Er behauptet von sich, er habe nur die vermeintlich unscheinbaren Dinge etwas verändert (*Wörterbuch, Kamingespräche*, 1995). Hier schließt sich der Kreis, der den Weg von Brandolini im Design verfolgt, der von der Funktionalismuskritik über ein eigenes, ideologisch befreites Radikaldesign zum alltäglichen, *einfachen*, aber qualifizierten Design führt. An diesem Designprozess arbeitet er immer noch weiter, denn er hat seine Kritik an der Profession und der Gesellschaft seit Beginn der Siebzigerjahre bis heute nicht aufgegeben. Brandolinis Weg, über etwa 45 Jahre hinweg, ist kulturell bereichernd, beruhigend und aufschlussreich in einer Zeit, in der Design prinzipiell vom Absatz auf den Märkten bestimmt wird.

17.

Ettore Sottsass, 1917–2009

→ 2017

Die Zeitschrift *Designreport* bat mich 2017 zum hundertsten Geburtstag von Ettore Sottsass eine persönliche Würdigung zu schreiben.

Ettore Sottsass, 1917–2009

Er war ein gefeierter Designer, für manche ein Designpapst, doch selten wurde auf sein Engagement für Autonomie und Würde der menschlichen Existenz verwiesen. Für den Anspruch der Individuen auf Freiheit im umfassenden Sinne kämpfte er lebenslang. Da dieser Anspruch aus seiner Sicht noch am ehesten in der Kunst zum Ausdruck kommt, mochte er sich nicht als Designer verstehen. Um sichtbar zu machen, was ihn umtreibt, war ihm das Schreiben unverzichtbar. Seine poetischen Texte zählen für mich zu einem ganz bedeutenden, weithin unterschätzten, weil eher unbekannten Teil seines Werks.[1] Ähnliches gilt für seine kritischen, ironischen Zeichnungen[2] und seine Fotografie, die nicht einfach abbildet, sondern Zustände aus vielerlei Bereichen sichtbar macht und Geschichten erzählt. Obschon Architekt, wie der Vater, begriff sich Ettore Sottsass sehr früh als Künstler. Zum Produktdesign kam er eher zufällig.

1958 suchte Adriano Olivetti Zeichnungen von talentierten Künstlern für ein Buch. Seine Wahl fiel auf Sottsass, der in Mailand ein kleines Architekturbüro betrieb und auch als Künstler arbeitete. Obwohl Sottsass' praktische Erfahrungen im Designbereich sich damals auf eine kurzzeitige Mitarbeit im New Yorker Büro von George Nelson und die Entwicklung einer Reihe von Lampen für Arredoluce beschränkten, engagierte Olivetti den 40-jährigen Architekten auch als Designer für die Produkte der neu gegründeten Elektronikabteilung der Firma.

In dieser Zeit beginnt Sottsass in der Toskana mit Keramiken zu experimentieren. Außerdem frequentiert er in

Turin, Mailand und Rom einen Freundeskreis aus Literaten und Künstlern. Für Olivetti arbeitet er 20 Jahre. Er gestaltet Geräte, Möbel und ganze Büromöbelsysteme, insgesamt etwa 50 Produkte, und ist auch für die Kommunikation als Artdirektor zuständig. Wie konnte er in dieser großen Firma sein Engagement für Autonomie und Freiheit umsetzen?

Sottsass betrachtete alle Objekte als Bestandteil einer ganzheitlichen Arbeits- und Lebensumgebung, versuchte physische und psychische Bedürfnisse und Empfindungen der Arbeitenden genauso zu berücksichtigen wie die rationalen Arbeitsvorgänge (ein kleines Detail: Für die Seitenwände von Schreibmaschinen schlägt er Gumminoppen vor, an denen die Schreibenden ihre taub gewordenen Finger durch Darüberhinwegstreichen wieder beleben können[3]). Sottsass wollte die Geräte nicht nur ergonomischer gestalten, sondern eine lebendige, sinnliche Wahrnehmung fördern, die den Bedürfnissen der Nutzer entgegenkommt. Seine Intentionen trafen sich auf ideale Weise mit denen des Unternehmens, denn Olivetti verfolgte eine fortschrittliche Politik, die dem Wohl der Beschäftigten sowohl am Arbeitsplatz als auch in der Freizeit große Aufmerksamkeit widmete. Schon 1947 hatte Adriano Olivetti die Gemeinschaftsbewegung *Movimento Comunità* gegründet, aus der eine politische Partei entstand, welche die Basis für die Sozialpolitik der Firma bildete. Olivetti und Sottsass hatten hier die gemeinsame Plattform gefunden, die einerseits das Unternehmen qualifizierte und andererseits dem Designer viel Freiheit gab.

Von einer Orientreise bringt Sottsass 1961 eine lebensbedrohende, in Italien unheilbare Infektion mit, die 1962 einen sechs Monate dauernden Klinikaufenthalt in Kalifornien nötig macht. Dort wird ein neues Medikament an ihm erprobt, welches ihm das Leben rettet. Die Erfahrungen mit der plötzlich nahe gerückten Möglichkeit des Sterbens, auch sein gleichzeitig gewecktes Interesse für den Buddhismus und die in Kalifornien beginnende Hippie-Bewegung prägen seinen späteren Weg als Gestalter. Als Patient zeichnet er im Stanford Medical Center in Palo Alto seine großartigen *Keramiken der Finsternis*: nach seiner Heilung entstehen die Keramiken, die er Shiva als dem Sinnbild für Fruchtbarkeit und Leben widmet. Beide Serien werden 1963 und 1964 in Mailand ausgestellt.[4]

Seine Frau Nanda Pivano widmet sich als Übersetzerin besonders der Beat-Literatur, die sie in Italien bekannt macht. Die Autoren und Musiker dieser Bewegung beeinflussen ihren Mann ebenso wie die Protagonisten des englischen Pop. Diese Hintergründe bestimmen Sottsass' gesamtes Werk, und sie werden auch nicht ausgespart bei seiner Zusammenarbeit mit der Industrie. Er erscheint mir als einer der ersten Designer, die Impulse der Pop-Art auf das Design übertragen. Seine *grauen Möbel* aus Kunststoff für Poltronova von 1970 und besonders der beleuchtete Spiegel *Ultrafragola* sind viel deutlichere Zeugen des Einflusses der Pop-Bewegung auf das Design als die so oft zitierte Schreibmaschine *Valentine*, die etwa zur gleichen Zeit entstanden ist.

Sottsass kritisierte die „unendliche Ausdehnung der Märkte und der Produktion". Diese Haltung zu Produktion und Konsum ist in Italien von der Radical-Design-Bewegung aufgenommen worden. Er unterschied sich jedoch von den politisch linken Bewegungen mit ihrer Kritik am System durch seine Position der Verteidigung der individuellen Freiheit. Einer seiner Lieblingssätze lautete:

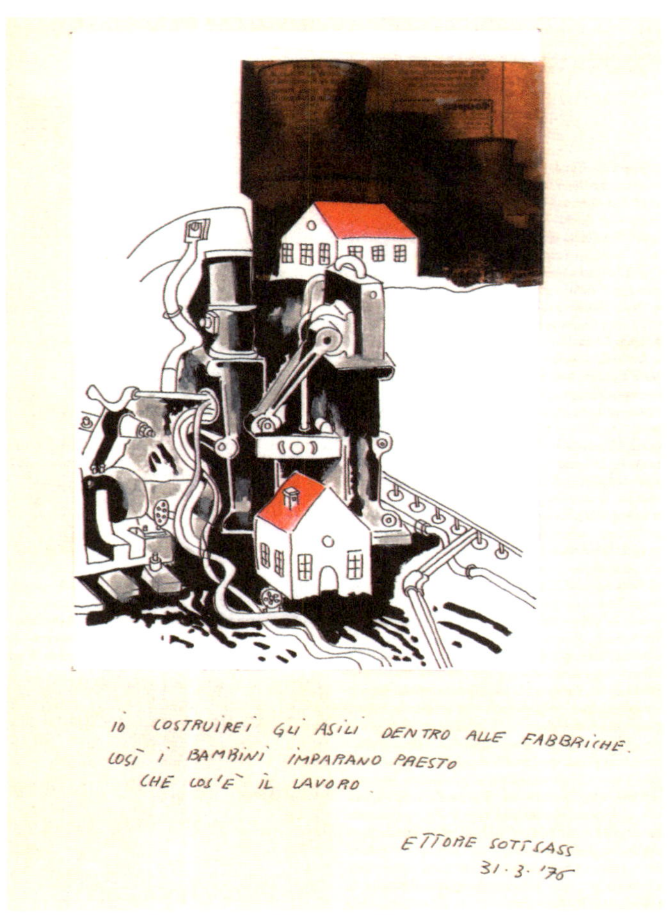

↑ Ettore Sottsass
„Ich würde die Kindergärten in Fabriken einbauen, so würden Kinder schnell begreifen, was Arbeit bedeutet." • 1976

„Designer sollen in erster Linie für Menschen gestalten, nicht für Firmen". Die Idee des Zurückfindens zum einfachen Leben, zu einfachen Formen und Handwerkspraktiken verband ihn mit den Mitstreitern des *Radical Design*. Er war ein großer Verehrer und Bewunderer des Handwerks, pflegte liebevolle Kontakte zu ausführenden Handwerkern, ohne die fortgeschrittensten Technologien zu vernachlässigen. So wie Kinder gerne Teile aufeinanderstapeln und dabei verschiedenste Materialien verwenden, schwebte ihm beim Entwurf eine einfache geometrische Reduktion vor, die sich Archetypen annähert. Autonome, verschiedenartige Elemente bestimmen die Besonderheit seiner Komposition und damit seine unverwechselbare Objektsprache. Ob er industriell wie bei Alessi oder handwerklich wie bei Venini produzierte, ob er mit Holz, Keramik, Glas, Kristall, Marmor, Zinn, Silber oder Gold, Laminaten, Kunststoffen oder Stahl arbeitete, stets legte er größten Wert darauf, dass *Gewicht* und *Sinnlichkeit* des jeweils gewählten Materials wahrgenommen werden können. Architektur oder Design sollen dem Nutzer ermöglichen, „sich seines eigenen Daseins bewusst zu werden", die Objekte sollen „gewisse Rituale im Leben begünstigen", indem sie auf archetypische Bedürfnisse antworten und als anschauliche Zeichen ritualisierte Vorgänge bestimmen und regeln.

Sottsass sagt, dass „die Form nicht der Funktion folgen soll, sondern vielmehr auf Werten und Bedeutungen aus der Anthropologie" aufbauen müsse. Seit den 1960er Jahren durchschaute er die Mechanismen, Absichten und Praktiken von Produktion und Ökonomie, deshalb erschienen ihm auch die sozialen Absichten der *Guten Form* der 1920er Jahre bis heute als Illusion. Durch sein kontinuierliches Infragestellen des Erreichten und das ununterbrochene Experimentieren wurde Ettore Sottsass einer der innovativsten Architekten und Designer des vergangenen Jahrhunderts.

1 siehe *C'est pas facile la vie II*, Melangolo Verlag, 1987; *Jetzt aber*, Hatje Verlag, 1993; *Esercizi di viaggio*, Nino Aragno Verlag, 2002; *Scritto di notte*, Adelphi Verlag, 2010; siehe auch die vielen Artikel in Domus, wo Sottsass von 1953 bis 2008 als Kolumnist und Fotograf tätig war.
2 siehe *Le regard nomade*, Thames & Hudson Verlag, 1997
3 siehe *Schreibmaschine praxis 48*, Olivetti, 1969
4 siehe Beitrag Sottsass' zu *Italy: The New Domestic Landscape*, MoMA New York, 1972

18.

Der Architekt als Vermittler von Werten am Beispiel von Gion A. Caminada

→ 2018

Seit Jahren interessiere ich mich für Beiträge der Architektur zum Thema Regionalismus. Die Schweiz lieferte in den Siebzigerjahren mit der *Tessiner Schule* und dreißig Jahre später mit der *Graubündner Schule* wichtige Beiträge. Einer davon ist das Experiment *Val Lumnezia* in Graubünden von Gion A. Caminada. Es entwickelte sich als wichtiges Modell für die Wiederbelebung der Alpentäler. Ich schrieb 2018 die Einleitung zu dem Buch *Gion A. Caminada – Unterwegs zum Bauen*.

Der Architekt als Vermittler von Werten am Beispiel von Gion A. Caminada

Der vorliegende Band ist ein Versuch, Gion Caminada als Architekten über seine Erfahrungen im Leben im Val Lumnezia im Kanton Graubünden und deren Einflüsse auf seine Arbeiten zu charakterisieren. Ein nicht ganz einfaches Unterfangen, denn Lebenserfahrungen und ideale Vorstellungen sollen zumindest angedeutet und ihre Wirkungen auf das Werk aufgezeigt werden.

Meine Einleitung versucht, komplementär zu sein: Das Werk von Caminada wird aus der Sicht einer Erweiterung von Theorie und Praxis in der Architektur interpretiert, und ich hoffe, so den Mehrwert seiner Bauten deutlich zu machen.

Beide Darstellungen gehen von einem noch nicht abgeschlossenen Experiment aus. In Vrin, dem hintersten Ort im Val Lumnezia, verbrachte Caminada seine Kindheit, machte dort eine Lehre als Schreiner, bevor er sich zum Architekten ausbilden ließ und schließlich Professor an der ETH in Zürich wurde. In Vrin lebt und arbeitet er heute noch. Durch die Planungsabläufe und die Bauten in Vrin und anderen Orten, an denen Bürger, Stiftungen und Autoritäten beteiligt waren, wurde Caminada in den letzten Jahren durch zahlreiche Veröffentlichungen bekannt.

Eintreten für eine andere Praxis des Architektenberufs

Das Projekt in Vrin scheint mir beispielhaft, weil seine Konzeption von Planen und Bauen durch eine enge Verzahnung von sozialem Kontext, ökonomischen Gegebenheiten, anthropologischen Konstanten und geschichtlichem Kontext gekennzeichnet ist. Dies setzt eine Erweiterung des Begriffs von Architektur und Landesplanung voraus, denn nur so wird es möglich, mit den betroffenen Bewohnern ein wirkliches Gespräch zu führen und ihre Probleme aufmerksam und sorgfältig in die Planung einzubeziehen.

Was mir bei Caminada besonders gefällt, ist seine Interpretation des Berufs Architekt als Vermittler von Werten, die er sichtbar zu machen versucht, Werte, die heute zwar bekannt sind, oft aber für das Bauen zurückgestellt werden, oder auch Werte, die in der Lehre und Ausbildung gar nicht mehr auf dem Plan stehen. Das Bauen in Partizipation, so wie Caminada es praktiziert, verlangt nach Strategien, die gekoppelt sind mit nachhaltiger Sinnbildung. Sobald Menschen erkennen können, dass es sich um ihr eigenes Interesse handelt und sie sich zu den verschiedenen Themen miteinander besprechen können, wird die Identität einer Dorfgemeinschaft gestärkt, und die zwischenmenschliche Kommunikation intensiviert sich. Das alles kann man in Vrin beobachten und lernen.

Ein anderer wichtiger Aspekt in Caminadas vorbildlicher Arbeit ist der Versuch, der Gemeinschaft im Verschwinden begriffene Riten oder althergebrachte Bräuche wieder nahezubringen. Ich denke dabei an Caminadas Totenstube in Vrin. Weil Menschen heute immer häufiger in Krankenhäusern oder Altersheimen sterben, ist die Aufbahrung zu Hause auch in den Alpentälern nicht mehr üblich. Das früher praktizierte Übergangsritual vor der Beerdigung wird in dieser Totenstube wieder ermöglicht. Dort wird der Sarg in einer vertrauten *warmen Atmosphäre* aufgebahrt. Zum Wohlgefühl in diesem Raum trägt das sowohl innen als auch außen angewandte Strickbauverfahren bei. Der Raum bekommt dadurch fast den Charakter einer Wohnstube. Am

Fenster hinter dem aufgebahrten Toten kann die Lichtatmosphäre durch einen Schiebladen reguliert werden.

Das menschliche Verlangen, sich in der Architektur *geschützt* zu fühlen, nimmt Caminada sehr ernst. Für den Bau des Mädcheninternats in Disentis wählte er ein Konzept, bei dem er den inneren Kern aus Treppenhaus und einem dazugehörigen *Vorplatz* als Kommunikationsraum konzipierte. Das Treppenhaus wird auf jeder Etage spiralförmig gedreht, sodass der dazugehörige *Vorplatz* auf den einzelnen Etagen jeweils an einer anderen Hausfassade liegt. Im Treppenhauskern benützt er die Nischen unter der Treppe als intime Rückzugsplätze. So antwortet er auf das menschliche Verlangen nach geschützten Räumen, nach *Nestwärme*, das für alle Menschen in den Entwurf einzubringen ist.

Außerdem setzt er die Fenster, die ein typisches Merkmal seiner Gestaltung sind, in verschiedenen Tiefen in die Wand, sodass Nischen entstehen, die von innen und außen sichtbar sind. Sie können als Sitz- oder Liegenischen benützt werden.

Auch die wahrnehmungspsychologischen Aspekte der Atmosphäre von Innen- wie Außenräumen sind ein zentrales Thema im Werk Caminadas. Mit Recht verweist er auf positive oder negative Folgen, die durch die Stimmung von Architektur und Räumen im Verhalten von Menschen entstehen können. Er versucht bewusst, durch Raumwirkungen, in die er auch Akustik und das Olfaktorische einschließt, menschliches Wohlbefinden und Verhalten positiv zu steuern. Ungewöhnlich erscheint mir, dass ein Architekt ein so vielschichtiges, an unterschiedlichen Wissenschaftszweigen orientiertes Wissen hat und dieses lebendig werden lässt, indem er baut, berät und lehrt, und damit beispielhaft zeigt, wie Gemeinschaften positiv beeinflusst werden können. Damit erfüllt Caminada eine Rolle, die im Berufsbild des Architekten nicht mehr vorgesehen ist: die eines Architektur- und Planungstherapeuten, ja eines Mentors.

Die Bedeutung von Materialien und Ästhetik im Werk Caminadas

Wenn man genau hinschaut, dann sieht man, dass Caminadas Einstellung eng mit seinem Lebensweg verknüpft ist. Er hat seinen Heimatort sehr positiv erfahren und sich dort zuerst als Schreiner, später als Architekt etabliert. Damit hat er sich ein überaus brauchbares Instrument angeeignet, mit dem er das Dorf wieder attraktiv für seine Bewohner machen möchte. Ein Beispiel: Er kennt die positive Wirkung des sanften Duftes bestimmter Holzarten auf die Menschen, ersichtlich in der von ihm gebauten Waldhütte *Tegia da vaut* in Domat/Ems. Es handelt sich um eine Begegnungsstätte für Auszubildende in verschiedenen Waldberufen. Der Hüttenbau steht auf einer Waldlichtung, in die Natur integriert. Durch Lichtführung und Materialien strahlt die Hütte eine Stimmung aus, die durch wahrnehmbare Faktoren geprägt ist.

Caminada führt uns in seinem Werk viele Varianten der Einsatzmöglichkeiten von Holz vor. Auf seine geliebte Strickbaukonstruktion aus Massivholzbalken greift er immer wieder zurück und verbindet diese traditionelle Art des Bauens mit vielen eigenen Erfindungen und Variationen bis hin zum Einsatz von vergessenen Techniken und Materialien wie zum Beispiel dem Korbgeflecht, das er im Treppenhaus des Aussichtsturms von Reussdelta verwendet. Caminada gibt den Bedürfnissen nach Intimität und Geborgenheit großen Raum, wie es die Speiseräume seiner

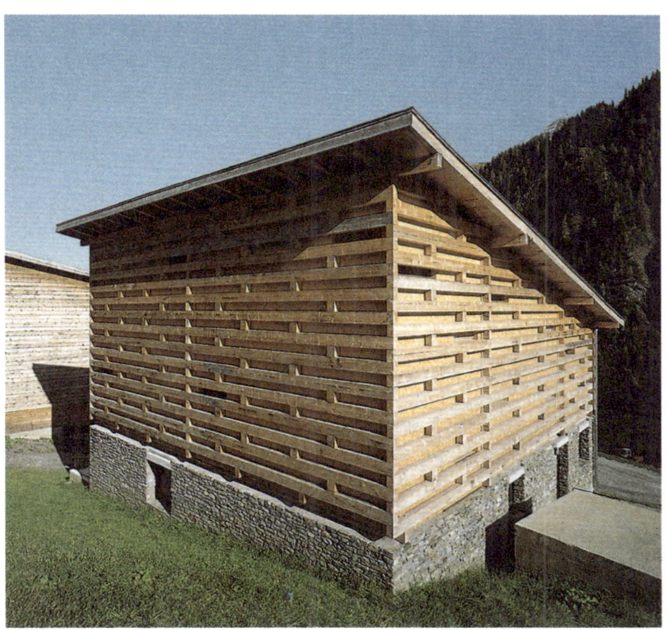

↑ Gion Caminada
Metzgerei in Vrin · 1998

Restaurants und ebenso die Hotelzimmer beweisen. Diese sind auf Menschenmaß zugeschnitten, Orte, an denen man sich gut und wohl fühlt. Dieser Mehrwert, der durch die Mobilisierung der Sinne erzeugt wird, entsteht, weil er seine Kenntnis der psychologischen Grundbedürfnisse in Gestaltungen von hohem ästhetischen Wert umsetzt.

Es ist kein Zufall, dass in Graubünden in den letzten Jahren die Mehrzweckhalle von Vrin mit der wunderbaren Dachkonstruktion - mit Zugbändern aus verankerten Zughölzern des Ingenieurs Jürg Conzett - neben dem Valser

Bad von Peter Zumthor zu den meistpublizierten Bauten der *Graubündnerschule* zählt. Die vielen Bauten von Caminada, auch einfache wie die Stallanlagen von Sut Vitg, die kleine Totenstube oder die Schreinerei Alig in Vrin, erfüllen höchste ästhetische Ansprüche an Architektur und Innenarchitektur.

Caminada vereint viele erstaunliche Qualitäten in seiner Person. Sein Werk kann unter sozialen, anthropologischen, wahrnehmungspsychologischen, konstruktiven und ästhetischen Aspekten als kulturell fortschrittlich und beispielgebend gelten.

Der Beitrag des Werks von Caminada zur Regionalismustheorie

„Entfernung macht gleichgültig ... denn der Einzelne muss sich für das Ganze mitverantwortlich fühlen", ist eines der Lieblingszitate von Caminada. Für ihn bedeutet dies eine partielle, aber in keinem Fall eine totale Absage an die heute weltweit praktizierte Globalisierung. Denn auch das Regionale braucht den Blick auf das Ganze. Er selbst setzt die Errungenschaften neuer Technologien ein, indem diese der Weiterentwicklung menschlicher Fähigkeiten dienen und nicht mit zu großen Nebeneffekten belastet sind. An diesem Punkt knüpft Caminada an die Thesen des *kritischen Regionalismus* des Architekturhistorikers Kenneth Frampton und des Philosophen Paul Ricœur an. Diese veranschaulichen, wie hybride Weltkultur einzig und allein aus der gegenseitigen Befruchtung zwischen den fest verwurzelten und universellen Kulturen erwachsen kann. Für Ricœur hängt alles von den Fähigkeiten der regionalen Kulturen ab, die Traditionen in sich aufzunehmen und zugleich Einflüsse der globalen kulturellen Bewegungen zuzulassen.

Caminada weiß auch, wie Tradition und Fortschritt zusammenzubringen sind, um an der Entwicklung des Zivilisationsprozesses teilzunehmen. Dazu kommentiert Caminada: „Weder Tradition noch Modernität, gesucht ist eine Situation, um diesen Alternativen zu entrinnen: kann nur im Jetzt sein."

Das Projekt Vrin ist erst der Anfang

Ursprünglich aus einer privaten Initiative entstanden und inzwischen durch die Medien verbreitet, wurde das Vrin-Projekt bei Politikern, Soziologen, Planern und Agrarökonomen sehr aufmerksam verfolgt.

Das Projekt ist noch nicht abgeschlossen, vielmehr sieht Caminada dieses als eine seiner Lebensaufgaben. Er behauptet, dass alles immer *im Fluss* bleibt, und deswegen versteht er seine Interventionen in Vrin nicht als Projekt, denn Projekte haben einen Anfang und ein Ende. Es wird an der ETH Zürich weiterverfolgt, denn Caminada hat seit Jahren dort einen Lehrstuhl für Architektur und Entwurf, wo er junge Menschen von der Bedeutung der oben angeführten Grundlagen in Architektur und Landesplanung überzeugt und sie auch vor Ort in die Planungsprozesse einbezieht. Dazu sagt Caminada: „Das Ziel ist lernen für andere Orte."

19.

Visionen eines bewußteren Lebens

→ 1990

Das IDZ Berlin feierte 1988 seinen 20. Geburtstag. Zu dem Zeitpunkt war ich schon sechs Jahre nicht mehr der Leiter dieser Institution. Meine Nachfolgerin bat mich, für die Festschrift eine Einleitung zu schreiben.

Visionen eines bewußteren Lebens

Gestützt durch Gleichgesinnte und Freunde habe ich von 1971 bis Mitte 1984 versucht, das Internationale Design Zentrum Berlin zu einem Ort des gemeinsamen Denkens, Anschauens, Diskutierens und Entwerfens zu machen, einem Ort, von welchem Anregungen und Impulse ausgehen konnten, an welchem Problembewußtsein sich entwickeln konnte, vor allem zu einem Ort, der kulturelle Ausstrahlungskraft hatte.

Wer seinerzeit Gelegenheit hatte, Veranstaltungen des IDZ zu erleben, der weiß, daß die Bürger als Konsumenten und als oft aufgebrachte Nutzer der Umwelt hier auf Designer und Architekten trafen, daß Exponenten aus Politik, Wirtschaft und Industrie bereit waren, mitzudiskutieren, und daß wir alle begierig waren, Wissenschaftlern und Theoretikern aus den verschiedensten Disziplinen zuzuhören, um zu lernen, wo wir es mit überholten Konzepten zu tun hatten und in welche Richtungen wir weiterdenken konnten, um unseren Horizont zu erweitern.

Soziale, anthropologische, ökologische und politische Auswirkungen der schöpferischen Tätigkeiten, d. h. deren kulturelle Inhalte, standen zur Diskussion und wurden nach Möglichkeit bezogen auf konkrete Gestaltungsfragen. Design und Architektur wurden gesehen als eine zwar spezifische, aber nicht von den kulturellen Prozessen isolierbare Tätigkeit. Und in diesem Sinne waren wir auch auf der Suche nach Möglichkeiten, um kulturelle Ansprüche und wirtschaftliche Erfordernisse einander näher zu bringen.

In der Rückschau auf meine Berliner Tätigkeit fällt mir auf und freut mich zu sehen, daß die wichtigsten theoretischen Ansätze und Überlegungen, mit denen wir damals zu arbeiten versuchten, heute zunehmend an Bedeutung gewonnen haben oder aus umfassenderen Konzepten heute besser verständlich sind. Ohne Anspruch auf Vollständigkeit will ich versuchen, ganz knapp einige dieser wichtigen Ansätze darzustellen, denn hier soll nicht nostalgisch Rückblick gehalten werden, sondern der heutige Standort soll dazu genutzt werden, die damals zukunftsweisenden Ansätze in ihrer Bedeutung besser erkennen zu können.

Lucius Burckhardt schreibt 1970 in IDZ Paperback 1 *Design? Umwelt wird in Frage gestellt*: „Der Glaube, daß durch Gestaltung eine humane Umwelt hergestellt werden könne, ist einer der fundamentalen Irrtümer der Pioniere der modernen Bewegung. Die Umwelten der Menschen sind nur zu einem geringen Teil sichtbar und Gegenstand formaler Gestaltung; zu weit größerem Teil aber bestehen sie aus organisatorischen und institutionellen Faktoren. Diese zu verändern ist eine politische Aufgabe." Burckhardt erläutert dann: „... den Namen einer humanen Umwelt verdiene jene, in der es sich frei von Ängsten, von Ausbeutung, von fremder Beaufsichtigung leben läßt; eine Umwelt, die sich jeder aussuchen und mitgestalten darf, in der keiner einem gestalterischen Terror, auch nicht dem des *guten Designs*, ausgesetzt ist."

Den zunächst absurd wirkenden Titel *Design ist unsichtbar*, welchen Lucius Burckhardt seinem Text für den Katalog zum Forum Linz 1980 gab, präzisiert er wie folgt: „Unsichtbares Design. Damit ist heute gemeint: das konventionelle Design, das seine Sozialfunktion selber nicht bemerkt. Damit könnte aber auch gemeint sein: ein Design von morgen, das unsichtbare Gesamtsysteme, bestehend aus Objekten und zwischenmenschlichen Beziehungen, bewußt zu berücksichtigen imstande ist."[1]

Die Frage nach der humanen Umwelt hat der Mediziner und Sozialpsychologe Alfred Lorenzer auch in IDZ Paperback 1, *Design? Umwelt wird in Frage gestellt* 1970 wie folgt beantwortet: „Umwelt ist human zu nennen, wenn sich in ihrer Form nicht nur die Konturen objektivierter Herrschaft durchsetzen, sondern Umwelt auch subjektiv-eigenwilligen Bedürfnissen, die gesellschaftlich als dysfunktional exkommuniziert sind, zu entsprechen vermag. Zwar wäre es illusorisch - und auch gefährlich -, zu glauben, Design vermöchte die Individuen aus dem Zugriff gesellschaftlicher Zwänge zu erlösen; wohl aber kann Umweltgestaltung, wie jede menschliche Aktivität, entweder auf Emanzipation oder auf Reproduktion der Zwangsformen hin angelegt sein ... Weil Umwelt und zwischenmenschliche Beziehungen in einem unauflöslichen Wechselverhältnis zueinander stehen - die Störungen dort in den Verzerrungen da sich spiegeln - ist psychoanalytische Sozialpsychologie notwendig und auch Sozialpsychologie der Umweltgestaltung."

Der Soziologe und der Sozialpsychologe kommen bei der Einschätzung der Objektwelten zu ähnlichen Ergebnissen. Sie verweisen darauf, daß der Entwurfsvorgang für Objekte, die den Menschen Entwicklungschancen einräumen, ungleich komplexer verstanden und gehandhabt werden muß.

Bazon Brock hat 1972 mit dem Begriff des Sozio-Design einen entscheidenden Beitrag zur theoretischen Bewältigung der Zusammenhänge zwischen menschlichen Verhaltensweisen und dem Entwurf von Umwelten geleistet. „Wenn die materiale Organisation der sozialen Umgebung auf das soziale Verhalten nachgewiesenermaßen einen Einfluß hat, dann läßt sich durch die Veränderung der materialen Bestandteile einer Lebensumgebung soziales Verhalten ändern ... Design wird zum Sozio-Design, wenn das Ziel

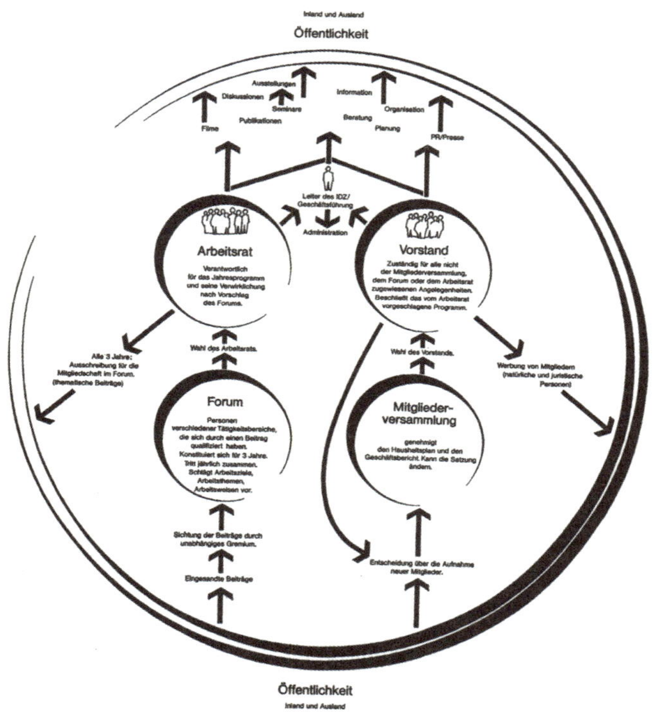

↑ *Organigramm des IDZ Berlin* · 1973

der Gestaltung materialer Bestandteile einer Lebensumgebung in einer zielausgerichteten Veränderung sozialer Verhaltensweisen liegt, um aber solche sinnvollen und wünschbaren Ziele, von denen die Verhaltensänderung abhängig ist, auffinden und ihrer Bedeutung nach aufschließen zu können, bedarf das Sozio-Design einer klaren Bestimmung von kurz- und langfristigen Orientierungs- und Verhaltensmustern."

Jochen Gros hat sich sehr früh Gedanken gemacht über Recycling, Aufwertung handwerklicher Tätigkeit und alternative Vertriebsformen. Sehr früh nimmt er Randgruppen und deren Bedürfnisse wahr. Er lehnt den Funktionalismus nicht grundsätzlich ab, weist ihm aber eine eher dienende Rolle zu. Er wird hier aus einem Interview zitiert, das er 1986 gegeben hat.

„Das Konzept der *guten Form* ist nicht gescheitert, aber der Anspruch, die gesamte Umwelt damit zu gestalten, erscheint heute vermessen. Der Funktionalismus hat heute seine Berechtigung in ganz reiner Form, wenn es um Heizkörper oder technische Geräte geht. Man könnte da auch von einem Hintergrundfunktionalismus reden, der uns bestimmte Dienste bereitstellt, über die wir uns aber auch keine großen Gedanken machen wollen. Der Funktionalismus ist eine Art Selbstverständlichkeit geworden."

Er sieht also den Funktionalismus in einer Nebenrolle, wenn auch einer uns allen unverzichtbaren und fragt danach, wie denn angesichts der so vielfältigen Anforderungen, die von gesellschaftlichen Teilkulturen an Designprodukte gestellt werden, Produktsprachen realisiert werden können, die brauchbare, sich unterscheidende Identitätsmuster anbieten.

Dabei schaut er hoffnungsvoll auf Kleinbetriebe, denn sie hätten einmal den Vorteil der relativen Milieunähe, Teilkulturnähe. Wichtig ist ihm dabei, daß es heute in der Tat auch Kleinbetrieben durch die Technologie der computergestützten Produktion möglich ist, Kleinserien rationell zu produzieren. Die Designausformung in einem expressiven, produktsprachlichen Sinne erscheint ihm deshalb keine Utopie mehr.

Das Wahrnehmen von Teilkulturen, sich selbständig artikulierenden Randgruppen und Alternativkulturen, gab der

Frage nach optischen Identitäten zunehmende Bedeutung. Das sogenannte Triviale, Banale und Populäre als ästhetische Erscheinungsformen wird mit neuen Augen gesehen, aufgewertet und verarbeitet.

Denise Scott Brown und Robert Venturi waren 1974 vom IDZ Berlin zu einem Vortrag innerhalb des Symposions *Das Pathos des Funktionalismus* geladen. Stanislaus von Moos hat 1979 in *Architektur im Alltag Amerikas, Venturi & Rauc*h ihre Grundgedanken zusammengefaßt, so wie sie von den beiden beim Vortrag und weiteren IDZ-Veranstaltungen vertreten wurden: „Während die moderne Bewegung dem Wunschtraum nachjagte, die Volksmassen mit Hilfe von ‚gutem Geschmack' sättigen zu können, legen die Venturis eine das Frivole streifende Liberalität für den ‚schlechten Geschmack' an den Tag, denn sie hegen den Verdacht, daß der sogenannte ‚gute Geschmack' vor allem ein Mittel der tonangebenden Elite sei, den Rest der Gesellschaft ästhetisch zu disziplinieren, und sie billigen dem ‚schlechten Geschmack' zu, daß er, sofern man darunter die ‚mißverstandene' Aneignung von Repräsentationsformen der Elitekultur versteht, eine legitime Form sozialer Emanzipation darstelle. So entspricht es durchaus einer aktiven, gesellschaftlichen Position, wenn Denise Scott Brown in einem Interview mit der Zeitschrift *Archithese* (1975) davon sprach, daß sich Architekten sehr viel entschiedener für das Sentiment der kleinen Leute interessieren müßten, gerade weil deren Geschmack ihnen von Haus aus fernliegt. Da sich unsere Gesellschaft aus einem Konglomerat von verschiedenen, schichtspezifischen Geschmackskulturen zusammensetzt, müsse der Architekt lernen, mit und zwischen diesen Geschmackskulturen zu arbeiten ... Er müsse sich um eine Qualität der Umwelt bemühen, in der ein gewisses Maß an Widersprüchen, an optischem Durcheinander Platz findet."

1975 wurde im IDZ die erste Retrospektive der Arbeiten von Ettore Sottsass gezeigt. Die Ausstellung zeigte die erstaunliche Breite seiner Gestaltung - von den klassischen Arbeiten für die Industrie über Möbel, Keramik und Schmuck bis hin zu Projekten und Utopien für das *Radical Design* - und im Nachhinein wird deutlich, wieviel von kommenden Entwicklungen hier bereits angedeutet und vorgezeichnet war.

In der Nachkriegszeit, noch immer unter dem Eindruck der Befehle von Faschisten und Militärs, sucht Sottsass nach Begründungen für seine gestaltende Tätigkeit. 1975 beschreibt er diese in *Kontinuität von Leben und Werk, Arbeiten 1955-1975 von Ettore Sottsass*, IDZ, Design: *Materialien und Dokumente*: „Ich hatte in diesen Jahren den Eindruck, daß - wenn es irgendeine Möglichkeit des Überlebens gäbe - diese sicherlich nicht darin bestünde, neue gigantische Programme aufzustellen, neue Gesellschaften auf dem Papier zu organisieren und all diese Dinge, daß aber vielleicht der Zeitpunkt gekommen war, um private Wege für die Deutung der Welt und der Geschichte zu finden, Wege, die jeder in eigener Verantwortung nachvollziehen könnte, und durch die jeder in eigener Verantwortung mitwirken, teilnehmen und ein bißchen von der Welt, von der Geschichte entwerfen könnte. Es ging darum, sich zurückzuwenden, um die Existenz der Personen aufzuwerten, die Existenz der Einsamkeit des einzelnen, und des Strebens des einzelnen nach Freiheit, nach Erkenntnis, nach Kreativität, um nach und nach, wenn möglich, zu bewußten, in ihrer Organisation flexiblen Gesellschaften zu kommen ..."

1990 formuliert Sottsass seine Überzeugung wie folgt: „Ich halte Design und Architektur nicht für Berufe, die darauf spezialisiert sein sollten, bessere Produkte zu gestalten oder bessere Architektur zu produzieren. Ich glaube nicht, daß die Aufgabe des Designers schon damit erfüllt ist, daß man Entwürfe für die Produktion immer besserer Guillotinen liefert. Ich halte nichts davon, wenn Design an den bleichen Stränden der Schönheit vor Anker geht und an der Metaphysik von, mehr oder weniger, ewiger Schönheit strandet. Die ‚gute Form' betört mich nicht. Ich sehe die Funktion des Designs und der Architektur als eine Produktion von Vorschlägen möglicher Visionen eines bewußteren Lebens, eines Lebens mit zahlreichen Orten der Selbstbestimmung, mit viel Platz für physischen und moralischen Schutz, mit viel Platz für Klarheit und Heiterkeit, mit viel Platz für Unsicherheiten, viel Platz für Liebe." (Aus einem Vortrag anläßlich der Konferenz *La Casa Europea*, München, 1990)

Die hier zusammengestellten Überlegungen haben – ergänzt noch durch manche weiterführenden Stellungnahmen – zu dem geführt, was wir den erweiterten Design-Begriff nannten. Die sich langsam entfaltende Nachmoderne wurde in den verschiedenen Facetten unserer Aktivitäten sichtbar. Orientierungen in einer Zeit des sich anbahnenden Umbruchs zu geben, war eines unserer Hauptanliegen.

Die gegenwärtige politische und wirtschaftlich veränderte Situation in Deutschland bedarf, trotz der Bewältigung der Alltagsprobleme, dringend der Weiterentwicklung und Anpassung dieser emanzipatorisch orientierten Denkmodelle.

1 Aus *Design ist unsichtbar*, Katalog zum Forum Linz 1980

20.

Der Regionalismus oder die Suche nach einer Kultur der lokalen Identität

→ 1991

In diesem Text versuche ich, meine jahrelange Beschäftigung mit dem Thema Regionalismus zusammenzufassen. 1991 wurde die Ausstellung *Neues Europäisches Design*, die Andrea Branzi und ich kuratiert haben, zum Auslöser für weitere, ergänzende Überlegungen, insbesondere zum Unterschied der verschiedenen Entwicklungen des *Neuen Design* in den europäischen Städten. Die Ausstellung war zunächst im Centre Pompidou in Paris zu sehen und anschließend im Kunstmuseum Düsseldorf. Der vorliegende Text wurde für das Buch zur Ausstellung geschrieben.

Der Regionalismus oder die Suche nach einer Kultur der lokalen Identität

Im Bereich der Architektur erhob sich in den vergangenen Jahren eine ausgedehnte Debatte über den Regionalismus als Ausdrucksform lokaler Kulturen im Gegensatz zum zentralisierenden Charakter der internationalistischen Ästhetik.

Fern von reaktionären und nationalistischen Absichten, vielmehr im Hinblick auf die Wahrung einer dem Fortschritt unterworfenen Tradition oder auf die wirtschaftlichen Interessen eines Architekturtourismus der zahlreichen Klischees seien die Formen des Regionalismus kritisch betrachtet, die nach einer Erneuerung der Tradition streben.

In diesem Sinn begründet der Philosoph Paul Ricœur den *kritischen* Regionalismus, wie Kenneth Frampton ihn nannte.[1] Ricœurs These besagt, daß die fest verwurzelten Kulturen und die universellen Kulturen einander befruchten. Dieses notwendige Paradox liegt nach Frampton in der Geschichte einer hermetischen Moderne, die die Reinheit der verwurzelten Kulturen zerstört hat. Ihm zufolge und unter Bezug auf Ricœur hängt der *positive Regionalismus* davon ab, ob eine Region die Fähigkeit besitzt, eine Tradition zu erneuern und gleichzeitig die universellen zivilisatorischen Einflüsse zu assimilieren.

Unter diesem Blickwinkel scheint die Geschichte der Erneuerung der Sprachen und Stile in der Architektur den Theoretikern des *kritischen* Regionalismus recht zu geben. Um diese These zu veranschaulichen, möchte ich als Beispiele aus der Zeit der Jahrhundertwende in Europa verschiedene Phänomene heranziehen, die mit den Befreiungsbewegungen und mit der Suche nach nationaler Identität verknüpft waren, also kulturelle Äußerungen im Dienst einer politischen Befreiung darstellten. Es ging nicht darum, Stilrichtungen der Vergangenheit wieder aufleben zu lassen, sei es Gotik, Barock oder Klassizismus. Die Schöpfer des Regionalismus verstanden sich als moderne, der Zukunft zugewandte Menschen, die mit neuen Techniken und Materialien umzugehen wissen. Sie lehnten die Ästhetik des Fin de Siècle ab und nahmen an der Entwicklung der modernen Bewegung teil, wobei sie sich aber den regionalen Stilistiken - traditionellen, oft populären Zeichen und Symbolen - zuwandten, um sie in spezifische Zeichen umzuwandeln.

Erstes Beispiel: Wir wissen, daß der katalanische Architekt Antoni Gaudí bei seinem Projekt *Park Güell* (1903-1914) in Barcelona den heiligen Berg Montserrat, den berühmtesten Wallfahrtsort Kataloniens, vor Augen hatte. Der mittelalterlichen Legende zufolge befand sich der Gral, den Richard Wagner in *Parsifal* verherrlicht hat, in der Burg Montserrat, an dem Ort, der mit dem Schutzheiligen der Katalanen identifiziert wurde. Der Katholik Gaudí arbeitete im Kloster Montserrat und empfing von den geweihten Stätten starke Impressionen. Entsprechende Elemente findet man im *Park Güell*, bei der *Casa Battó* bis hin zu den Rocaillen der *Casa Milà*.

Gaudí schöpfte aus der heimischen Handwerkstradition, verstärkte ihre Ausdruckskraft und veranschaulichte die Beziehung zwischen Religion und katalanischem Nationalismus ebenso wie die Einheit der katholischen Kirche mit dem Industriebürgertum, das damals in vollem Aufschwung begriffen war. Die Kirche unterstützte die Freiheitsbewegung.

Parallel zu seiner mystischen Vorliebe für intuitive, freie Formen führte Gaudí sehr gewagte technische Experimente aus, wobei er sich von der Tradition der maurischen und katalanischen Bauweisen anregen ließ. Auf Grund von Modellversuchen mit verschiedenartigen Belastungen entwickelte er seine eigene wissenschaftliche Statik. Die Verbindung von mystischem Gefühl und Baukenntnis führte auf diese Weise zu den erstaunlichsten Ergebnissen. Sein Möbeldesign geht auf dieselben Quellen zurück.

Zweites Beispiel: Nach der *religiösen Nationalromantik* nun der *romantische Nationalismus* in Finnland um die Jahrhundertwende. Dieser Regionalismus fand seine Daseinsberechtigung in den nationalen Kämpfen gegen die schwedische und russische Besatzungsmacht. Die Bewegung ging von Dichtkunst, Musik und Malerei aus und stützte sich auf das Nationalepos *Kalevala* als Energiequelle und darüber hinaus als *Quelle nationalen Lebens*. Bald folgten die Architektur und die traditionellen Handwerke der angewandten Kunst. Der putzlose Holzbau (Blockhaus) mit seinen primitiven Details vermittelt das Bild der in der Vergangenheit und auf archaischen Elementen begründeten neuen Architektur, die aber mit ihrem Symmetriebruch das freie Spiel der Räume ermöglicht. Der *romantische Nationalstil*, in Finnland auch Jugendstil genannt, wurzelt in diesem neuen Verständnis symbolischer Elemente und in der Verwendung einheimischer Baumaterialien wie Holz, Granit und Backstein ohne Verputz.

Zur gleichen Zeit wandte sich der neue Stil gegen die dekadente bürgerliche Ästhetik des Fin de Siècle. Er suchte Anschluß an die Art nouveau mit ihrem naturalistischen floralen Symbolismus und ihrer Vorstellung von der Integration der Kunst, Architektur und dekorativen Kunst. Das beste Beispiel ist die Künstlerkolonie Hvitträsk von 1902 (Gesellius, Lindgren, Saarinen).

So beruht Alvar Aaltos gesamtes Schaffen auf einer historischen Tradition, einer räumlichen Fluidität, dem Streben nach Integration in die Natur und auf Elementen der modernen und romantischen nationalistischen Bewegung. Aaltos Werke beziehen sich stets auf dieses aus einem primitiven Symbolismus hervorgegangene nationale Erbe mit seinen subtilen dekorativen Elementen, die von der Kontinuität einer Tradition zeugen.

Das dritte Beispiel stammt aus Slowenien. Nach Aufenthalten in Wien und Prag kehrte Jože Plečnik 1920 in seine Heimatstadt Ljubljana mit der Absicht zurück, in seinen architektonischen und urbanistischen Projekten die slowenische Nationalidentität zur Geltung zu bringen. Plečniks Motivation wurzelte in erster Linie in der Ethik seines patriotischen, religiösen und sozialen Engagements.[2] Er strebte nach einer Synthese zwischen dem mediterranen Klassizismus und der slowenischen Volkskultur. Sie sollte für alle Bevölkerungsschichten wahrnehmbar sein und neue Bezugspunkte vermitteln, vor denen jede andere Architektur kapitulieren mußte, da sein Regionalismus das Ergebnis genauer Kenntnis der europäischen Kulturen und der regionalen Situation seiner Heimat war.[3] Ljubljana wurde durch Plečnik die Stadt - die Hauptstadt -, die dieses Bild aufweist.

Das vierte Beispiel hat mit der Überlegung der modernistischen Avantgarden zu einer spezifischen regionalen Situation zu tun. Der Romanschriftsteller und Historiker Karel Čapek schrieb 1928 in L'Art Vivant: „Sehen Sie sich die Karte Europas an. Wenn Sie einen Strich vom Norden zum Süden und vom Osten zum Westen ziehen, wenn Sie den Mittelpunkt suchen, um den sich die großen europäischen Rassen bewegen, werden Sie feststellen, daß der

Ort, an dem sich die Linien schneiden, etwa die heutige Tschechoslowakei ist. Diese Position bringt eine historische Wahrheit zum Ausdruck. Hier grenzte das römische Reich an die Gebiete der nördlichen Germanenstämme, hier traf sich Ostrom mit Westrom, hier brach sich die Flut der Mongoleneinfälle in Europa. Dieser Punkt markiert die westlichste Niederlassung der Slawen, den östlichsten Bereich der italienischen und französischen Kultur des Mittelalters, die Wiege der Reformation und die südlichste Ausdehnung des Protestantismus. Im Verlauf der Geschichte erwies sich dieser Brennpunkt immer als eine Art Insel, an der die großen Strömungen der europäischen Entwicklung aufeinandertrafen und gelegentlich abprallten."

Im Gegensatz zu Jože Plečnik versuchte sich der Prager Architekt Pavel Janák zwischen 1911 und 1918 mit einer Gruppe von Architekten und Künstlern an einer architektonischen Interpretation der kubistischen Bewegung. Dabei bezog er die neuen wissenschaftlichen Erkenntnisse auf dem Gebiet der visuellen Wahrnehmung, der Dynamik und der Abstraktion mit ein und bemühte sich, mit rationalen Methoden eine Untersuchung des Kubismus und seines Bruchs mit dem Naturalismus der Art nouveau einzuleiten.

Auch hier war der politische Kontext in Prag durch den Wunsch nach Emanzipation von der österreichisch-ungarischen monarchischen Bevormundung und nach Bestätigung der nationalen Identität gekennzeichnet. Mit seinen Architektenfreunden unternahm es Janák, die Dynamik der modernen Bewegung mit der Suche nach traditionellen nationalen Ausdrucksformen zu verknüpfen. Thematisiert wurden die in Bewegung befindlichen kristallinen Formen, die Aufhebung der Axialsymmetrie, die Darstellung der vierten Dimension mit Hilfe unfixierter, beweglicher

Grundrisse. Ihre Bauwerke weisen zugleich traditionelle Architekturelemente auf, beispielsweise barocke Giebel und Wabengewölbe, die hier in kubistische Motive umgewandelt sind.[4]

Mit der Gründung des tschechoslowakischen Staats 1918 endete die militante Phase des Kubismus in Prag. Paradoxerweise bemühten sich von da an die gleichen Architekten um ihre Eingliederung in die internationalen organischen Bewegungen des Neuen Bauens oder des universalen Funktionalismus, um die nationale Fähigkeit zur Mitwirkung in den Strömungen des europäischen Internationalismus zu demonstrieren. Es war eine Herausstellung der nationalen Identität, jetzt aber nach außen orientiert.

Diese vier Beispiele zeigen die Reichweite einer Konzeption, die mit dem Begriff Regionalismus unzulänglich abgedeckt ist. Im Sinne eines Gesamtkunstwerks umfaßt sie Architektur, Innenarchitektur, angewandte Kunst und Design.

Der Regionalismus wurde wegen seiner Verwendung für repressive und konservative Zwecke und wegen gewisser Erfahrungen wie der nationalsozialistischen Blut- und Boden-Ästhetik zu einem zweifelhaften Begriff, der von der monolithischen modernen Architekturgeschichte abgelehnt wurde und im Design nicht existiert. Um die Aktualität der Thesen des *kritischen Regionalismus* hervorzuheben, muß aber daran erinnert werden, daß die Postmoderne auf den Errungenschaften der Moderne beruht und deren Konzeptionen, die vielleicht teilweise nicht entwickelt werden konnten, weiterverfolgt. Die Konzeption des *kritischen Regionalismus* gehört zweifellos zu denjenigen, die grundlagenbildend wirken.

Nach Friedrich Achleitner kann jedes Bauwerk und jede Architektur nicht anders als regional sein, entstehen sie doch aus sich selbst heraus und bilden die eigentliche Grundlage der Geschichte, auf der Neues erwächst. Die Regionalität steht in einer dialektischen Beziehung zu den Veränderungen und Entwicklungen der Außerregionalität; sie ist interessant und lebendig, solange sie an dieser Entwicklung teilnimmt.[5]

Auf anderen Wegen gelangt Achleitner zu den gleichen Schlußfolgerungen wie Ricœur oder Frampton. Meyer zitierend[6], stellt er fest, die Triebkraft des Regionalismus stehe neben den spezifischen kulturellen Traditionen, den ethnischen und sprachlichen Besonderheiten und vor allem den sozialen und wirtschaftlichen Ungleichheiten, und der Regionalismus entwickle sich in den zentralistischen Staaten, besonders an ihrer Peripherie. Daher verteidigt er einen legitimen Regionalismus, der aus dem Ungleichgewicht der Interessen und der Rechte entstehe, bei dem es um den existentiellen Schutz ethnischer Gruppen gehe und der deshalb durch die Grundrechte des Menschen gerechtfertigt sei.

Die vorangegangenen Beispiele aus der Zeit der Jahrhundertwende und der Anfangszeit der Moderne wurden ausgewählt, weil gerade die Ästhetik in diesen Fällen mit der Legitimität der Grundrechte all derer ausgestattet ist, die nach einer echten Demokratie streben: in Katalonien, in Finnland, in Slowenien wie in der Tschechoslowakei.

Die italienische Demokratie der Nachkriegszeit entstand vor einem ganz anderen historischen Hintergrund. Die römischen Architekten - es waren die gleichen, die der faschistischen Partei die Ideologien einer akademischen Strategie geliefert hatten -, befürworteten einen Neuanfang. Sie waren die ersten, die eine demokratische Ausrichtung in Städtebau und Architektur anstrebten.

Die neorealistische römische Bewegung in Literatur und Filmkunst ging von einer Gruppe linker Intellektueller aus und fand in Architektenkreisen bald Widerhall. Ludovico Quaroni wurde ihr konsequentester Vertreter.

Zwei Ensembles sind als Zeugen dieser neorealistischen Phase in der Architektur anzusehen: Das eine ist die Siedlung Via Tiburtina in Rom (1949), ein Stadtrandquartier mit Wohnhäusern zu erschwinglichen Mieten, das die Handschrift der von Quaroni angeführten Architektengruppe aufweist, das andere ist Marterella bei Matera (1951), ein Dorf mit 250 Familien, ebenfalls unter Leitung von Quaroni erbaut.

Als Stadtquartier ist die Via Tiburtina das Emblem eines Projekts, das architektonischen Raum und sozialen Fortschritt artikuliert. Die Hilfe des Staates wurde in Anspruch genommen, um Grundstücksspekulationen zu verhindern, und der Architekt spielte die Rolle des Planers für einen *Ort der kulturellen Einheit* und eine wiederaufzubauende Gesellschaft.

Die Architektursprache ist ortsverbunden, leicht verständlich und läßt erkennen, daß man sich hier ausdrücklich weigerte, stilbildend zu bauen. Dazu mußte man leise sprechen: Lokale Konstruktionstechniken und Materialien, Integration in die Natur, ständige Abwechslung der Wohneinheiten waren die Merkmale der neuen römischen Architekturschule, deren Hauptvertreter später Quaroni, Ridolfi, Aymonino und Portoghesi wurden.

In Ungarn ist das von Imre Makovecz erbaute Kulturzentrum in Bak, einer Kleinstadt an der österreichisch-ungarischen Grenze, ein Bauwerk, das zwar nicht im Zentrum liegt, aber doch eine zentrale Bedeutung hat. Mit seiner anthropomorphen und naturalistischen Architektur, deren

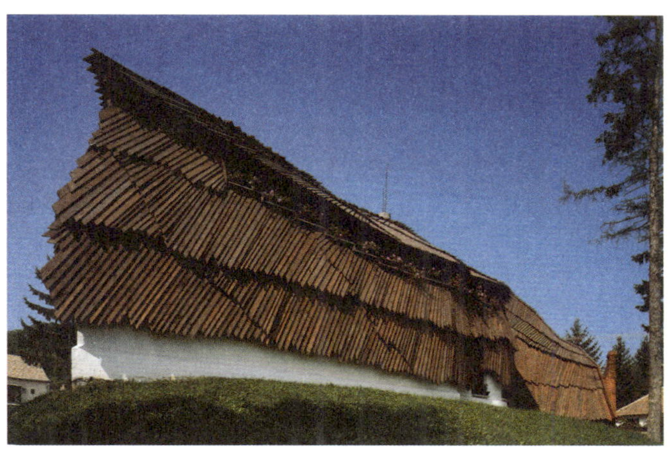

↑ Imre Makovecz
Kulturzentrum Bak · 1989

mythologische und konstruktive Bezüge aus der ländlichen Slowakei stammen, macht Makovecz seit etwa zehn Jahren in Ungarn Schule. Heute wird er als Nationalheld gefeiert, was für einen Architekten selten ist.

Nach langen Jahren des Widerstands gegen das kommunistische Regime und seine offizielle Architektur weiß Makovecz das Besondere der ungarischen Hochkultur mit den Elementen der Volkskultur zu verbinden.

In Bak begann er 1988 mit der Erforschung der Ortsgeschichte und konzentrierte sich dabei auf ein Ereignis, das die dort ansässige Bevölkerung traf wie eine nationale Verletzung: Nach der sowjetischen Besetzung wurden auf dem Denkmal für die Toten des Ersten Weltkriegs die Namen der für das Vaterland gefallenen Soldaten durch die Namen der Soldaten ersetzt, die für die UdSSR ihr Leben lassen mußten. An die Stelle des Adlers, dem Symbol der österreichisch-ungarischen Monarchie, trat der Sowjetstern mit Hammer und Sichel.

Daraufhin gab Makovecz seinem Monument die Form dieses Adlers, eines konsensuellen Adlers mit ausgebreiteten Schwingen, der zum Symbol für die Gemeinschaft wurde. Es war die Begegnung eines Orts mit seiner Geschichte und seiner Bevölkerung, weit entfernt von allen künstlichen *partizipatorischen* Bemühungen.

Das folgende Beispiel, der Ausbau und Umbau des Musikpalasts in Barcelona durch Lluís Domènech i Montaner, bringt die historische Kontinuität zweier Architekturen an ein und demselben Ort zur Geltung. Die Architekten Oscar Tusquets und Lluís Clotet planten, durch eine Verkleinerung der angrenzenden Kirche, die immer leer stand, einen Innenhof zu schaffen und dort das neue Gebäude, Probenräume und Verwaltungsbüros unterzubringen, außerdem einen Nebeneingang, von dem eine Treppe zum Konzertsaal führen sollte. Mit einigen strukturellen Veränderungen erzielten die Architekten einen neuen Bau von bescheidenen Ausmaßen, der in der Achse der kleinen Zugangsstraße durch einen ausdruckskräftigen Rundturm geprägt wird. Seinen besonderen Akzent erhält das Gebäudeensemble durch den historischen Palast selbst.

Die Verwendung von unverputztem roten Backstein, von Steinschmuck, das Spiel mit variablen Texturen und Tiefen stellt eine Annäherung an die modernistische katalanische Formensprache dar, die sich durch die Blütenmotive der Art nouveau und durch den Einsatz von Materialien auszeichnet, die auch die katalanische Handwerkstradition bestimmten: farbiger Majolika, Backstein, Stein und Farbglas. Die Volumetrie des Neubaus nimmt den Geist der Konzeption von Montaner wieder auf.

Das letzte Beispiel ist ein Projekt des portugiesischen Architekten Álvaro Siza für einen Wohnkomplex mit erschwinglichen Mieten in Den Haag in den Niederlanden. Álvaro Siza ist bekannt für sein Geschick, den Genius loci, die Geschichte und Topographie eines Ortes zur Geltung zu bringen. Er ging in drei Schritten vor:

- eine typologische Untersuchung der lokalen Wohngebräuche und Lebensweisen als Grundlage für die Innenkonzeption seiner Siedlung;
- die Aufarbeitung der Tradition der Wohnblocks, wobei er ihren Geist wieder aufnahm, ohne sie zu kopieren, aber auch ohne das Bild des Quartiers zu revolutionieren;
- ein holländisches Wachstum in eigener Kultur, eine Art neokonstruktivistische Interpretation, in der die linearen Elemente des Blocks, des Grundrisses und der Primärfarben an Rietveld und Mondrian erinnern und an die Thesen der Künstlergruppe De Stijl denken lassen.

Das nach diesen Grundsätzen gebaute Werk zeigte größere Strenge, als man es sonst bei Siza gewohnt ist; dennoch ist es durch den Empirismus einer Konzeption geprägt, in die die neueren gestalterischen Traditionen Hollands eingegangen sind.

Transparenz und Klarheit des Objekts, die den Modernen so wichtig waren, genügen heute offenbar nicht mehr, um ein Werk wie das regionalistische zu ergründen, das es sich zur Aufgabe macht, auch symbolische Elemente zu integrieren.

Die Ablehnung des Regionalismus von Seiten der rigorosen Moderne bewirkte gleichzeitig den Verzicht auf die Vielfalt der Bedeutungen. Die neuen geschichtlichen Verhältnisse, die Postmoderne, räumen ihm wieder den ihm zustehenden Platz ein.

Der Geist der Postmoderne und die pluralistische Ästhetik

Der Wandel, den wir erleben und dem wir alle unterworfen sind, geht weit über technologische Aspekte hinaus. Er berührt ausnahmslos alle Sektoren unserer hochindustrialisierten Gesellschaften. Im Rückgriff auf die literarische Debatte in den Fünfzigerjahren wurde der Ausdruck *Postmoderne* in erster Linie von französischen und italienischen Philosophen geprägt. Konsens besteht in folgenden Punkten:

- Die Postmoderne ist kein Stil, sondern ein gesellschaftliches Phänomen, das uns alle angeht;
- im Bereich der Ästhetik äußert sich ihre Existenz in einer Vielfalt von Ausdrucksformen. Allerdings geht es nicht an, nach Belieben aus der Stilgeschichte zu schöpfen; es ist vielmehr eine hochdifferenzierte Ästhetik ins Auge zu fassen, die imstande ist, die Erwartungen der neuen Lebensweisen zu erfüllen;
- die Postmoderne sollte bestimmte Aspekte der historischen Avantgarde, die nicht entwickelt werden konnten, zur Entfaltung bringen und ihnen neue Ausdrucksmöglichkeiten verschaffen. Dabei ist nicht unbedingt ein Bruch mit der Moderne notwendig, sondern deren positive Aspekte sollten als Grundlage dienen.

Im kombinierten Gebrauch eines Formenrepertoires aus der Geschichte der Avantgarden oder aus den verschiedenen Kalligraphien der alten Kulturen (Maya, Ägypten), in der simplen Wiederinterpretation von Alltagsgegenständen, die nach der Tradition der „objets trouvés“ eine andere Bestimmung erhielten, und in der Aufwertung von heimischen, volkstümlichen, ja folkloristischen oder archisierenden und totemistischen ästhetischen Codes ist ein subtiles metaphorisches Spiel der Transposition und Metamorphose festzustellen, das neue Serien von benachbarten, differenzierten Objekten hervorbringt.

Dabei fehlt es nicht an Ironie. Assoziationen, die sich der Funktionalität oder Maßstäblichkeit entziehen, fördern neue Bezüge zutage; als Beispiele seien die Verkehrszeichen, die Gewalt, Katastrophen, die Natur und die Gefahr genannt.

Mehr denn je fordert die assoziative Kodifizierung Verständnis für Objekte, die in ihrer Bedeutung auf dem Augenfälligen und der Fiktion, auf dem Nebeneinander und dem Paradox beruhen.

Zudem lassen sich, wie es scheint, High-Tech und handwerkliche Arbeit vereinbaren, weil neue Produktions- und Vertriebsstrukturen und neue Märkte entstanden sind. Großserien und limitierte Auflagen werden für ein und denselben Hersteller kompatibel.

Wie man sieht, zieht die Ästhetik des postmodernen Schaffens in ihrer ersten Phase alle Register. Sie kämpft vor allem gegen eine Normativität, die den Pluralismus einschränkt.

Man setzt mehr auf die Emotionen als auf den Verstand, mehr auf die Extreme als auf die Regeln. Man erstrebt die Verbindung zwischen Wahrnehmung und wahrgenommenem Objekt durch die Förderung des sinnlich Erfaßbaren und durch untergegangene symbolische Bedeutungen jenseits der wirtschaftlichen, funktionalen oder technischen Erfordernisse, die auf diese Weise eine umfassendere Bestimmung erhalten.

Metropolitanismus, Wesen des Neuen Designs

Wenn wir die These vertreten, daß sich die Erneuerung in der Architektur teilweise - wie es die Beispiele vom Anfang unseres Jahrhunderts und aus der Zeit nach dem Zweiten Weltkrieg zeigen - auf dem Wege einer Dialektik zwischen Regionalismus und universalistischen Tendenzen vollzog, erhebt sich zu Recht die Frage, ob dies auch zutrifft. Im Hinblick auf das zeitgenössische Design erscheint es schwieriger, eine klare Antwort auf diese Frage zu geben.

Zu berücksichtigen ist dabei die Entwicklung des Binoms von Architektur und Design im Verlauf des 20. Jahrhunderts. Zu Beginn zeigte sich die Tendenz, Kunst, Architektur und angewandte Kunst als Ausdruck einer alle sozialen Schichten repräsentierenden, einheitlichen Kultur anzusehen. In den Zwanzigerjahren trat diese Absicht wieder zutage; sie fand ihre Formel im Begriff der Norm, die für die industrielle und serielle Produktion notwendig ist und von der handwerklichen Produktion nicht erreicht werden konnte.

Die Wunschvorstellung einer Kollektivkultur brach trotz mancher Fortschritte zusammen, da sich die Industrialisierung unrhythmisch vollzog. Die Kluft zwischen den Industriestaaten und den Entwicklungsländern und die sozialen Unterschiede ließen nur eine internationalistische Ästhetik, das *good design*, übrig. Aus diesem Mythos einer Massengüterästhetik und den wegen ihrer Rationalität ausgewählten Objekten entstand das Ideal der Funktionalität, der *Sachlichkeit*, die sich in einer maschinistischen, abstrakten Sprache ausdrückte. Das *good design* blieb noch bis vor kurzem Maßstab für gutes und schlechtes Industriedesign.

Seit den Dreißigerjahren hatte jedoch der Sektor der Innenarchitektur schon eine einzigartige Autonomie und Experimentierfähigkeit errungen. Die Protagonisten des Neuen Designs wirkten weitgehend auf diesem Gebiet. Das Unbehagen gegenüber dem *good design* verschärfte sich um die Mitte der Sechzigerjahre, mitten in der wirtschaftlichen Aufschwungphase. Einige Alternativen zeigten sich; bald wurden sie durch die Studentenrevolte unterstützt und später durch die Ölkrise verstärkt. Die Kritik an der Massenproduktion ist die Quelle des jüngsten Stilwandels; sie stützt sich auf die Umwidmung der Funktionen des Industriegegenstands. Das *radical design* in Italien war eine dieser frühen Bewegungen von kritischen Designern und Architekten, und zwanzig Jahre später kam das Neue Design – so benannt von Andrea Branzi. Es weist die Merkmale auf, die auch schon sein Vorgänger zur Schau gestellt hatte: Wiederaufleben einfacher Materialien und Techniken, üppiger Dekoration und eines ausdrucksvollen und ironischen, volkstümlichen, ja banalen Vokabulars. Im Kampf gegen die Hegemonie eines falschen Funktionalismus verficht das Neue Design die konzeptuelle Erweiterung und die sinnliche Wiedergewinnung des Objekts. Es bietet eine Ästhetik, die für alle Experimente offen ist, und leitet eine neue Epoche ein, in der verschiedene Modelle ohne hierarchische Klassifikation nebeneinander bestehen. Nicht mehr der Konsens einer gemeinsamen Sprache charakterisiert den Stil, sondern die akzeptierte Uneinigkeit als positives Element, das die Erneuerung hervorzubringen vermag.

Vier Merkmale lassen sich erkennen:

- Der Geist der Zeit, die Nachmoderne;
- das metropolitane Klima, das sich durch Austausch und Anreiz auszeichnet;

- die Geschichte des Ortes mit ihren markanten Ereignissen;
- die Erforschung der Eigenart des geplanten Produkts und seine Einbindung in den regionalen Kontext durch den Entwerfer selbst.

Berlin, London, Barcelona, die zu Metropolen des Neuen Designs in Europa geworden sind, zeugen von diesem Neuanfang. Berlin war vor dem Fall der Mauer wegen seiner *Inselsituation* während annähernd 45 Jahren besonders interessant. Um die regionale Dimension des Berliner Designs zu erfassen, muß man die kulturellen Ereignisse berücksichtigen, die das Bild der einstigen Reichshauptstadt geformt haben. Berlin ist das größte deutsche Industriezentrum für die Einzelteilmontage, besitzt aber keine Spitzenindustrien. Die formale Erneuerung tritt deshalb im Bereich der Kultur zutage. Traditionsgemäß prägt somit das Künstlerische das Neue Design in Berlin.

Die Designer standen den Bewegungen in Literatur, Kunst und Musik nahe und waren eng mit den Rock- und Untergrundgruppen verbunden; sie reagierten deshalb auf die Malerei der *Neuen Wilden*, auf die Musik (Nina Hagen, Die Tödliche Doris), auf das Theater (die Schaubühne), auf den Film (Wim Wenders) und die Mode (Claudia Skoda). Sie alle haben dazu beigetragen, daß Berlin von den Sechziger- und Siebzigerjahren an ein Zentrum intensiven kulturellen Lebens geworden ist, lebhaft unterstützt vom Berliner Senat. Berlin hat sich somit zu einem Sammelpunkt der Intellektuellen entwickelt; manche, selbst Ausländer, betrachten es als selbstgewähltes kulturelles Exil.

In Berlin läßt sich, was auf diesem Gebiet einmalig ist, eine Tendenz zur Institutionalisierung der avantgardistischen Initiativen beobachten. Liegt darin nicht eine Gefahr? Sollte die Avantgarde sich nicht definitionsgemäß einer offiziellen Vereinnahmung widersetzen, um nicht Kritikvermögen und Freiheit zum Widerspruch zu verlieren? Sollte Berlin nicht die Aufgabe haben, gerade durch die Vermittlung des Designs neue Praktiken der Zusammenarbeit zwischen den Avantgarden und der industriellen Welt zu entwickeln?

In London liegen die Dinge anders. Das Design kann dort an eine Kultur und ein Gesellschaftsleben neuerer Zeit anknüpfen: Pop-art, *brutalistische* Bewegung, soziale Konflikte mit Rocker- und Punkgruppen. Es entstand eine harte, aggressive Ästhetik mit einer Mischung aus Gewalt und Ironie, im Gegensatz zur guten alten viktorianischen Tradition. Anonyme Codes verbinden sich mit einer klassizistischen, ja aristokratischen Ikonographie; die raffiniertesten technischen Produkte verlieren ihre Aura eines fortschrittlichen Objekts und erhalten eine harmlose, banale Erscheinungsform, die auch auf einer Art *design brut* beruhen kann.

Mehr noch als das Design und die Innenarchitektur konnotiert das graphische und videographische Bild die einzigartige metropolitane Dimension von London, wenn eine Werbung im Charakter eines Vorspanns, ein Logo und Bilder von Stadtszenen in Form eines Anzeigenfelds ineinandermontiert sind.

Barcelona ist wieder anders, seine Geschichte bedingt andere Ausdrucksweisen. Auf Grund besonderer Umstände konnte das Design dort in den letzten Jahren deutlich an Umfang und Ansehen gewinnen. Dies ist der Wiederkehr der Demokratie nach Jahren der Unterwerfung unter ein totalitäres System zu verdanken. Der Beitritt Spaniens zur Europäischen Gemeinschaft, die Weltausstellung in Sevilla, die Olympischen Spiele in Barcelona bewirken eine offene, expansionistische Kulturpolitik. Spanien ist ein Land, in dem es möglich erscheint, das Handwerk mit der klassischen Industrieproduktion und den Spitzentechnologien, eine kreative Produktion mit einem intelligenten Konsum zu verbinden.

Ein gemeinsames, für einen ausländischen Beobachter wenig orthodoxes Vorgehen charakterisiert die heutige Produktion in Barcelona: Comicstil, Scherenschnitt, gemalte Gestik und stillstehendes Videobild. Alles zusammen ergibt postmoderne Arabesken und Mauresken. Das Möbeldesign befaßt sich mit Schrägformen, zoomorphen Analogien und Skelettstrukturen, aber auch mit geometrischen Grundformen, die dem täglichen Gebrauch angepaßt werden, oder mit rustikalen, dekorativen Handwerksarbeiten. Insgesamt integriert das Neue Design in Spanien Kreuzungen und Paradoxien, Elemente, die eine neue Struktur konstituieren. Mit seiner Frische und Freiheit ist es Ausdrucksform einer Nation, die in einem sich wandelnden wirtschaftlichen Kontext ihre kulturelle Bestätigung findet.

Paris, Düsseldorf oder Amsterdam könnten ebenfalls genannt werden. Auch dort zeigen sich jene pluralistischen und doch stadtspezifischen Ansätze, die von einem allen gemeinsamen Streben gekennzeichnet sind: Die neuen Designformen sollen aus der Marginalkultur heraustreten und in ihrer Vielfalt allgemein anerkannt werden; sie sollen den gleichen Rang einnehmen wie das *good design*, das historisch geworden und heute nur noch eine Designrichtung unter anderen ist.

Sollte man für diese neue Periode Regeln aufstellen und Grenzen festlegen? Im Hinblick auf die Vorzüge sozialer Ordnungsprinzipien erscheint es mir schädlich, sich bei den Errungenschaften des Designs mit einem Laisser-faire zu begnügen, das seine Anwendung bei der Industrieproduktion belasten würde. Die Einsicht, daß eine Partnerschaft zwischen Herstellern und Entwerfern notwendig ist, setzt sich immer mehr durch. Die Designer werden ihre Fähigkeiten an neuartige Märkte und wahrscheinlich an unterschiedliche berufliche Strategien anpassen müssen.

1 Kenneth Frampton, *Histoire critique de l'architecture moderne*, Paris 1985, Kap. 6, S. 276-296
2 François Burkhardt in: *Jože Plečnik architecte 1872-1957*, Paris 1986, S. 103-112.
3 Friedrich Achleitner, *Aufforderung zum Vertrauen. Aufsätze zur Architektur*, Salzburg, Wien 1987
4 François Burkhardt, Milena Lamarova, *Cubismo cecoslovaco*, Mailand 1982
5 Friedrich Achleitner, op. cit.
6 Friedrich Achleitner, ebda.

21.

Architektur und Kommunikation im Zeitalter der Mediengesellschaft

→ 2005

Zum hundertsten Geburtstag von Julius Posener, der sich im Deutschen Werkbund immer für Erneuerungen eingesetzt hat, wagte ich es, für die Festschrift des DWB 2004 eine These aufzustellen: Julius Posener hätte sich, unter Abwägung von Vor- und Nachteilen, für die Digitalisierung eingesetzt. Der Text basiert auf einem Gespräch mit Paul Virilio, das in den Achtzigerjahren geführt wurde und dessen Inhalte noch heute ihre Gültigkeit haben.

Architektur und Kommunikation im Zeitalter der Mediengesellschaft

Vor zehn Jahren hat uns Julius Posener verlassen. Die beste Art ihn zu erinnern – scheint mir – ist die Methode, Poseners historisch-kritischen Geist in unsere Zeit hinein zu verlängern, indem man versucht, die technologischen Entwicklungen der vergangenen Jahre zu analysieren und die neuen daraus entstandenen Probleme – insbesondere des digitalen Netzwerkes – in ein Verhältnis zur Architektur und zur Stadt zu setzen und ihre Auswirkungen auf Umwelt, Bauwerke und auf das menschliche Verhalten zu erkennen.

Julius Posener war für seine Art bekannt, mit der er sich den Fragen des Bauens näherte, ausgehend von Technologien und Produktionsprozessen. Deshalb dachte er darüber nach, wie man auf die negativen Aspekte reagieren sollte, um zu erträglichen Lösungen zu kommen, die aus seiner humanistischen Sicht vertretbar wären.

Hier einige Überlegungen zu diesem Thema. Marshall McLuhan hatte Recht, als er bereits 1964 vorausgesehen hatte, dass der Computer Veränderungen in den zwischenmenschlichen Beziehungen von einem solchen Ausmaß hervorrufen würde, dass sie die Art zu denken, die Form der Sprache und das soziale Verhalten transformieren würden.

Er prophezeite, dass sich die Prothesen des Menschen, die Stadt inbegriffen, in Informationssysteme überführen lassen würden. So, wie sich seiner Auffassung nach die Industriegesellschaft in eine riesige Maschine verwandelt hatte, wird die Informationsgesellschaft einem komplexen Nervensystem ähneln, das in der Lage sein wird, Daten von außen zu empfangen und diese neu zu generieren. Ein Prozess, der eine kontinuierliche Metamorphose mit sich bringen wird.

Die Gesellschaft der Mechanisierung hat mit ihren Mythen der Rationalisierung und des Fortschritts bedeutenden Einfluss auf die Entwicklung der Industrialisierung gehabt. Und sie hat eine wesentliche Spur in der so genannten modernen Architekturtheorie hinterlassen. Die auf die Moderne folgende Phase hängt eng mit dem Zeitalter der digitalen Technologien zusammen. Diese veränderten die Gesellschaft seit über dreißig Jahren tiefgreifend in allen Bereichen des täglichen Lebens. Sie haben es aber kaum geschafft, die Architektur wirksam zu beeinflussen, abgesehen vom Einsatz digitaler Maschinen im Planungsprozess des Architekten. Auch wenn man versucht, uns deutlich zu machen, dass es eine neue Computersprache in der Architektur gebe, ist diese nur an der Oberfläche erkennbar (Blob-Architektur genannt). Noch gravierender für den Berufsstand der Architekten ist jedoch, dass sich die Debatte, die Theorie, die Forschung und die Anwendung dieser Technologien außerhalb ihres Einflussgebietes entwickeln.

Betrachtet man das Thema ausschließlich unter seinen technologischen und anlagetechnischen Aspekten und delegiert man diesen Bereich an Firmen und spezialisierte Ingenieure, als wäre er mit den einfachsten Belüftungs-, Heizungs- und Klimaanlagentechnologien vergleichbar, dann katapultiert sich der Architekt aus dem Gestaltungsprozess. Die Architektur wird von der Informatik unsichtbarerweise eingenommen. Und wieder einmal gibt die Ingenieurforschung den Impuls. Wie kann also der Architekt diesen Prozess mitbestimmen?

Die französische Schule der zeitgenössischen Philosophie, von Jean-François Lyotard bis Paul Virilio, hat die Architekten zu Recht daran erinnert, dass die postmoderne Kultur, die mit einem falsch verstandenen Begriff in die Architektur eingegangen ist, etwas ist, was nicht die Ästhetik oder den Stil betrifft, sondern die Veränderungen, die durch die neuen digitalen Technologien herbeigeführt werden, sowie ihre Auswirkungen auf die Gesellschaft und somit auf die Fähigkeit der Veränderung, vor allem im Bereich des Wissens.

Paul Virilio, ein Experte des Studiums dieser Folgen - insbesondere durch seine Forschung über die Geschwindigkeit (die Dromologie) - informiert uns über die epochalen Veränderungen, die durch die Einführung neuer digitaler Technologien hervorgerufen werden, wie zum Beispiel der Verlust von Raum- und Zeitvorstellung, welcher wichtige Auswirkungen auf den Begriff von Geschichte, Vergangenheit und Zukunft hat; oder auch der Verlust des Tastsinns, hervorgerufen durch die Bidimensionalität, und der Verlust des Bewegungssinns, der durch den Übergang von einer Zeit der Aufeinanderfolge zu einer Zeit der Simultanität zu einer der Augenblicklichkeit verursacht wird.

Es ist offensichtlich, dass Erfahrung und Sichtbarkeit der mechanischen Funktionen mit dem Aufkommen der digitalen Technologien untergehen. So verschwindet die Funktion des Erfassens und damit die Erfahrung der physischen und körperlichen Sensibilität. Ein Beispiel hierfür ist das Weglassen der Türklinke, die wie im *intelligenten Haus* durch mit Sensoren ausgestattete Bildschirme ersetzt wird. Darüber hinaus verzichten die digitalen Technologien darauf, die Ausschilderung, die die Funktionen sichtbar macht, hervorzuheben. Dies führt zu einer ikonographischen Reduktion des Objektes, das bisher durch seine Produktsprache kommuniziert. Sein Gebrauch wird durch die Reduktion *mentaler* und weniger visuell erfahrbar, der kognitive Wert somit schwieriger. Gesten wie fassen, schieben, drükken werden durch die einfache Berührung von Sensoren ersetzt, wodurch die Beziehung vom Auge zur Hand aufgelöst wird.

Und nicht nur das: Die digitalen Technologien verändern auch die Optik, die sich von der Geometrie hin zur elektronisch-optischen Wahrnehmung entwickelt und sich den Räumen der virtuellen Realität öffnet. Hier zeigen und erzeugen die Räume unmittelbar eine neue Form von Wahrnehmung, die sich gegenüber der Realität zu behaupten scheint. Schon Einstein hatte – so erinnert uns Virilio – festgestellt, dass man sich an die Idee gewöhnen muss, dass es keine fixen Punkte im Raum mehr gibt.

Um zur Ästhetik von Industrieprodukten zu kommen, können wir einen Vergleich zwischen europäischen und japanischen Automodellen wagen, um den Unterschied von modernen und postmodernen Stilmerkmalen zu zeigen. Das europäische Autodesign orientiert sich vor allem an einem Ansatz, der typisch ist für das *Made in Italy*: Die Beziehung zwischen Technik und Stil entwickelt ein Design, welches auf die Forderung nach mechanisierter Eleganz antwortet. Die japanischen Modelle versuchen die Tatsache hervorzuheben, dass die Form nicht mehr die innere Mechanik widerspiegelt, sondern die Mühelosigkeit des Fahrens, das Erkennen und die Handhabung der Befehle, die automatische Kontrolle der Ortsbestimmung, die Kommunikation über Radio und Telefon, das klimatische Wohlbefinden, die Kontrolle des Energiesparens und die automatischen Sicherheitsmechanismen darstellt.

Diese Kriterien entsprechen am unmittelbarsten der digitalen Ära. Auch wenn beide im PKW sehr viele Digitaltechnologien eingebaut haben, so ist das europäische Modell schöner, das japanische macht aber die neue Technologie sichtbarer und erfahrbarer.

Auch der Übergang von einer Mobilitätsgesellschaft zu einer „Sesshaftigkeit“ (Virilio) wird zu einer Zivilisation des Vergessens beitragen, zu einer extrem präsenten, telepräsenten Gesellschaft (live coverage), die als Konsequenz den Verlust der Erzählung über die Orte und somit einer Orientierung der Welt haben wird.

Die Feststellungen von Virilio müssen auch unter dem Gesichtspunkt der Stadtplanung betrachtet werden. Anstelle des räumlichen Abstands von geografischer Anordnung, die auf der Geometrisierung der einst ländlichen Besitztümer (Parzellen) und später städtischen Güter (Kataster) basiert, tritt heute der Abstand einer dritten Art, der Geschwindigkeit, die eine tiefe Veränderung im Verhältnis von Menschen, Umwelt und Leben verursacht. Die Urbanisierung der realen Zeit, ermöglicht durch die noch junge Revolution der Kommunikation, führt zu einer Umkehrung in der Ordnung der Bewegung und des sich Bewegens sowie des physischen Transports. Die Fernsteuerung macht es möglich, die materielle Infrastruktur zu beseitigen (Serien von Wellen, Telekontrolle etc.). Die Strecken ändern sich ohne jegliche physische Bewegung. Alles kann geschehen, ohne dass man abfahren muss.

Die visuelle Mobilität der Personen ist eine Prozedur, die körperliche Anstrengung eliminiert. Teleshopping und Telearbeit von zu Hause erfordern nur Mobilität am Ort. Sobald sich die häusliche Landschaft ändert, verändert sich aber auch die Stadt. Der Mensch wird vom großstädtischen Bürger zum sitzenden Bürger am Computer mit interaktiven und hyperausgestatteten Prothesen, die ihn dazu bringen, von den Maschinen, mit denen er in Dialog tritt, versklavt zu werden; wodurch ihm ernsthafte motorische Handicaps entstehen.

Das Aufkommen der *häuslichen Trägheit* vor dem Computer und die allgemeine Verbreitung der Umweltkontrolltechniken implizieren unter anderem das Risiko einer durch das Verhalten erzeugten Isolation, der Erschaffung von Inseln, die sich in Ghettos verwandeln können. Wie sollen sich dann die Städte, die öffentlichen Räume, die Häuser und die Innenräume entwickeln? Der Einfluss der digitalen Technologien ist ein Phänomen, das alle Nutznießer betrifft. Welche Funktionen bekommen dann zum Beispiel noch die öffentlichen Räume? Es scheint unumgänglich, dass neue Szenarien interdisziplinärer erdacht und erprobt werden. Hierbei kommt den Architekten eine entscheidende Rolle zu.

Man muss die Chancen verstehen, aber auch die Gefahren dieser Evolution sehen, um sie *human*, vital und sozial in den Dienst der Menschen und einer adäquaten Umwelt zu stellen. Dieses Ziel muss durch den zivilisatorischen Fortschritt der postmodernen Gesellschaft erreicht werden (wozu die digitalen Technologien zweifellos gehören), die entwickelt und nicht rückschrittlich sein sollte, damit sie „den Raum suchen kann, der diese positive Idee des Lebens im elektronischen Zeitalter reflektiert" (Toyo lto), die wir noch nicht erreicht haben.

Es ist mir bewusst, dass die Welt der Architektur auf diesem Gebiet schon einige Beispiele von guter Qualität geliefert hat, wie zum Beispiel das Haus des Ingenieurs Werner Sobek in Stuttgart. Ein typisches Beispiel für die Wiedererlangung von modernem Geist mit technologischen Anpassungen. Es ist ein Werk, das einen interessanten Anhaltspunkt liefert, der allerdings immer noch außerhalb einer wie oben angedeuteten Debatte liegt.

Trotz allem informatisiert sich die Baukunst durch die Einführung neuer Technologien, die die Architektur zu Leichtigkeit und Flexibilität führen, die Schwere und Dauerhaftigkeit ersetzen. So ist das eigene Haus des Ingenieurs Sobek aus einer Vorstellung von Technologie (fortschrittlich) und Form (nicht dem Geist des Fortschritts entsprechend) entstanden, die anderen Produktionssparten, wie dem Bereich der Automobil- oder Aeronautikindustrie entlehnt wurde.

Das Sobekhaus gehorcht mit seiner schmucklosen und strengen Ästhetik noch einer Vorstellung, die der Spur der Modernität folgt, transparent und auf eine perfekte Hülle ausgerichtet, wie sie Mies van der Rohe mit den Möglichkeiten seiner Zeit realisiert hat. Mit seiner Idee von einer präzisen Normierung (gemeint ist eine Reduzierung der Toleranzen, wie sie in der Automobilindustrie praktiziert wird, und eine automatische Herstellung einzelner Teile, die dann montiert werden) und der Autonomie des Produktionssystems von Energie, dank einer bestimmten Anzahl von mechanischen Funktionen, die durch digitale ausgetauscht werden, macht das Haus von Sobek den ersten Schritt zu einer Architektur, „die einen Raum kreiert, der die Idee von einem Leben im Zeitalter der Elektronik widerspiegelt" (Toyo Ito).

Tatsächlich muss man die elektronischen Technologien entsprechend der neuen Prinzipien zusammenführen, nach neuen Vorstellungen, die einem erneuerten Geist des Architekturmachens entspringen. Man muss die propagierte Idee des *Computer Integrated Building* überwinden, um zu einer neuen Vorstellung zu gelangen, die zu einer anderen Art der Architektur führt.

Die ins Auge gefasste Zielsetzung ist es, die virtuellen Möglichkeiten zu nutzen, die der Computer in das architektonisch Vorgestellte bringt; sich nicht damit abzufinden, den Rechner als ein Instrument der Arbeitsorganisation zu benutzen, sondern einzusetzen für eine neue Vorstellung von Architektur- und Stadtplanung. Welche Form eine solche Vorgehensweise in den nächsten Jahren annehmen und welche Art von Architektur sie produzieren wird, ist die Frage.

Es ist eigenartig zu beobachten, wie es einer für die Architektur so markanten Fragestellung nicht gelingt, ein zentrales Thema für die zeitgenössische Architektur zu werden. Wir können uns nicht mehr damit trösten, uns zu beschränken und in jede neue Architektur technische Produkte einführen, die uns vorgeschlagen werden, ohne dass wir zu den Wurzeln des Prozesses zurückkehren. In der Zeit, in der wir leben, ist es notwendig, ein Forum zu bilden, einen Ort, an dem diese Debatte geführt werden kann. Einen Ort, an den sich die Architekten begeben, um neue Wege für die Architektur zu suchen, nicht nur um Informationen zu erhalten. Dieser Ort könnte der Deutsche Werkbund sein. Ich glaube, Julius Posener würde diesen Vorschlag gutheißen und selbst an dieser Debatte teilnehmen, die unter seiner Führung von großer Lebhaftigkeit wäre.

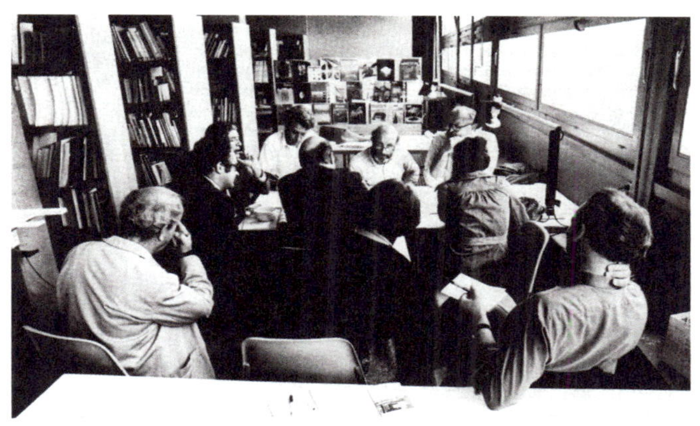

↑ Arbeitssitzung im IDZ Berlin
Entwurfswoche Berlin Alt und Neu · 1975

Vordere Reihe: Julius Posener, Lore Dietezen, Manfred Sack
Mittlere Reihe: Helmut Engel, Christian Norberg-Schulz, Alison Smithson
Hintere Reihe: Heinrich Klotz, Vittorio Gregotti, Charles Moor

22.

Voraussetzungen zur Gestaltung von öffentlichen Räumen

→ 2018

Seit 1968 führte ich mit Linde (Burkhardt) die Gruppe *Urbanes Design*. Die Gestaltung öffentlicher Räume hat uns schon während unseres Studiums beschäftigt. Immer wieder bekamen wir Gelegenheit, die ästhetische Praxis durch soziale Komponenten zu erweitern. Letzteres war erklärtes Ziel der Gruppe. Dieser Text spricht von den wesentlichen Theorien aus verschiedenen Wissensbereichen, die die Basis für unsere Projekte bildeten. Der Text entstand 2018 anlässlich der Publikation *Urbanes Design 1968–2018*.

Voraussetzungen zur Gestaltung von öffentlichen Räumen

Im Folgenden geht es um meine Erfahrung in der Gruppe *Urbanes Design* zwischen 1968 und 1984. Die Schwierigkeiten, denen ich begegnet bin, waren nicht in erster Linie architektonischer Natur, sondern zunächst struktureller Art. Sie befassten sich mit dem Verhältnis von ökonomischem Wachstum und sozialer Identität. Es ging um kulturelle, soziale Probleme, die in öffentlichen Räumen anders zu lösen sind als in der Architektur.

Genauer gesagt ist das erste bedeutende Problem das der Identität, einer Identität, die der öffentliche Raum demjenigen geben sollte, der ihn erlebt und die sich aus der kulturellen Praxis und der Kenntnis der eigenen Geschichte formt. Es sollte daher in erster Linie garantiert werden, dass die gebauten Strukturen überhaupt in der Lage sind, Identität zu stiften. Es handelt sich um eine lebenswichtige Aufgabe, da die Menschen, die den öffentlichen Raum beleben und erleben, in kulturellen Beziehungen zueinander und zu anderen stehen, die auch durch die Gestaltung des Raums beeinflusst werden.

So geht es erstens darum, identitätsstiftende Elemente einzubringen. Der Werdegang des Planers und Architekten bringt jedoch bereits vorgeformte Vorstellungen mit, die er in seine persönliche Kultur aufgenommen hat. Die Ermittlung einer Schnittstelle zwischen dem Ausdruck, den der Architekt oder der für die Gestaltung Verantwortliche anstrebt, und den Bedürfnissen der Öffentlichkeit ist die zentrale Aufgabe.

Es ist also nicht möglich, ausschließlich nach architektonischen Gesichtspunkten zu arbeiten, denn es werden nicht nur die architektonischen Vorstellungen sein, die zur Problemlösung beitragen. Es ist erforderlich, die Entwicklung des öffentlichen Raums in der sozialen Realität zu erkennen und zu verstehen.

Zweitens geht es um die schwierige Aufgabe, dem Ausdruck zu geben, was ich die Kristallisationspunkte der sozialen Interaktionen nenne. Das bedeutet, dass an öffentlichen Orten Strukturen entstehen müssten, die Einzelnen sowie verschiedenen Gruppen erlauben, mit angemessenen Mitteln sozial zu interagieren. So wie Identität mit einem Ort auch auf Symbolen und Strukturen basiert, sollten diese Kristallisationspunkte auch unter diesen Gesichtspunkten konzipiert werden.

Das ist nicht einfach, denn wir müssen uns heute, besonders in den Peripherien von Großstädten wie Paris, London und Mailand immer häufiger Problemen einer kulturellen Mischung stellen, die ihren Ursprung in verschiedenen Ethnien hat, denen unsere öffentlichen Räume kaum Möglichkeit zur Kommunikation und Entfaltung bieten.

Wenn ich von den Kristallisationspunkten sozialer Interaktionen spreche, denke ich beispielsweise auch an funktionale Probleme für die verschiedenen Altersgruppen. Der öffentliche Raum ist ein Ort, an dem zum Beispiel Jugendliche Möglichkeiten zur Darstellung ihrer Gruppenidentität suchen. Es handelt sich also vor allem darum, diese sozial vorhandenen Bedürfnisse zur Kenntnis zu nehmen und gestalterisch zu strukturieren.

Drittens geht es um die Orientierung im öffentlichen Raum. Ich verweise auf die stadtplanerischen Eingriffe von Jože Plečnik in Ljubljana, der bereits vor über 60 Jahren verstanden hat, wie das Problem der Orientierung und der historischen Identität durch Gestaltung gelöst werden kann. In Ljubljana hat Plečnik versucht, in ein bestehendes städtisches Gewebe markante Orte zu implantieren, als Bezugspunkte für alle, die sich in der Stadt bewegen. Diese Orte verfügen über eine unverwechselbare Identität. Sie bilden ein System kontinuierlicher Verweise: Befindet man sich in der Nähe eines solchen Ortes und möchte einen anderen ansteuern, so liegt dieser meist schon in Sichtweite, was die Orientierung in der Stadt erleichtert.

Eine gute Orientierung beeinflusst Menschen auch psychologisch, sie gibt Sicherheit. Das Bewusstsein der eigenen sozialen Integration und Orientierung ist außerdem wesentlich für ein Gefühl des individuellen Wohlbefindens, das sich positiv auf das gesamte Verhalten auswirkt. Sowohl Vereinzelung als auch Mangel an Orientierung führen zu äußerst negativen Verhaltensmustern. Es kann sich bei der Konzeption von öffentlichem Raum also nicht allein um seine Schönheit und Funktionalität handeln.

Der vierte Punkt bezieht sich auf die Möglichkeit des Ausdrucks in kollektiven Zusammenhängen. Es gibt viele Menschen, für die es wichtig ist, Orte zur freien Meinungsäußerung zu kennen und bei Bedarf über diese zu verfügen. Es gibt kollektive, gleichsam spontane Äußerungen, die allein dadurch zustandekommen, weil ihnen Raum dafür gegeben wird. Das bekannteste Beispiel dafür ist Speaker's Corner im Londoner Hyde Park, wenngleich strukturell schwach organisiert. Im öffentlichen Raum sollte es deshalb Orte geben, die ungeplanten Absichten entgegenkommen und diesen zum Ausdruck verhelfen können. Deshalb ist es mir besonders wichtig, dass Räume so angelegt sind, dass sie spontane ebenso wie organisierte Aktivitäten unterstützen.

Ein fünfter Aspekt ist die Einrichtung von Nischen in öffentlichen Räumen, also Orten, die die Möglichkeit zum

Rückzug bieten, was heutzutage von städtischen Behörden aus Gründen der Sicherheit untersagt wird. Es ist falsch, den öffentlichen Raum unter dem Gesichtspunkt von Kontrolle und Ordnung zu betrachten. Ich glaube, dass es wichtig ist, das richtige Gleichgewicht zwischen öffentlichem und halböffentlichem Raum herzustellen, sodass der Einzelne Rückzugsmöglichkeiten hat.

Sechstens geht es um die psychologische Wirkung von Räumen auf das Verhalten von Menschen. Denn die Gestaltung von Räumen nimmt Einfluss, der sich auf das Verhalten von Menschen auswirkt. Dieser Gedanke wird im Sozio-Design von Bazon Brock ausführlich dargestellt.

Der Raum kann auf den Einzelnen eine repressive oder eine befreiende Wirkung haben, und die Umgebung, die einen Raum definiert, kann Momente der Angst erzeugen oder aber befreiende, spontane, kommunikative Momente ermöglichen. Nicht allein die Architektursprache oder Orientierung des Architekten sind ausschlaggebend für das Gelingen dieser komplexen Projekte. Es geht um den Konflikt zwischen persönlichem Geschmack und den Bedürfnissen der Öffentlichkeit.

Ich möchte hier an Gianni Vattimos Theorie des schwachen Gedankens (pensiero debole) erinnern. Darin geht es um den Versuch eines Philosophen, der Kultur eine Orientierung auf ein Zentrum hin zu geben, das die qualitativen Extreme nicht länger als absolut betrachtet, sondern auf eine Qualität der Mitte zielt, die einer großen Masse gestattet, sich damit zu identifizieren und diese über Ästhetik zu einer kollektiven Identität führen kann.

Diesen Diskurs sollten wir im Auge behalten und Mittel und Wege des Ausdrucks finden, die einer Vielfalt statt einer einzigen Identität Raum geben. Der Architekt sollte bei seinen Interventionen Aufmerksamkeit darauf verwenden,

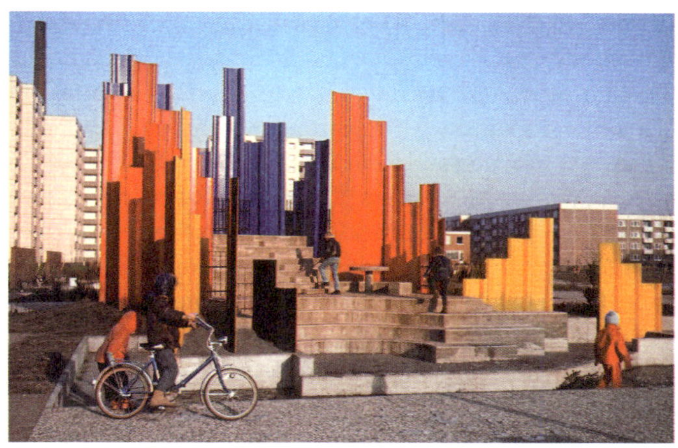

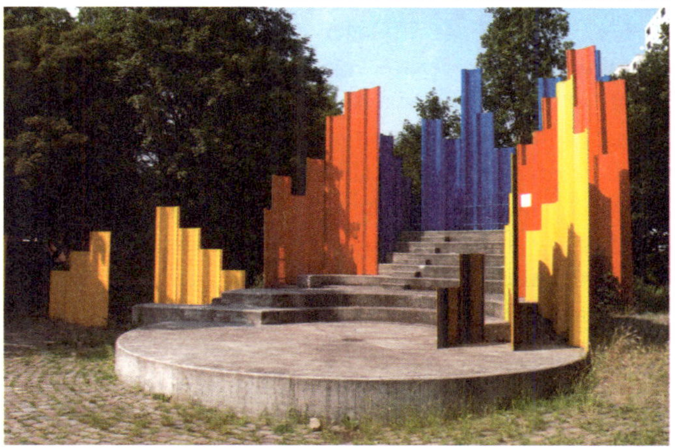

↑ Urbanes Design
Kristallisationspunkt für nahe Kontakte in Hamburg-Bergedorf · 1971 und 2018

einen Dialog mit den Ikonen anzustreben, die einerseits der Öffentlichkeit vertraut sind und andererseits durch die Qualität seiner Gestaltung eine Atmosphäre schaffen, in der sich verschiedene Gruppierungen wohlfühlen können.

Ich will hier nochmals die Rolle der Gestalt betonen sowie die Notwendigkeit, dem öffentlichen Raum in der Stadt Priorität zu geben. Der öffentliche Raum sollte in seiner Gestaltung in ganz besonderem Maße dem Rechnung tragen, was Öffentlichkeit erst möglich macht, und dadurch Orte schaffen, die man mit gutem Gewissen sozial nennen kann.

THEORIEN

Herbert Marcuse war aus unserer Sicht der einflussreichste Philosoph der 1968er-Studentenrevolte. In seinem Buch *Der eindimensionale Mensch* von 1964 kritisiert er die gesellschaftlichen Entwicklungen und liefert damit jungen Menschen, die sich Veränderung wünschen, Argumente wie zum Beispiel: aus dem System auszusteigen und alternative Lebensformen zu suchen. Marcuse sieht die Flucht der Wissenschaft vor politischer Einmischung in die Empirie und sieht im positivistischen Denken einen Diskurs, der zur Eindimensionalität führt. Er sieht, dass Reflexionen zu gesellschaftlichen Problemen keinen Zugang in ein technokratisches Herrschaftswissen finden. Stattdessen werden aus Marcuses Sicht die vorhandenen Probleme nur verwaltet und damit immer neu reproduziert. Marcuse stellt die Manipulation und Instrumentalisierung durch die Kraft der Konsumwerbung heraus. Verneinung durch Kritik und Konsumverweigerung erscheinen ihm als möglicher Ausweg, denn diese sind Voraussetzungen für eine nachhaltige Transformation.

Das Wort Veränderung wurde für uns ein starker Motor, denn wir meinten ja auch Transformation der Berufe des

Künstlers und des Architekten, damit sie effizienter zur Verbesserung der Gesellschaft beitragen können.

Alexander Mitscherlich spielte für uns eine entscheidende Rolle, denn er hat als Psychoanalytiker mit dem Buch *Die Unwirtlichkeit der Städte* (1965) eine ganze Reihe von Publikationen zur Kritik des Funktionalismus angeregt. Mitscherlichs Hauptwerk hatte im Bereich der Stadtplanung großen Einfluss auf Architekten. Seine jüngeren Partner vertieften manche Aspekte und machten das Buch für Architekten brauchbarer. Für Mitscherlich liegt das Hauptproblem der städtischen Konflikte in den Grundbesitzverhältnissen, die jede tiefgreifende Neugestaltung unmöglich machen. Außerdem werden Identitätsbildung und Zugehörigkeitsgefühl von sozialen Gruppen durch erzwungene Mobilität verhindert. Stattdessen sehen wir eine egoistische Selbstdarstellung von Bauherren und Architekten. Keine Körperschaft, keine Partei in der damaligen Bundesrepublik hat versucht, diese Themen zu behandeln. Laut Mitscherlich sind dadurch noch heute Konflikte in den Bereichen Sicherheit, Befriedigung von Vitalbedürfnissen spürbar, wodurch eine verantwortliche Bewusstseinsbildung verhindert wird.

Mitscherlichs zentrales Thema sind die Auswirkungen der städtischen Umwelt auf die Psyche der Bewohner. Er zeigt konkret, welche Umweltbedingungen notwendig sind, damit der Mensch sich in verschiedenen Lebensphasen zu einem sozial kompetenten Individuum entwickeln kann. Er diagnostiziert die vielfältigen Konsequenzen der Verluste durch eine weithin ungenügende Stadtumwelt: Unzufriedenheit, Frustration, Aggression und Jugendkriminalität.

Das Buch *Architektur als Ideologie* (1968) von Heide Berndt, Alfred Lorenzer und Klaus Horn – alle Mitarbeiter von Mitscherlich - hatte direkten Einfluss auf die Gruppe *Urbanes Design*. Das hat auch damit zu tun, dass wir Alfred Lorenzer persönlich kennenlernten und mit ihm im Austausch waren. Die von ihm so benannten Kristallisationspunkte für Nahkontakte in öffentlichen Räumen wurden ein Hauptthema für uns.

Lorenzers Kritik am Funktionalismus, an der Zweckmäßigkeit ohne Zweck, war der überzeugende Ausgangspunkt, der uns seine Theorie nahebrachte, dass in der weithin geplanten und gebauten städtischen Umwelt Fantasie verleugnet wird und dass die Stadt völlig ungeeignet geworden sei für emotionale Spiele. Er unterstreicht, dass der Wunsch nach einer dem Menschen und seiner Entfaltung angemessenen Umwelt unbedingt erfüllt werden muss, damit sich auch Affektkulturen entwickeln können. Lorenzer versteht Öffentlichkeit als den Ort, an dem Affektkultur erworben werden kann. Er macht deutlich, dass Interaktionen ein Mindestmaß an emotionaler Bindung voraussetzen, und sieht Umweltgestaltung und Architektur in der Pflicht, Umwelt auch über besondere Merkmale zu Orten zu machen, an denen sich ein Klima entwickeln kann, in dem Symbole oder Rituale von Menschen kultiviert werden können. Er schreibt: „Es versteht sich von selbst, dass die Frage nach günstigen Bedingungen für die Entwicklung und Aufrechterhaltung eines - emotionalen Feldes - das urbane Kommunikation und Integration begründen kann, identisch ist mit der Frage nach der Bildung affektiv verwurzelter städtischer Gemeinsamkeit."

Von verschiedenen Seiten der Sozialwissenschaften wurde auf die Bedeutung der Gestalt der Stadt für das Erleben der Umwelt hingewiesen. Lorenzer fügt hinzu: „Gute und schlechte Gestalt sind ganz offensichtlich nicht nur zur

Orientierung, für das Sichzurechtfinden in der Umwelt bedeutsam, sondern sie entscheiden grundsätzlich über jene Orientierung, bei der es um Bestimmung des Unbekannten und seine Verwandlung in Bekanntes geht." Vertrautheit eines Ortes ist abhängig von einer guten Entwicklung der Objektbeziehungen, sagt Lorenzer und führt weiter aus, wie bedeutsam die Vertrautheit mit einem Ort zur Entwicklung von Gefühlen ist.

Wenn die gebaute Stadtwelt angemessen ist, dann wird ein persönliches, affektiv lebendiges Engagement möglich, dann öffnen sich die Individuen ihrer Umwelt und auch ihrer Mitwelt gegenüber. Durch Planung kann eine quantitative und qualitative Veränderung von Verhalten erreicht werden. Planung greift damit sozusagen direkt in die öffentliche Kommunikation ein, denn hier bilden sich Kristallisationspunkte für einen lebendigen Austausch. „Kristallisationspunkte müssen in eine emotional erschlossene Stadtumgebung eingebettet werden, das heißt in eine Umgebung, die in ihrer Gestalt emotionales Engagement nicht verhindert, sondern fördert [...] Die Gemeinsamkeit, die hier Kommunikation herstellt, ist im Ort vorstrukturiert [...] dieses Publikum, das sich um Gemeinsames gebildet hat, fühlt sich wohl, weil es an diesem Ort sich darstellen kann und schon in der baulichen Gestalt diese Darstellung vorfindet [...] Es handelt sich dabei immer um die Umschreibung des Begriffs Identifizierung."

Für uns bedeutete das: Der Einzelne identifiziert sich mit seinen Mitmenschen unter anderem über gemeinsame Symbole, die Verständigung und Orientierung ermöglichen. Für uns war offensichtlich, dass vor allem den bildenden Künsten und der Architektur eine entscheidende Rolle zukam. Diese Rolle wurde über Jahre zum Mittelpunkt unserer Arbeit.

The Image of the City von Kevin Lynch (1960) wurde 1965 ins Deutsche übersetzt. Der Autor beschäftigt sich mit der Frage, was Stadtplaner und Architekten tun können, um das Bild der Stadt einprägsamer zu gestalten. Er entwickelte eine Methode zur Beurteilung der Qualität einer Stadtgestalt, die sich von den eher willkürlichen Methoden der Moderne unterscheidet und mit sozial- und wahrnehmungspsychologischen Erkenntnissen die Grundbedürfnisse der Menschen weitgehend berücksichtigt und benennt.

Grundlegend für unsere Arbeit waren die Erkenntnisse über die Orientierung von Personen im Raum, über Identität und Struktur und die Rolle emotionaler Bedeutungen im Raumgefüge, die Evokation von markanten Bildern, die für das Gedächtnis von Gruppenidentität entscheidende Bedeutung haben.

1969 hatte François Burkhardt seinen ersten Lehrauftrag an der Muthesius Werkkunstschule Kiel und damit auch Gelegenheit, Kevin Lynchs Thesen aus *The Image of the City* mit den Studierenden zu überprüfen. Nach Spaziergängen durch die Stadt wurde versucht, die bedeutsamsten Merkmale auf eine Karte zu übertragen, um festzustellen, wie unterschiedlich und personenbezogen die Stadtlandschaft wahrgenommen wird. Es wurde deutlich, dass Menschen ein mentales Umweltbild haben und nur teilweise ein reales Umweltbild aufnehmen. Eine weitere Erkenntnis war, dass nicht nur das Sehen die Wahrnehmung der Stadt bestimmt, sondern auch Geräusche, Gerüche und Taktiles in unserer Wahrnehmung Spuren hinterlassen und für das Training unserer Sinne große Bedeutung haben. Es wurde offensichtlich, dass auch die Lichtverhältnisse und Atmosphären für das Wohlbefinden an einem bestimmten Ort für Menschen entscheidend sind.

Besonders aus den Büchern von Lorenzer und Lynch hatten wir eine Reihe von Kriterien für die Gestaltung von Stadträumen gesammelt, haben diese intensiv in der Stadt beobachtet und schließlich versucht, sie in unserer Arbeit zu berücksichtigen.

The Medium is the Message von Marshall McLuhan (1967) bekam für uns Bedeutung, obgleich es bei Wissenschaftlern als populäres Buch wegen seiner plakativen Aussagen und Analysemethoden in der Kritik stand. McLuhans Betrachtungen zur Entwicklung der Medien führten uns zu einem neuen Aspekt. Wir hatten auch daran gedacht, im öffentlichen Raum mit medialen Informationen zu arbeiten, einerseits um die Orientierung zu erleichtern, andererseits aber auch um poetische Momente zu integrieren.

McLuhan zentriert die Analysen der medialen Entwicklung auf das elektrische Zeitalter und macht deutlich, dass das Ende des Schriftzeitalters und der oralen Traditionen gekommen ist. Dabei entwickelte er auch Visionen zur Veränderung der Gesellschaft, die durch die Herrschaft der Strukturen von Wissen und Technologie im digitalen Zeitalter ausgelöst werden. Heute lässt sich überall beobachten, wie diese Transformationen in hohem Maß unsere Kommunikation bestimmen. McLuhans Ansätze hatten in einer späteren Phase unserer Arbeit für *Urbanes Design* vor allem bei der Gestaltung von Ausstellungen besondere Bedeutung.

François Burkhardt

Architektur- und Designtheoretiker, -historiker und -kritiker. Geboren 1936 in Winterthur, Schweiz. Studierte Architektur an der EPF Lausanne und Hochschule der für bildende Künste Hamburg.

Während seiner fünfzigjährige Laufbahnunterrichtete er an der Fakultät für Architektur der Universität Lyon, an der Universität für angewandte Kunst Wien, der Hochschule der Bildenden Künste Saar in Saarbrücken, an der ISIA Florenz und der Fakultät Philosophie (Kunstgeschichte) der Universität Siena.

Er leitete einige europäische Kulturinstitutionen, darunter das Kunsthaus Hamburg, das Internationale Designzentrum IDZ Berlin und das Centre de Création Industriel CCI des Centre Georges Pompidou, Paris und war Präsident des Design-Labor Bremerhaven.

Neben seiner Tätigkeit als Publizist und Autor von Essays zu zeitgenössischer Kunst, Architektur, Design und angewandter Kunst war er Direktor der Zeitschriften für Kultur,

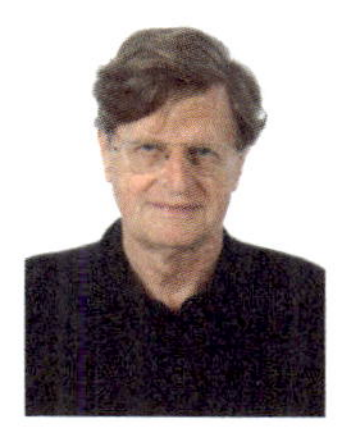

Architektur und Design *Traverse*, *Domus*, *Crossing* und *Rassegna*.

Als Autor und Kurator zahlreicher Ausstellungen und Konferenzen zu Architektur, Kunst und Design war er auch Berater und Art Direktor für verschiedene Unternehmen und Kulturinstitutionen in Deutschland, Frankreich, Italien und Österreich tätig.

Er ist Ehrenmitglied des Bauhaus-Archiv in Berlin, des Deutschen Werkbund in Berlin, der Freien Akademie in Mannheim und der Accademia del Disegno in Florenz. Für seine Forschungen und kulturellen Aktionen erhielt er zahlreiche Auszeichnungen, darunter das Ehrenzeichen in Gold für Verdienste um die Republik Österreich, die Ehrenmedaille in Silber der Stadt Wien, das Goldene Ehrenzeichen der Republik Slovenien, die Plečnik-Medaille der Stadt Ljubljana. Der Preis *Una Vita per l'Arte* in Gaeta. Für seine internationale Laufbahn wurde er mit dem Goldenen Kompass ADI ausgezeichnet.

Fotocredits

25: Archiv Atelier Mendini, Milano • 40: Courtesy Zanotta SpA • 47: Collectie Groninger Museum, met steun van de Vereniging van Vrienden van het Groninger Museum, Foto: Heinz Aebi • 59: BRAUN P&G / Braun Archive • 62: Balerna, Archivio del Moderno, Fondo Zanuso • 74: Archiv Guss Gugelot, Hamburg • 75: Archiv Driade, Corsico • 85: Werbeprospekt, WMF • 90: Archiv Cassina, Meda • 105: Archiv Zabro – Zanotta, Nova Milanese • 118/119: Linde Burkhardt • 133: Alfried Krupp von Bohlen und Halbach-Stiftung, Historisches Archiv Krupp, Essen • 153: Gebrüder Prager, Offenbach • 172: Linde Burkhardt, Berlin / Sammlung Linde & François Burkhardt • 189: BRAUN P&G / Braun Archive • 205: Damjan Prelovšek, Ljubljana • 221: Jens Willebrand, Köln • 227: Archivio Triennale Internazionale di Milano • 233: Guy Rebmeister, Meisenthal • 252: Linde Burkhardt, Berlin / Sammlung Linde & François Burkhardt • 261: Lucia Dagonda, Pfäffikon • 270: Christian Ahlers, Berlin • 285: Van der Vlugt & Claus, Rotterdam • 307: Wolfgang Reuss, Berlin • 315: Linde Burkhardt, Berlin / unten: Charlotte Brinkmann, Hamburg

Trotz intensiver Recherche konnten die Rechteinhaber einiger Fotos nicht ermittelt werden. Gegebenfalls wird um Nachricht gebeten.

Impressum

Bibliografische Information Der Deutschen Bibliothek
Die Deutsche Bibliothek verzeichnet diese Publikation in der Nationalbibliografie; detaillierte bibliografische Daten sind im Internet über https://portal.dnb.de/ abrufbar.

ISBN 978-3-927795-97-6

Gestaltung: Delia Keller | Gestaltung Berlin
Druck: Thiele & Schwarz | Kassel

Im Martin Schmitz Verlag sind erschienen

Frank Behnke / Klaus Beyer
Guðbergur Bergsson
Tabea Blumenschein
Marc Brandenburg
Andreas Brandolini
Jörg Buttgereit
Frieder Butzmann
Annemarie Burckhardt
Lucius Burckhardt
Paul Cabine
Françoise Cactus
Die Tödliche Doris
Heinz Emigholz
Valeska Gert
Brezel Göring
Ogar Grafe
Volker Hauptvogel
Klaus Heid
Gerhard Henschel
D. Holland-Moritz
Stefan Jung
Derek Jarman
Christian Keßler
Rosa von Praunheim
Elfi Mikesch
Wolfgang Müller
Claudia Reichardt / Wanda
Moritz R. / Der Plan
Markus Ritter / Tobias Salathé
Kai Sichtermann / Jens Johler
Jacek Slaski
Marcus Stiglegger
Wenzel Storch
Anja Teske
Jamal Tuschick
Christof Wackernagel
Sabine Wackernagel

www.martin-schmitz-verlag.de